奇趣博物馆

非洲与大洋洲

智慧鸟 著

吉林科学技术出版社

图书在版编目（CIP）数据

奇趣博物馆.非洲与大洋洲/智慧鸟著.—长春：吉林科学技术出版社，2024.1
ISBN 978-7-5744-1051-0

Ⅰ.①奇… Ⅱ.①智… Ⅲ.①博物馆—非洲—青少年读物 ②博物馆—大洋洲—青少年读物 Ⅳ.①G269.1-49

中国版本图书馆CIP数据核字(2023)第253778号

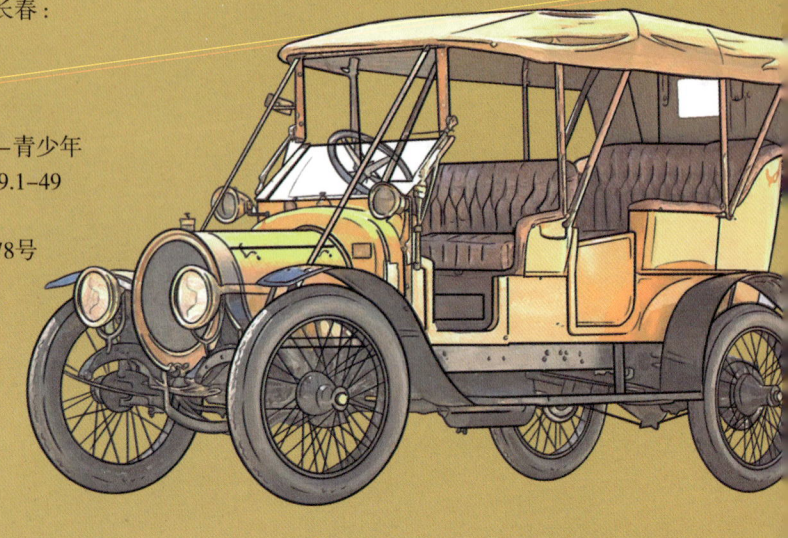

奇趣博物馆·非洲与大洋洲
QIQU BOWUGUAN · FEIZHOU YU DAYANGZHOU

著	智慧鸟
出 版 人	宛 霞
策划编辑	穆思蒙 王聪会
责任编辑	张 超
内文设计	纸上魔方
封面设计	智慧鸟
幅面尺寸	210mm×285mm
开 本	16
字 数	300千字(全四册)
印 张	24(全四册)
印 数	1-6 000册
版 次	2024年3月第1版
印 次	2024年3月第1次印刷
出 版	吉林科学技术出版社
发 行	吉林科学技术出版社
地 址	长春市福祉大路5788号出版集团A座
邮 编	130118

发行部电话/传真 0431-81629529 81629530 81629531
　　　　　　　　 81629532 81629533 81629534
储运部电话 0431-86059116
编辑部电话 0431-81629380
印　　　刷 长春人民印业有限公司
书　　　号 ISBN 978-7-5744-1051-0
定　　　价 198.00元(全四册)

如有印装错误　请寄出版社调换
版权所有　侵权必究　举报电话：0431-81629380

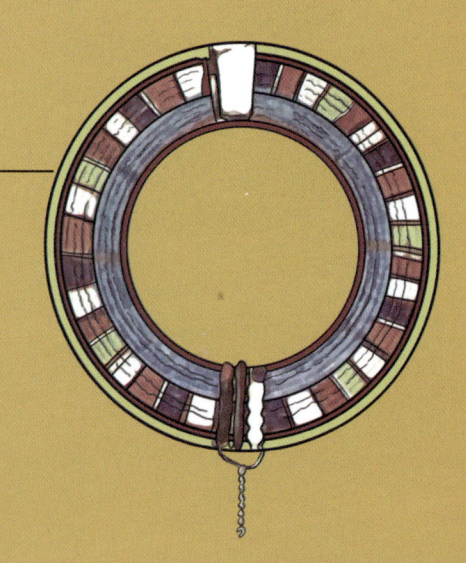

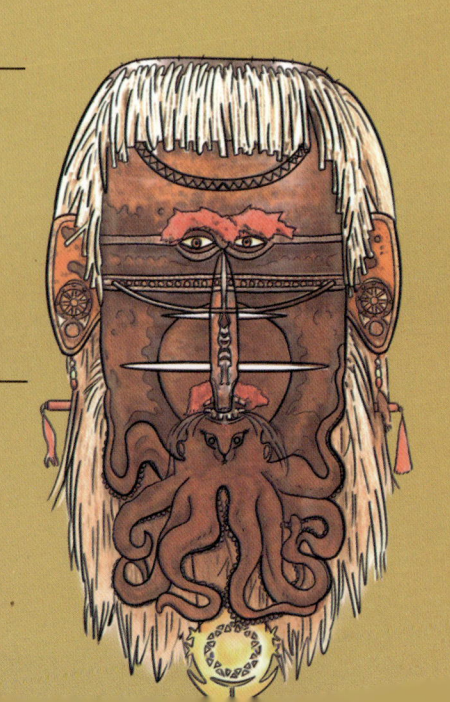

走入历史的长河,追寻前人足迹……

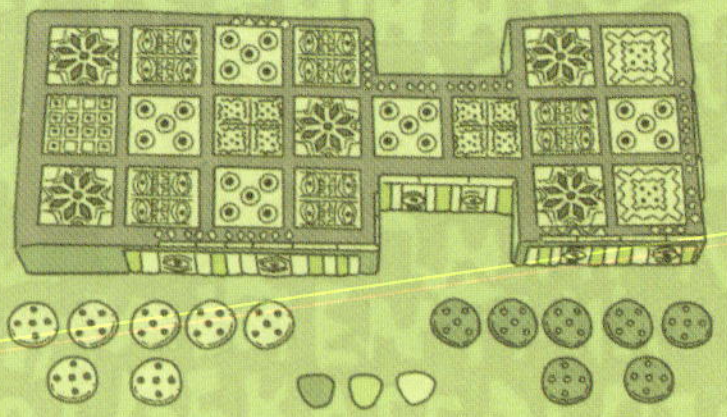

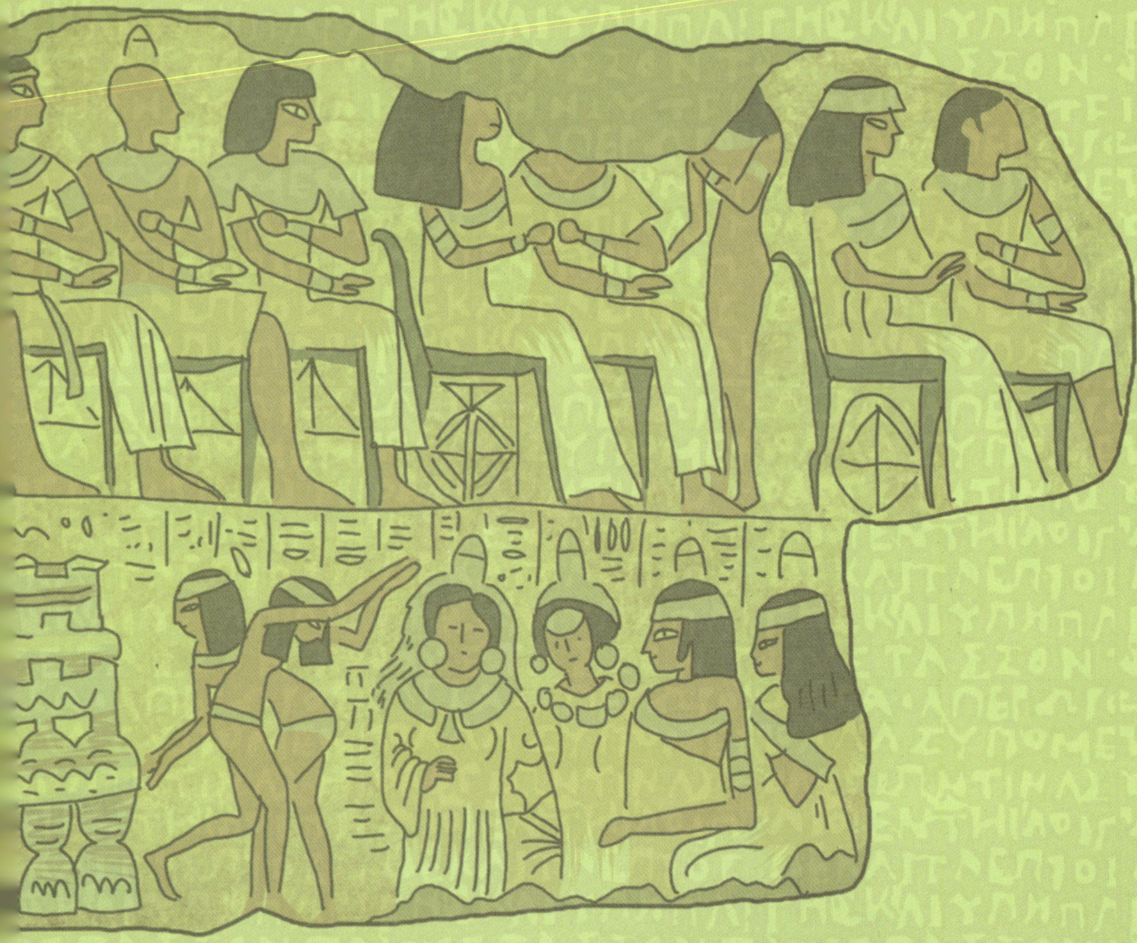

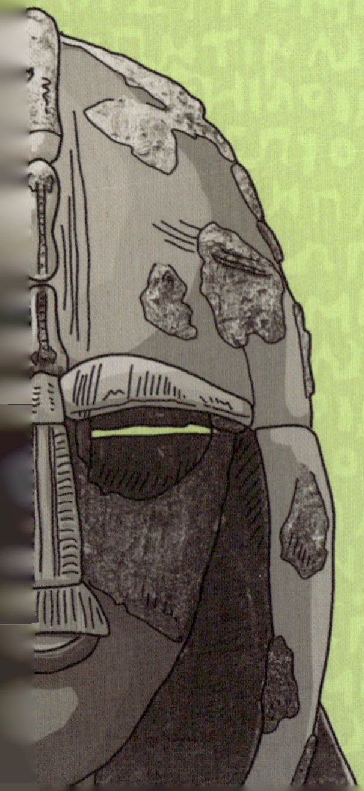

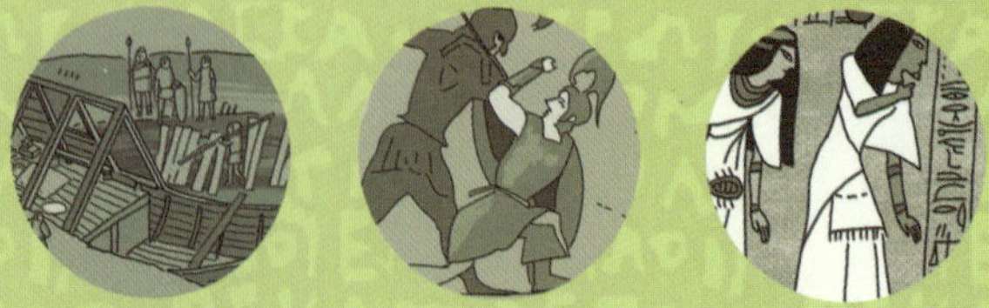

前言

　　博物馆是人类历史和文明的见证者、保管者。如果能在博物馆里逛上一天，不但能饱览各个时期的文化和艺术瑰宝，还能极大地丰富我们的历史知识，开阔我们的眼界。如果能逛遍全球所有著名的博物馆该多好啊！可惜，极少有人能有条件做到这一点。不过，也许我们可以在"奇趣博物馆"这套书中实现这个愿望。

　　"奇趣博物馆"系列分为《欧洲》《亚洲》《美洲》《非洲与大洋洲》四册。每册都选取了该区域最有名的博物馆及其藏品进行介绍。图文并茂的形式极其贴合儿童的阅读习惯。不仅如此，全书还特地对各博物馆的独特之处进行了介绍。让博物馆本身也变成了孩子知识储备中独特的"收藏品"之一。

目录

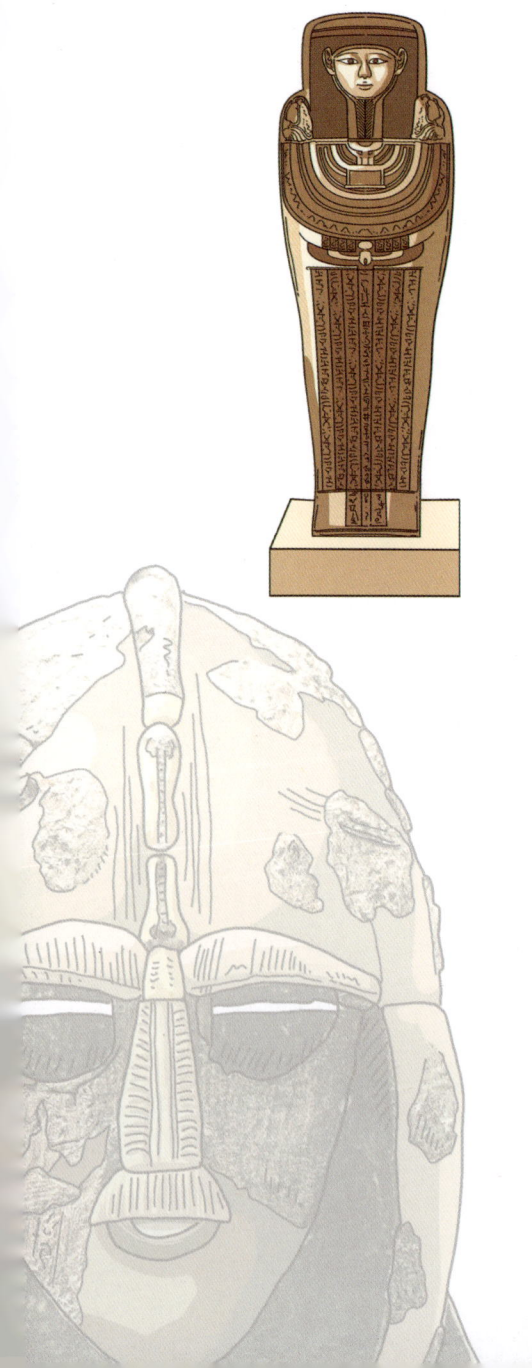

非洲博物馆

开罗埃及博物馆 ………… 3

图坦哈蒙黄金面具 ………… 6

第三黄金人形棺 ………… 8

黄金宝座 ………… 9

法老的珍宝 ………… 10

新王国时期的遗产 ………… 12

中王国时期文明 ………… 17

古王国时期的荣光 ………… 22

肯尼亚国家博物馆 ………… 28

人类的起源馆藏 ………… 30

特卡纳少年的骨骼 ………… 32

巧人们的生活 ………… 34

多姿多彩的肯尼亚工艺品 ………… 36

壮观的动物王国 ………… 40

大洋洲博物馆

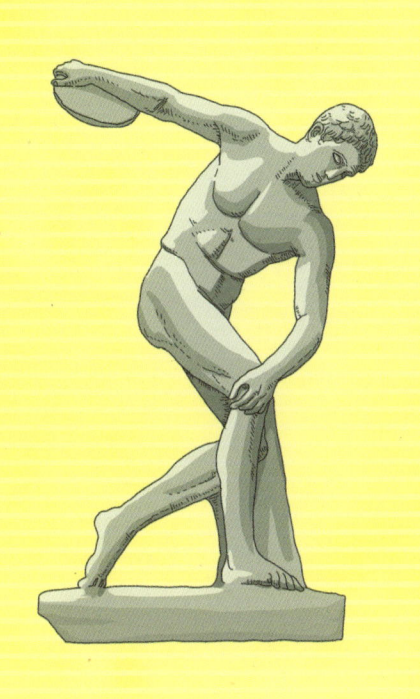

澳大利亚国家博物馆 ……… 45
- 古老的文明 …………………… 48
- 丰富多彩的近代展品 …………… 54
- 眼花缭乱的车 ………………… 60
- 奇趣列车模型 ………………… 66

维多利亚博物馆 ……………… 68
- 独特的标本与化石 …………… 70
- 栩栩如生的模型 ……………… 76
- 皇家展览馆典藏 ……………… 82

非洲博物馆

开罗埃及博物馆

埃及博物馆位于开罗市中心的解放广场，是埃及人气最高的博物馆，也是世界上最著名、收藏古埃及文物最多的博物馆。馆内的藏品以超级国宝图坦哈蒙黄金面具为首，全方位展示古埃及各个时代的辉煌成就，其中大多数展品年代都超过3000年。

马里埃特纪念碑

博物馆是由被埃及人称为"埃及博物馆之父"的法国著名考古学家马里埃特设计建造的，建造这座博物馆的目的是阻止发掘出来的埃及国宝流往国外。上图为博物馆广场上的马里埃特纪念碑。

门前的植物

博物馆门前种植着古代上埃及的代表植物——莲花和下埃及的代表植物——纸莎草，纸莎草是世界上最古老的造纸材料。

三尊女神雕像

博物馆的大门上有三尊女神像，中间是哈托尔女神雕像，左侧的是持纸莎草的娜菲提斯女神，右侧则是手握莲花的伊西斯女神，左右两位女神分别代表古代上、下埃及，寓意国家的统一。

拉美西斯二世雕像

这是博物馆外的拉美西斯二世雕像，拉美西斯二世是埃及历史上最重要的法老之一。这座博物馆以广泛收藏法老时期的文物为主，因此，被当地人习惯地称之为"法老博物馆"。

陈列的木乃伊

博物馆中展陈着20余具埃及历代法老及后妃们的木乃伊，其中，许多木乃伊仍然保存完好，有的还能看清楚头发和脚指甲。

那尔迈调色板（正面）

石板材质为绿色片岩，制作于公元前 3000 年，用于神庙中祭祀神灵。

进入博物馆，你会先看到一块庄严朴实的黑色石板，石板上的站立者正一手抓住跪伏者的头发，用权杖狠狠抽打跪伏者。它记录了古埃及第一王朝的首位法老那尔迈的事迹，上面刻有迄今发现的最早的象形文字铭文。

那尔迈调色板（背面）

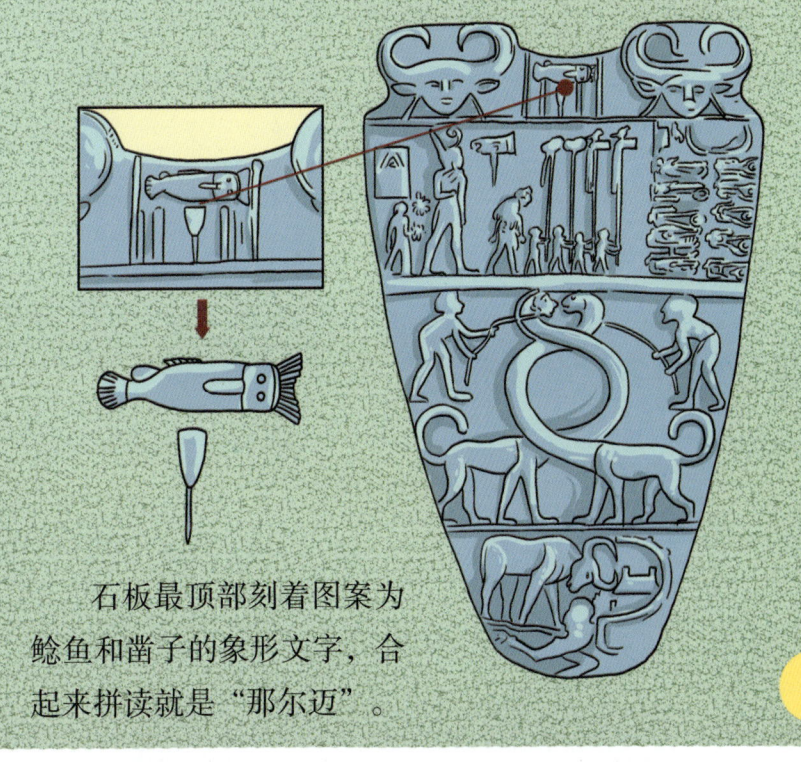

石板另一面描绘着那尔迈统一上下埃及的场景，上方最右侧横躺着敌军的尸体，那尔迈走在举着旗帜的大军之后，率军凯旋。下方两只互相缠绕的狮头怪兽象征着上下埃及的统一。最下面是一头踩踏敌人、以牛角摧毁城池的公牛，象征那尔迈的赫赫战绩。

石板最顶部刻着图案为鲶鱼和凿子的象形文字，合起来拼读就是"那尔迈"。

图坦哈蒙黄金面具

这是公元前14世纪埃及法老图坦哈蒙死后所戴的面具。面具由金箔制成，大约有11千克重，上面嵌着宝石和彩色玻璃，大小与法老的面庞相称，恰好罩在他的脸上，精巧而又华丽。

细节二

在古埃及，胡须是权利的象征，因此，法老的雕像、面具上总会有长长的胡须，即使女法老也不例外。

细节三

面具的背面刻着许多象形文字，大意是灵魂前往冥界，希望金灿灿的黄金能够守护逝者。

细节一

面具前额部分饰有上埃及的象征秃鹫和下埃及的象征眼镜蛇，代表着法老是全埃及唯一的统治者。

法老的王冠

上埃及和下埃及的统治者，分别佩戴白冠和红冠，只有统治全埃及的法老，才能佩戴双冠。

王陵之谷的图坦哈蒙陵墓

王陵之谷位于尼罗河西岸，是古埃及新王朝时期法老和贵族的主要陵墓区。新王国时期是古埃及历史上国力最强盛的阶段，这里一共有60多座帝王陵墓，埋葬着埃及第十七王朝到第二十王朝期间的64位法老，图坦哈蒙陵墓便是其中之一。图坦哈蒙是古埃及新王国时期第十八王朝法老，他的陵墓发现于1922年，是一座几乎从未遭遇盗掘的法老陵墓，墓中的陪葬品以黄金制品为主，多达2000多件，此墓最有名的随葬品是一件用各种玻璃、珠宝镶嵌的"宝座"。

第三黄金人形棺

图坦哈蒙的棺椁共有八重,外面是四重木质椁和一重石椁,里面则是三重人形棺。法老的遗体便存放在第三重人形棺中,此重人形棺用纯金打造而成,雕刻精美,并且镶嵌着宝石和玻璃,是所有陪葬品中最奢华的一件。

法老的尸身戴上黄金面具后,便会被放入量身定做的人形棺中,之后再放入装饰精美的大理石内椁中,最后被四重长方形镀金木椁层层包裹住。逝者的身份越尊贵,棺椁与人形棺的数量就越多。

黄金宝座

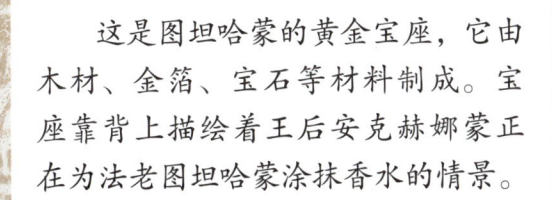

这是图坦哈蒙的黄金宝座，它由木材、金箔、宝石等材料制成。宝座靠背上描绘着王后安克赫娜蒙正在为法老图坦哈蒙涂抹香水的情景。

细节一
法老左脚上穿着一只凉鞋，王后右脚上穿着另一只凉鞋，由此可见，他们的感情非常融洽。

细节二
宝座的座椅腿上端被雕刻成狮子头，下端则被雕刻成狮子腿和狮子爪，是权利和地位的象征。

法老的珍宝

图坦哈蒙统治时期，是古埃及最繁盛的时代，这位年轻的法老过世之后，人们为他准备了2000多件形形色色的陪葬品，除了各类黄金制品，还有精美的家具、饰品等生前用品，豪华绚烂，图坦哈蒙的陵墓宝库被誉为"世界十大宝藏之一"。

存放内脏棺的圣箱

这是一口由黄金和珍贵木材制作而成的圣箱，是用来存放法老内脏的容器。箱子的顶部装饰着圣蛇，四周有四位守护内脏的女神。

内脏棺

古埃及人在制作木乃伊时会将内脏从身体中取出单独存放，图坦哈蒙经过防腐处理的肝、肺、肠、胃便存放在四个内脏棺中。

塞尔凯特女神

塞尔凯特女神是负责守护图坦哈蒙陵墓和圣箱的四位女神之一。她是一位蝎子女神，头顶竖起的部分便是蝎子尾巴。上图便是她的雕像，这尊镀金木雕像，非常精美。

10

有翼圣甲虫胸饰

圣甲虫别称"粪金龟",在古埃及文化中,它是太阳和重生的象征,是各类首饰和护身符中常见的元素。

细节一:胸饰中间是一只镶嵌在鹰身体里的石英质圣甲虫,象征着太阳。

细节二:圣甲虫的前爪举着一条装有荷鲁斯左眼(月亮的象征)的天空之舟。

细节三:眼睛上方是一只银月盘和一个金月牙。银月盘中间是被月神和太阳神保护着的法老。

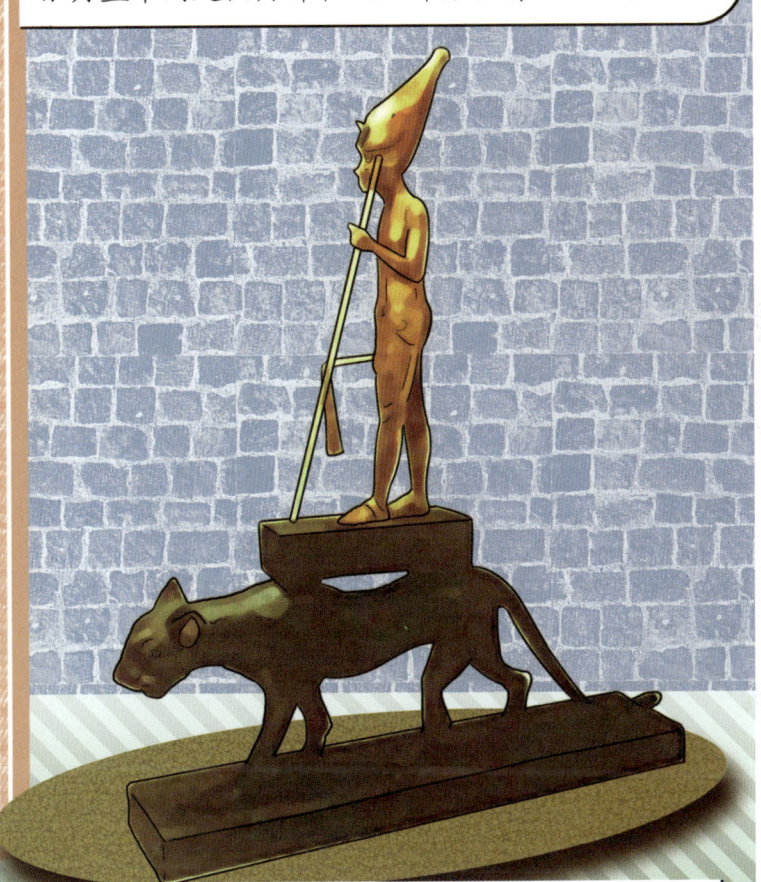

以圣甲虫为素材的埃及博物馆标志

黑豹背上的图坦哈蒙立像

这座精美的法老雕像用木头雕刻而成,全身覆满金箔。法老手持权杖,立在黑豹背上,象征着权利和神性的统一。

彩绘木箱

这个木箱四周以湿壁画手法绘制了许多精美的图案,侧面是法老乘战车大败异族的场面,顶部则是法老狩猎的场景。

新王国时期的遗产

埃及第十八王朝到第二十王朝被称作新王国时期，此时是古埃及人驱逐外族敌人，实现国家独立统一的时期。在此期间，古埃及艺术风格由传统开始向写实转变，诞生了许多优秀的作品。

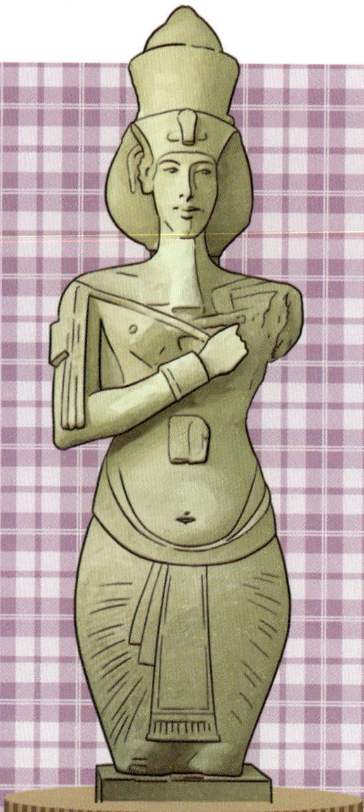

阿蒙霍特普三世与王后泰伊巨型坐像

这两座高度超过10米的巨大石雕坐像位于博物馆一层大厅，距今已有3400多年。三个女儿围绕在法老和王后的脚下，非常和乐。

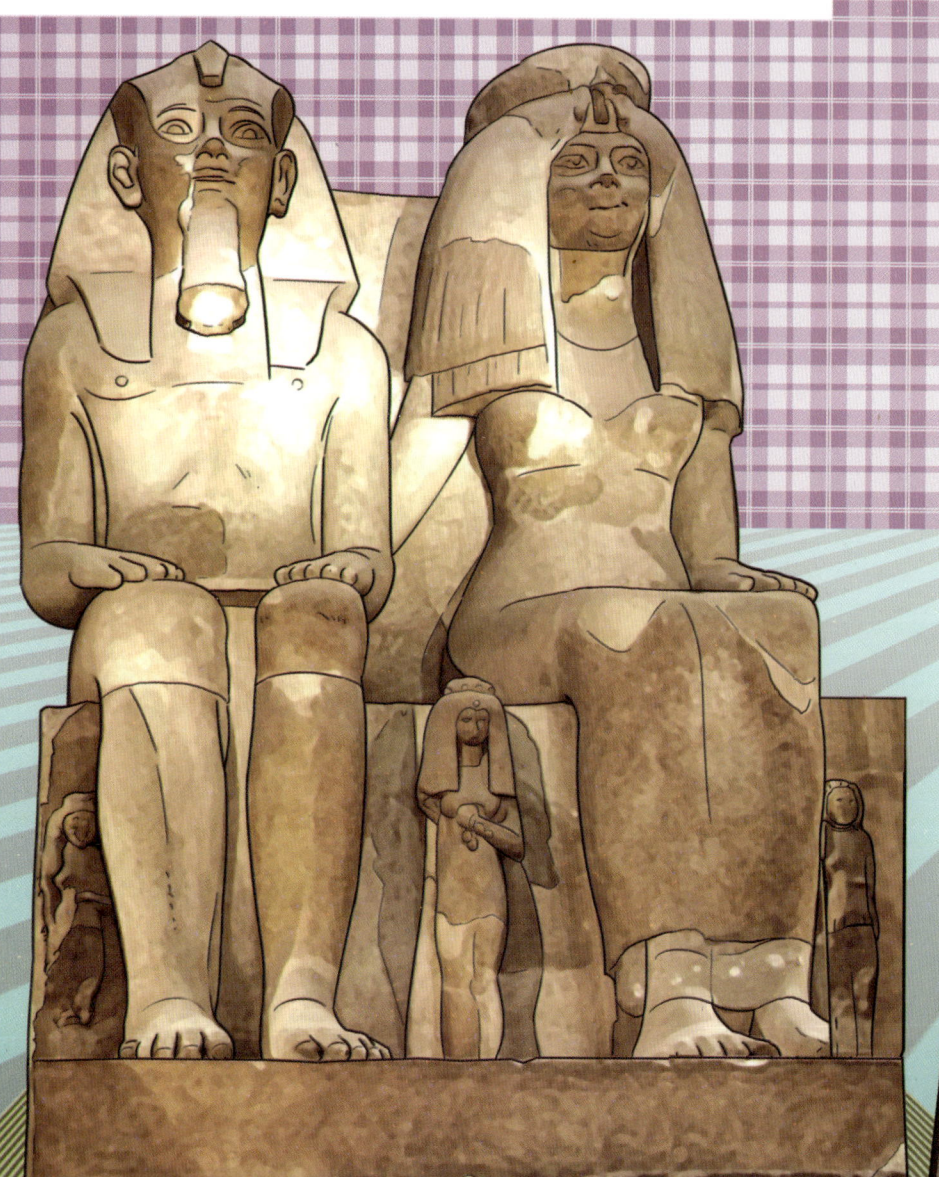

阿蒙霍特普四世巨像

阿蒙霍特普四世是图坦哈蒙的父亲，在其统治的第5年，阿蒙霍特普改名为埃赫那吞。他在位期间进行了宗教改革，并将首都由迪比斯迁往了阿马尔奈。这尊高达396厘米的巨型雕像有着厚实的嘴唇和细长的眼睛，是典型的阿马尔奈风格。

祭拜阿吞神的浮雕

这块浮雕上刻着法老阿蒙霍特普四世、王后奈费尔提蒂和他们的女儿向太阳神阿吞进行祭拜的场景，阿吞神的光芒化为一个小手，手掌中握着权力和生命之符。

阿蒙霍特普四世亲吻女儿雕像

这是法老亲吻女儿的半成品雕像,与早期古埃及风格迥异,非常具有创新性。

阿马尔奈王宫的彩绘地板砖

地板砖上面的彩绘采用写实生动的描绘手法,绘制着栩栩如生的纸草与鸭子,表达了对生命创造者太阳神阿吞的赞美。

彭特酋长与妻子

古埃及人曾定期前往遥远的彭特(今索马里)进行贸易活动,这块石板上便描绘着彭特人迎接埃及使者的场景。

细节一:搬运香木、象牙、孔雀石、黄金等货物的彭特人。

细节二:彭特酋长的妻子阿娣,她看起来身形肥胖。

细节三:腰插短剑、手持棍棒的彭特酋长帕尔夫。

拉美西斯二世大战赫梯人壁画

拉美西斯二世是古埃及著名的法老，他活到了九十多岁，是一位古埃及人心中战无不胜的将军。这幅壁画描绘了法老在卡迭石战役中的英姿。

拉美西斯二世木乃伊

这是世界上最著名的古埃及木乃伊之一。拉美西斯二世去世后，殓尸官将他的尸体进行了防腐处理和精心修饰，使得木乃伊在3000多年后依旧保存完好。

当殓尸官将尸体进行脱水干燥处理后，便会在尸体内塞入亚麻布和香料，使其保持自然的人体形态，即为木乃伊。然后进行以下步骤。

（1）为木乃伊缠上亚麻绷带；
（2）将木乃伊双臂交叉固定，并盖上一件亚麻衣；
（3）在木乃伊眼窝里塞上亚麻布团；
（4）将木乃伊放入木棺之中。

下棋的纳菲尔塔利

纳菲尔塔利是拉美西斯二世的第一位王后,壁画中的她正在玩塞尼特棋,这种棋在古埃及各个阶层中都很受欢迎。

梅丽塔蒙王后像

梅丽塔蒙是拉美西斯二世的王后之一,雕像头戴装饰着眼镜蛇和光环的王冠,手中则握着象征爱与美的女神哈托尔的护身符。

塞尼特棋

塞尼特棋是一种双人游戏,玩家可以根据掷骰子(骰子一般是用曲木棍或者骨头制成的细长条)的结果,在棋盘上移动棋子。棋盘下方的小抽屉是用来收纳棋子的。

哈特舍普苏特女王头像

这个巨大的头像是由石灰岩雕刻而成的，曾装饰在卢克索女王哈特舍普苏特神庙的外墙上，现在只剩下残缺的部分。

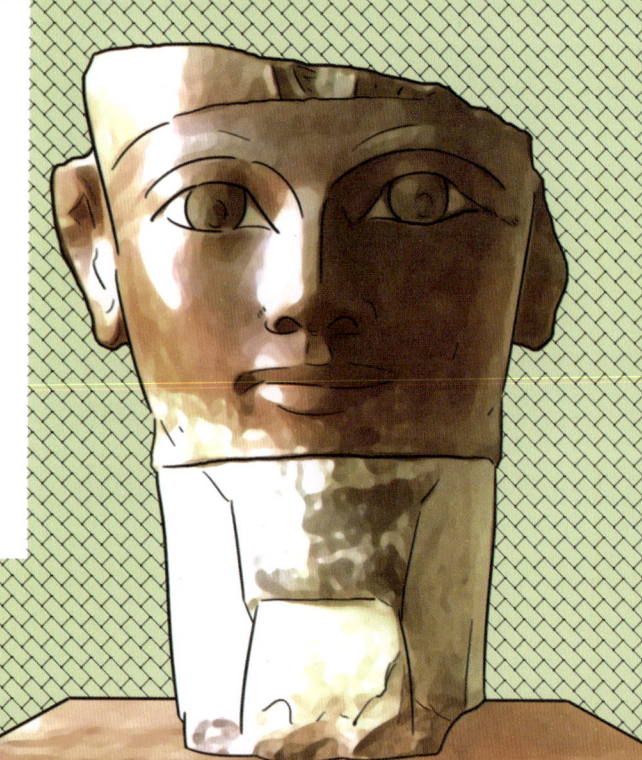

哈特舍普苏特跪姿雕像

这是女王向阿蒙神献祭的雕像，雕像两手各托着一个盛满香精的小罐子，是献给阿蒙神的。戴假胡须、身着男装则是女王哈特舍普苏特的装束习惯。

古埃及最伟大的三位女性

哈特舍普苏特与奈菲尔提蒂、克里奥帕特拉并称为古埃及最伟大的三位女性。哈特舍普苏特是古埃及真正意义上的第一位女法老；奈菲尔提蒂是阿蒙霍特普四世的王后，曾和法老一同执政；克里奥帕特拉是古埃及托勒密王朝的最后一任女法老。

哈特舍普苏特 　　　　　奈菲尔提蒂 　　　　　克里奥帕特拉

中王国时期文明

中王国时期包括埃及第十一王朝和埃及第十二王朝，这是一个短暂的和平繁荣时期，艺术得到了蓬勃的发展，为后来第二中间期和第十三王朝的农业、手工业发展奠定了良好的基础。

努比亚弓箭手木雕模型

这些做工精致的木雕弓箭手是努比亚人，它们皮肤呈褐色，是编入古埃及军队的雇佣兵。

蒙图霍特普二世坐像

蒙图霍特普二世是中王国时期的首位法老，他重新统一了埃及。雕像的肌肤部分被涂成了黑色，象征尼罗河肥沃的土地，也代表逝者期望重生后再享荣华。

埃及士兵木雕模型

这是中王国时期埃及的步兵团木雕模型，士兵们身姿矫健，队列整齐有序，展现了中王国时期埃及强大的军事力量。

荷尔法老的卡立像

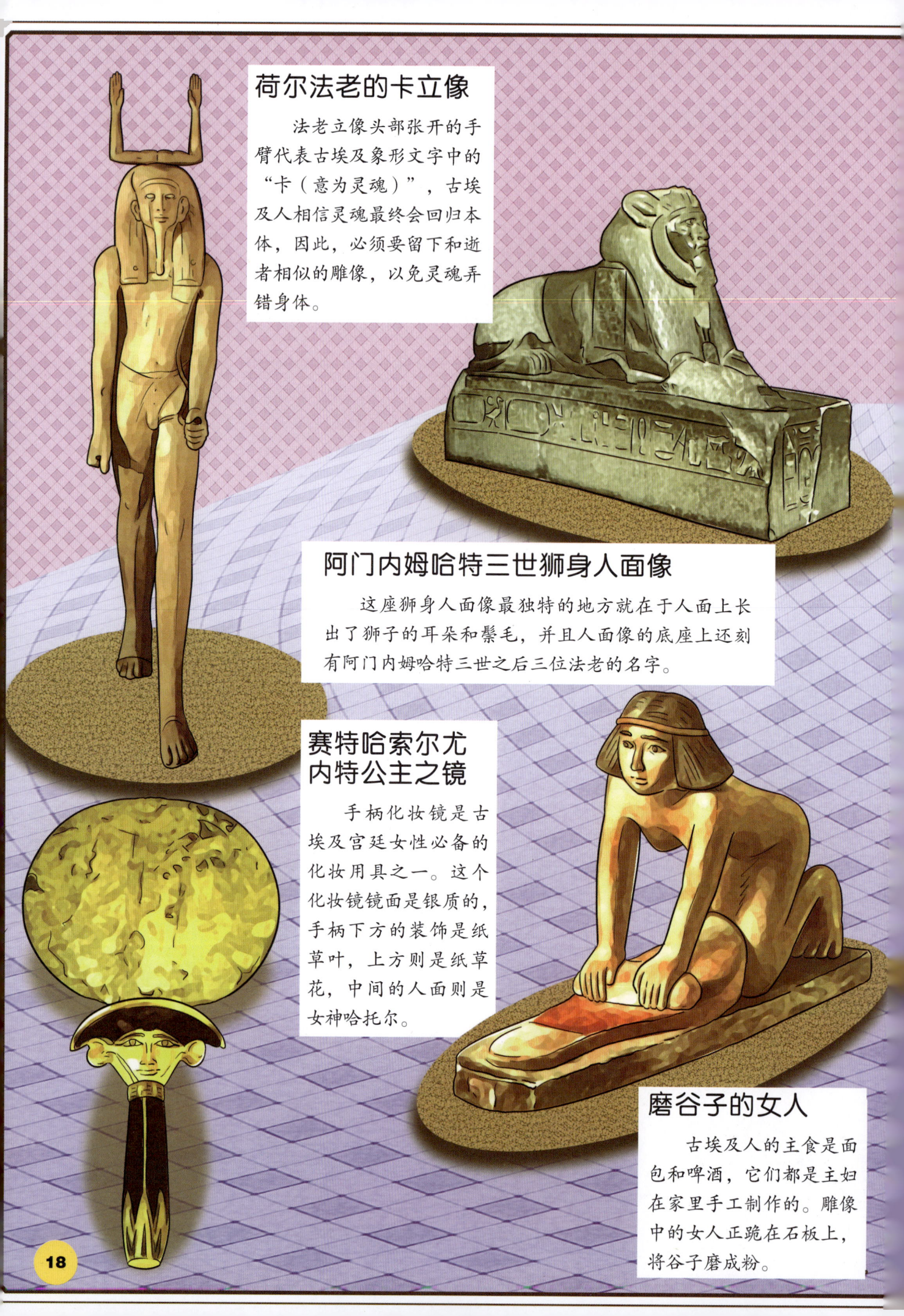

法老立像头部张开的手臂代表古埃及象形文字中的"卡（意为灵魂）"，古埃及人相信灵魂最终会回归本体，因此，必须要留下和逝者相似的雕像，以免灵魂弄错身体。

阿门内姆哈特三世狮身人面像

这座狮身人面像最独特的地方就在于人面上长出了狮子的耳朵和鬃毛，并且人面像的底座上还刻有阿门内姆哈特三世之后三位法老的名字。

赛特哈索尔尤内特公主之镜

手柄化妆镜是古埃及宫廷女性必备的化妆用具之一。这个化妆镜镜面是银质的，手柄下方的装饰是纸草叶，上方则是纸草花，中间的人面则是女神哈托尔。

磨谷子的女人

古埃及人的主食是面包和啤酒，它们都是主妇在家里手工制作的。雕像中的女人正跪在石板上，将谷子磨成粉。

河马雕像

这件湖蓝色珐琅质地的河马雕像出土于第二中间时期的墓葬中，它被古埃及人视为驱散恶灵、帮助死者重生的灵物，它身上的莲花图案也有重生的寓意。

织布工坊木雕模型

公元前2000年左右，古埃及人就已经使用织布机了。木雕中的这些女工受雇于上流社会家庭，她们正在纺织亚麻布。

清点牛只木雕模型

这套模型出土于第十一王朝大臣麦克特瑞的墓中。模型中的牧场主们驱赶着牛羊前来缴税,麦克特瑞正在和书吏与其他官员检查牛群。

劳动人民木雕

这些木雕高度写实地还原了古埃及劳动人民的生产场景,包括面包制作、远航捕鱼、畜牧饲养等,充满了鲜活的生活气息。

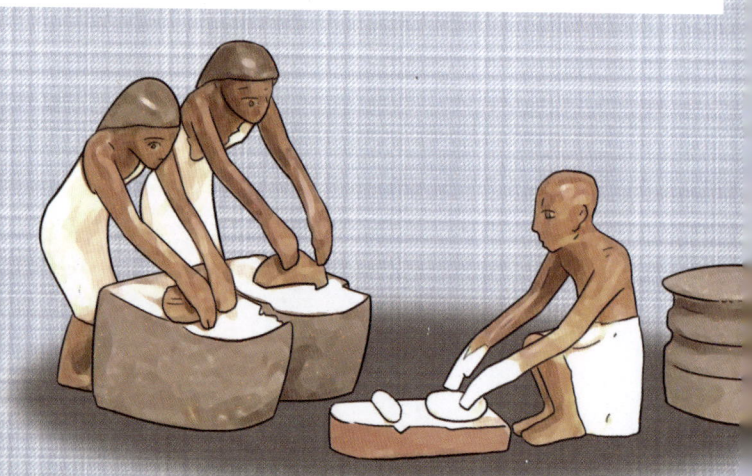

细节一：高台中央的人是墓主麦克特瑞；
细节二：书吏和其他官员负责清点数量和检查牛只的健康状态；
细节三：来自各地的牧场主们，缴纳牛只数量越多，社会地位也就越高；
细节四：牛有很多不同的花色，它们的牛角上绑着绳子，方便驱赶；
细节五：高台前方，一个犯了错的人正在被鞭笞。

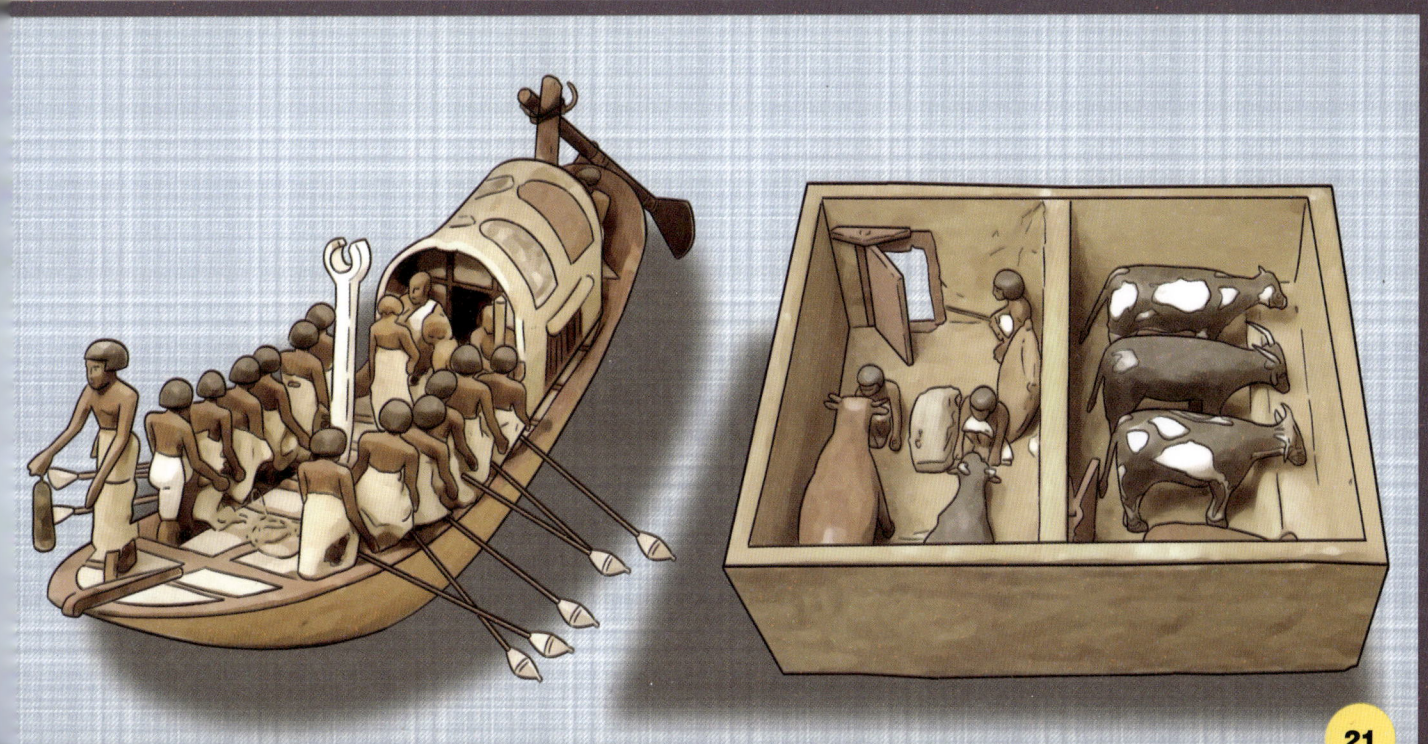

古王国时期的荣光

古王国时期包括第三至第六王朝，这是古埃及法老权利最高的时期。此时的法老们非常热衷于建造金字塔，因此，古王国时期也被称为"金字塔时期"。除此之外，法老们也为自己制作了许多雕像，向世人展示着至高无上的权威。

哈夫拉法老

哈夫拉是古埃及第四王朝的第四位法老，他在吉萨建立了世界上第二大金字塔——哈夫拉金字塔和著名的狮身人面像，至今，埃及的货币10埃镑上还印刷着哈夫拉的坐像。

哈夫拉法老坐像

这尊坐像以石块切削而成，表面经过沙子打磨抛光，工艺非常精湛。雕像中的法老端坐在王座之上，头颈部被国王之神荷鲁斯拥抱着，威严而又神圣。

吉萨金字塔群

吉萨金字塔群主要包括胡夫金字塔、哈夫拉金字塔和门卡乌拉金字塔，这三座金字塔中的三位法老是祖孙三代，他们的金字塔是金字塔建筑艺术的顶峰。其中胡夫金字塔高146米左右，而哈夫拉金字塔则高144米左右，因为，哈夫拉金字塔地势较高，因此，看起来比胡夫金字塔略高，实际上，哈夫拉金字塔要矮一点儿。

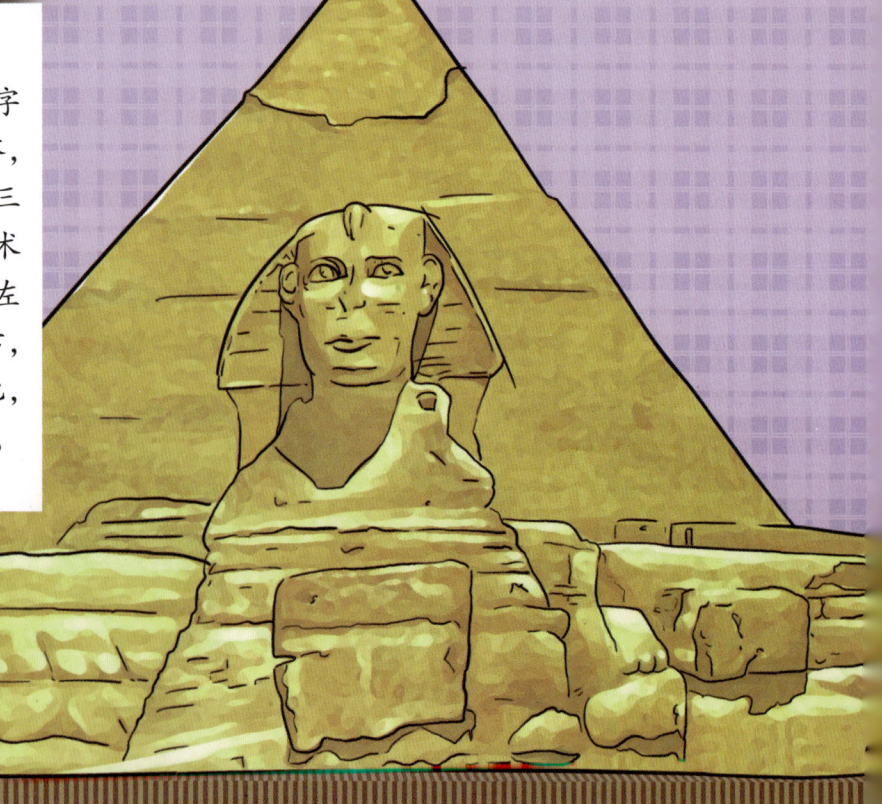

左塞尔雕像

这是最古老的古埃及国王雕像之一，处于左塞尔金字塔的地下室中。国王坐在宝座上，他身穿紧身袍，戴着皇家包巾和假发，眼睛里镶嵌着珍贵的宝石。

左塞尔金字塔

左塞尔是埃及第三王朝最为著名的法老，他曾令其手下的官员伊姆霍特普修建了埃及历史上的第一座金字塔——左塞尔阶梯金字塔。这座金字塔被认为是最早由方石组成的大型建筑，大小与当时一座大型城镇占地面积相当，非常壮观。

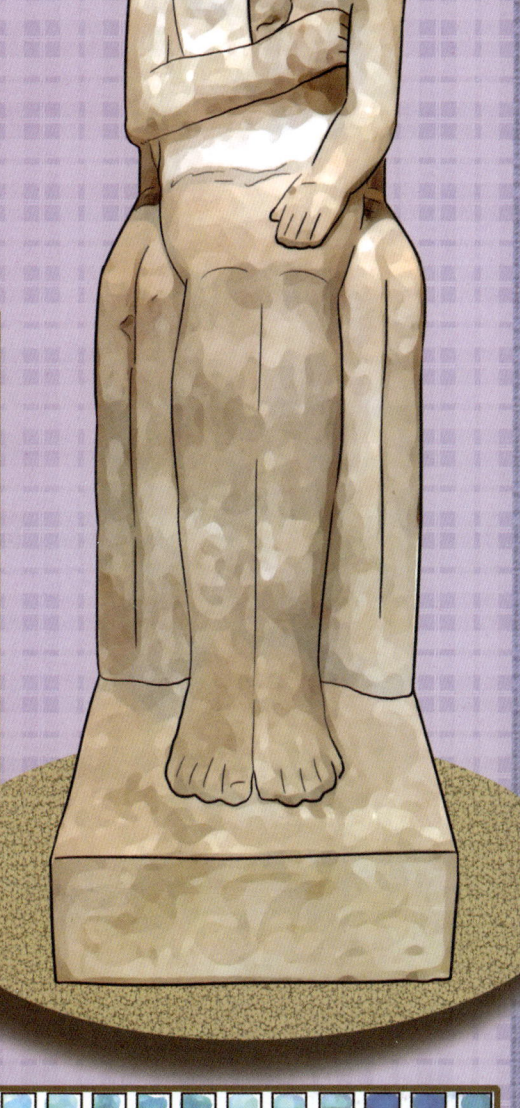

左塞尔陵墓中的蓝色珐琅装饰墙。

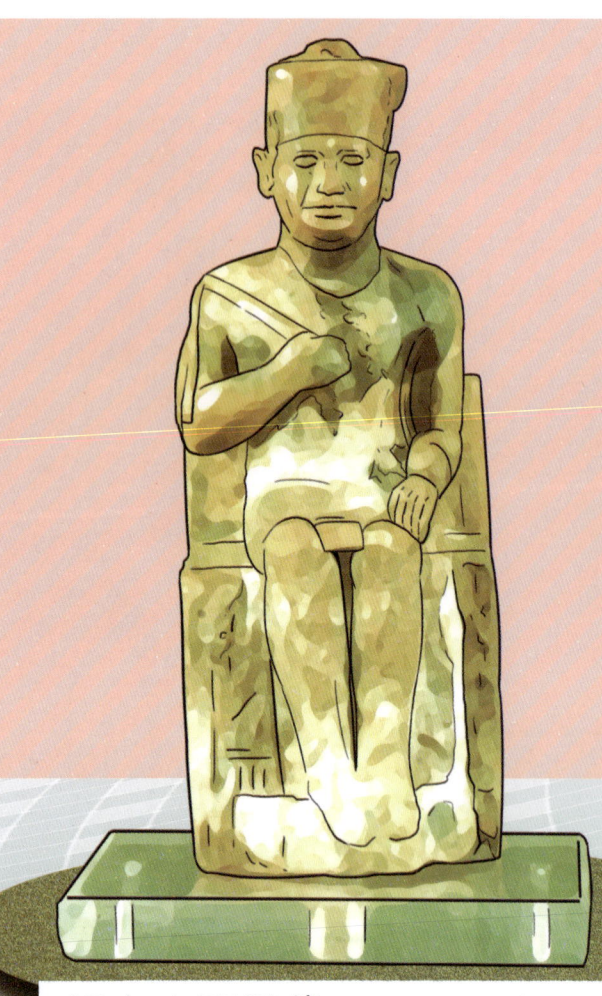

胡夫小型雕像

这尊小型象牙雕像仅有7.5厘米高，出土于奥西里斯神庙，这是这位法老目前被发现的唯一一尊全身塑像。

荷鲁斯神像头部

鹰神荷鲁斯是古王国时期最高主神，这件用黄金和黑曜石制成的艺术品是王权的权威象征。

门卡乌拉和女神雕像

这座三人雕塑的中间是头戴上埃及王冠、身穿短裙的门卡乌拉王，他的右边是带着牛角和太阳圆盘的哈托尔女神，他的左边则是头顶着胡狼的安普特女神，代表着法老被神守护。

拉胡泰普王子和妻子奈费尔特坐像

拉胡泰普王子可能是胡夫法老的兄弟，担任太阳神祭司和大将军。他和妻子的雕像由彩绘石灰石制作而成，虽然已经有4000多年的历史，但依然保存完好。

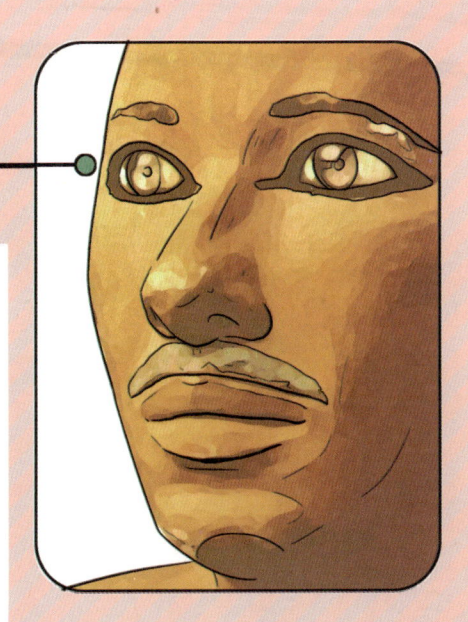

细节一：王子夫妇的眼眶由不透明的石英制成，里面镶嵌着天然紫水晶制作的眼球，至今仍熠熠闪光，出土时曾将发掘人员吓得落荒而逃。

细节二：王妃身材丰满，戴着假发套和华丽的头冠，脖子上戴有被称为"乌瑟克"的大项圈。

细节三：王子夫妇肤色一棕一白，画着深色眼妆，非常符合当时的审美标准。

法老立像的小秘密

博物馆中有许多法老的立像，这些立像有的双手下垂，一脚在前；有的则双手在胸前交叉，双脚并立。前者表示在雕刻时，法老仍然在世，后者则表示制作雕像时，法老已经去世。

卡培尔像

卡培尔是第五王朝的一位祭司，工人们发掘出这座雕像时，发现雕像与他们村的村长特别相似，因此，雕像也被称为《老村长像》。

细节一：雕像用坚硬而贵重的西克莫木制成，雕刻艺术精湛，历经数千年仍基本完好。

细节二：雕像铜质的眼眶里镶嵌了石英石和水晶石，在光照下能够散发出光芒，非常逼真。

细节三：剃过头发的头部、丰满的脸颊和明显的双下巴让整张脸显得非常圆润，充满了亲切感。

盘腿书记坐像

这是一座书记官的彩绘石灰岩坐像，书记官盘腿而坐，膝盖上放着草纸，可惜他手中的书写工具已经丢失。现在埃及的200埃镑上印刷着书记官的形象。

书写工具

在古埃及，掌握着书写方式的书吏很受人重视，书吏用芦苇笔书写象形文字。图中水袋内是用红黑颜料调制而成的墨水，水袋通常和芦苇笔拴在一起使用。

埃及古壶

这是古埃及人用于盛水的陶罐，陶罐上的图案与河流相关，陶罐左下侧的弧形波纹指代水边，水中有五只并排站立的火烈鸟。

美杜姆群雁图

这幅《美杜姆群雁图》中描绘的雁栩栩如生，生动细腻，展现出了古埃及人极高的绘画水平。

肯尼亚国家博物馆

肯尼亚国家博物馆位于内罗毕市中心，是全非最为著名的博物馆之一。它拥有 100 多年历史，陈列着众多的古人类化石、各种各样的野生动物标本等，展现了浓厚的东非传统历史文化，是内罗毕著名的旅游景点之一。

博物馆概况

肯尼亚国家博物馆是散布在肯尼亚境内约 30 个博物馆和遗址的总称，位于内必罗的展馆是总馆。

博物馆大门

肯尼亚国家博物馆内的展品展示了人类起源、演变和进化的过程。博物馆的大门被称为"探索生命起源之门"。

中国航海家的足迹

明代著名的航海家郑和曾经两次到达肯尼亚沿海海域，在肯尼亚沿海海域可能还有郑和船队的沉船。

大受欢迎的展馆

禽鸟馆中有900多个栩栩如生的仿真鸟类标本，禽鸟馆是博物馆中最受欢迎的展馆之一。

人类的起源馆藏

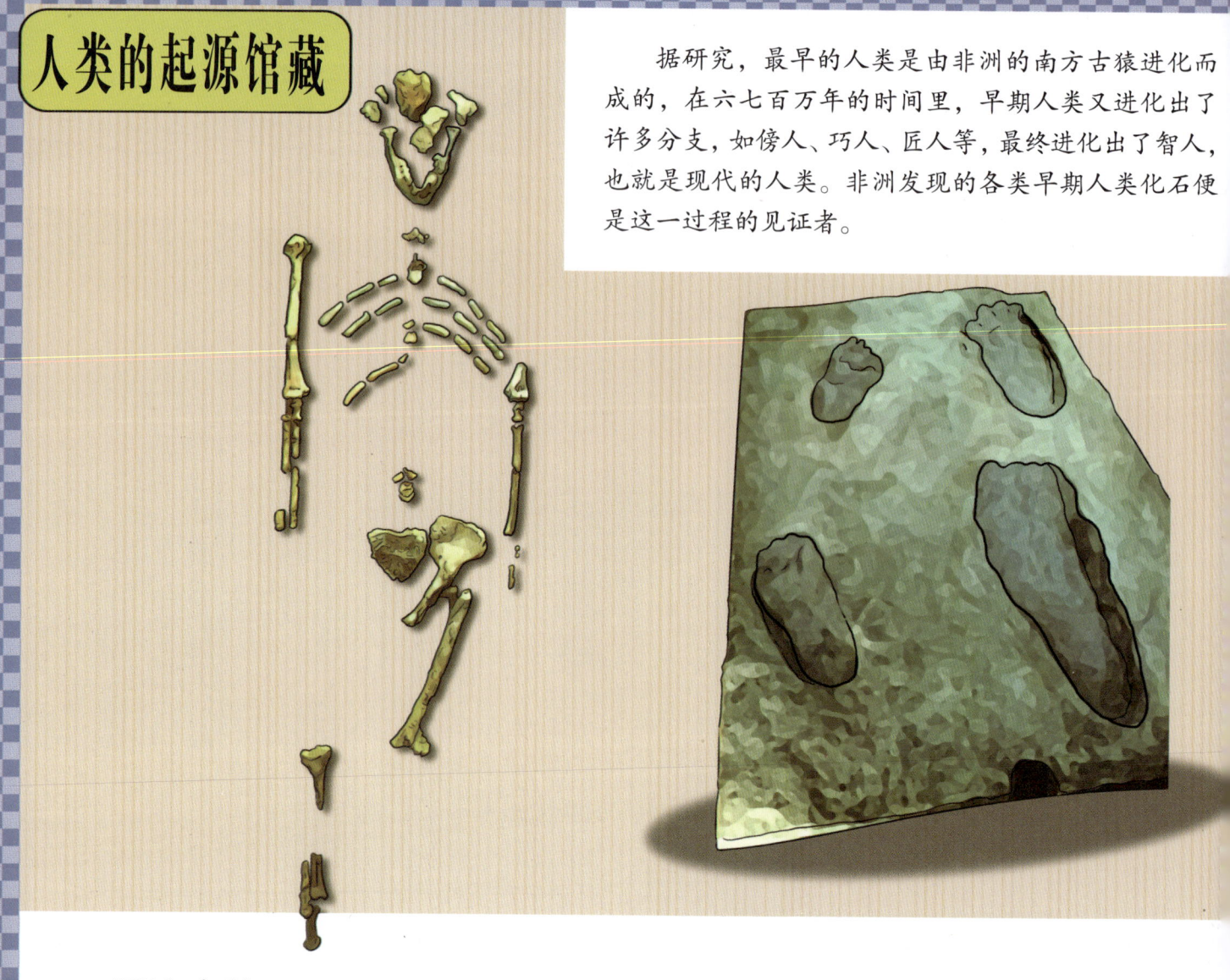

据研究，最早的人类是由非洲的南方古猿进化而成的，在六七百万年的时间里，早期人类又进化出了许多分支，如傍人、巧人、匠人等，最终进化出了智人，也就是现代的人类。非洲发现的各类早期人类化石便是这一过程的见证者。

阿法南猿

这是一副阿法南猿的全身骨骼化石，保存比较完好。据研究，阿法南猿是常以双脚步行的早期人类之一，它的脑容量和黑猩猩大致相同，并且擅长爬树。

阿法南猿的足迹复原品

这是阿法南猿足迹的复原品，右侧的足迹长约21厘米，这样的足迹已发现70多个，是阿法南猿双脚步行的有力证据。

小知识：人类与类人猿有什么区别

在分类学上，人类是类人猿的一种。早期人类的容貌和姿态几乎与类人猿一样，分辨他们最主要的方法就是：是否以双脚直立行走，直立行走是人猿分界的重要标志。

原康修尔猿

这是目前已经被证实的最早期类人猿的头骨，从化石中分析得知：原康修尔猿牙齿构造简单，可能食用果实类食物，虽然脑容量变大，但仍然无法直立行走。据推测，原康修尔猿可能生活在树上。

南方古猿埃塞俄比亚种（黑骷髅）

南方古猿埃塞俄比亚种是大约250万年前已灭绝的人种，体形比南方古猿大，咬合力很强，拥有坚固的下腭，臼齿的质量是现代人类的10倍以上。

南方古猿包氏种

这是生存在大约170万年前的南方古猿包氏种的头骨化石，其颧骨非常发达，脸部的高度和宽度几乎是相等的，是目前为止发现拥有最强咀嚼器官的人种。

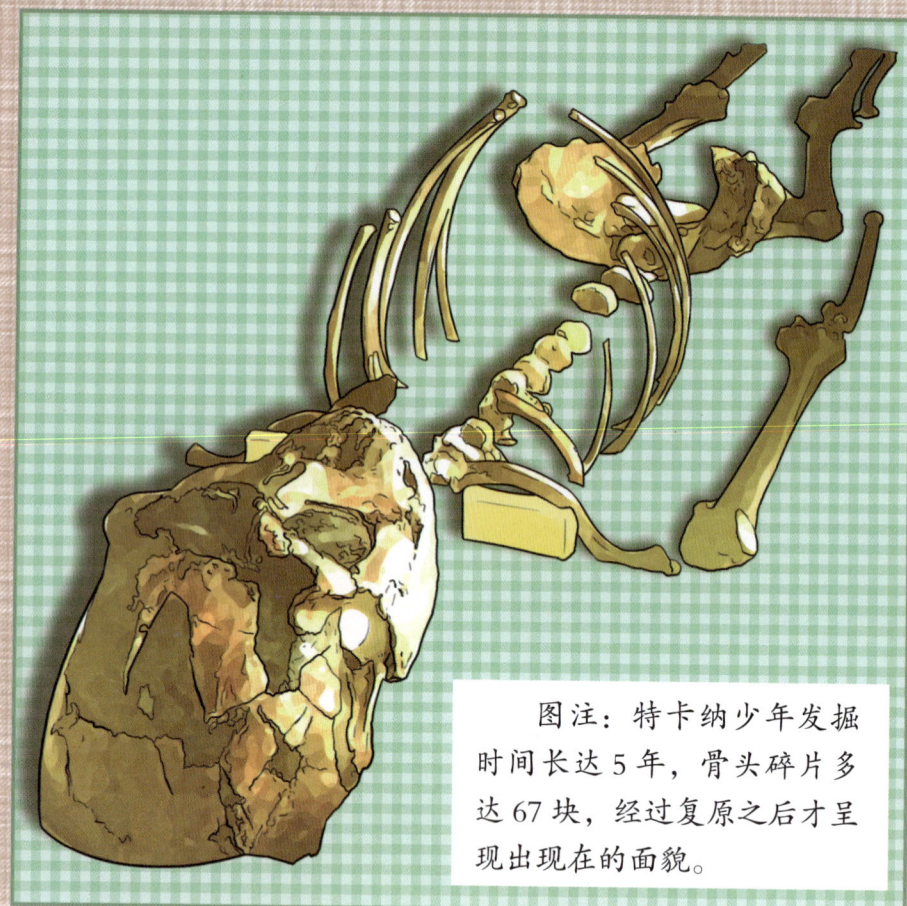

特卡纳少年的骨骼

特卡纳少年的骨骼发现于1985年，这具骨骼保存完好，根据其恒牙和乳牙推测，特卡纳少年应该是刚进入青春期，如果能活到成年，他的身高可达180厘米，体重约70千克。

图注：特卡纳少年发掘时间长达5年，骨头碎片多达67块，经过复原之后才呈现出现在的面貌。

小知识：匠人

匠人生存于130万~180万年前的非洲。由于人们在发现匠人的地点同时发现了许多不同的石器工具，如斧头和刀子，因此，便将它们命名为"匠人"，这也是他们与其他人类祖先的不同之处——会使用先进的器具。这具特卡纳少年骨骸是目前全世界发现的最完整的匠人全身骨骼标本。

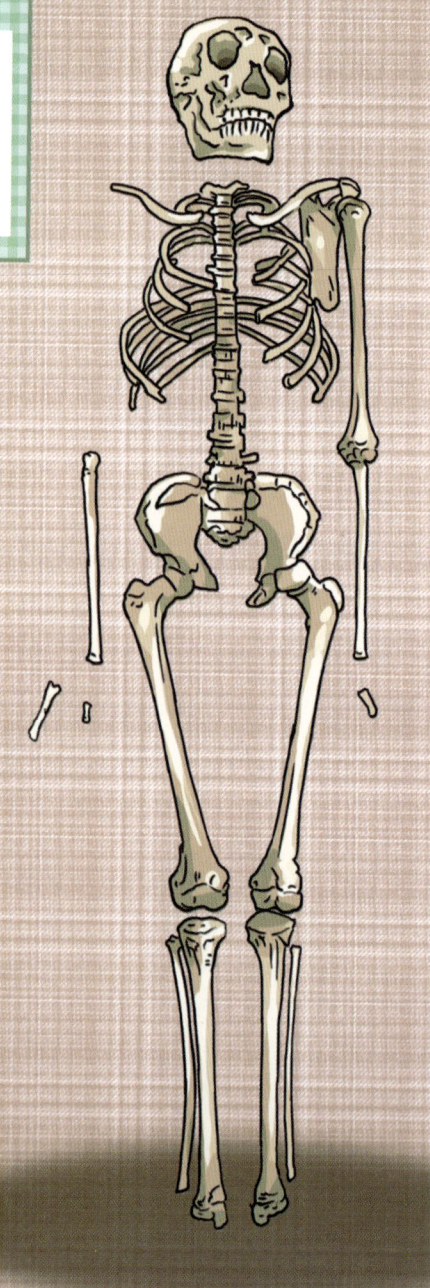

特卡纳少年的骨骼立像

细节一
　　匠人的体型接近于现代人类，据推测他们的消化器官可能也和现代人类大致相同。在南非北部，人们发现100万年前的用火遗址，证明匠人可能已经会用火烤熟食物。

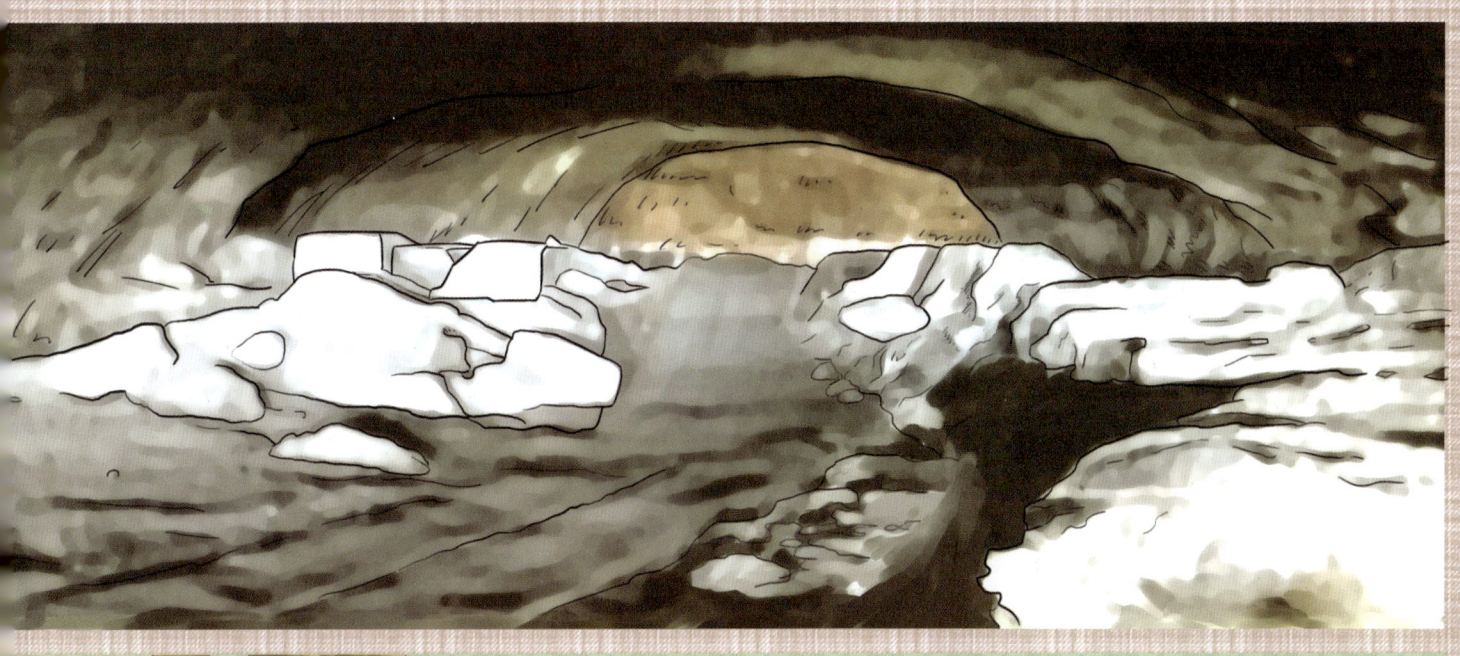

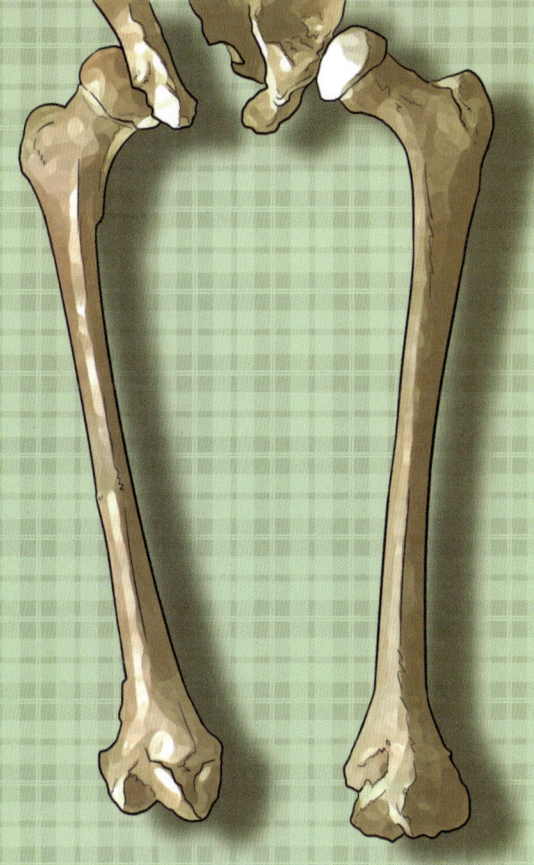

细节二
　　匠人的大腿骨很长，这使得他们在跑步时可以跨步较大，行动迅速。

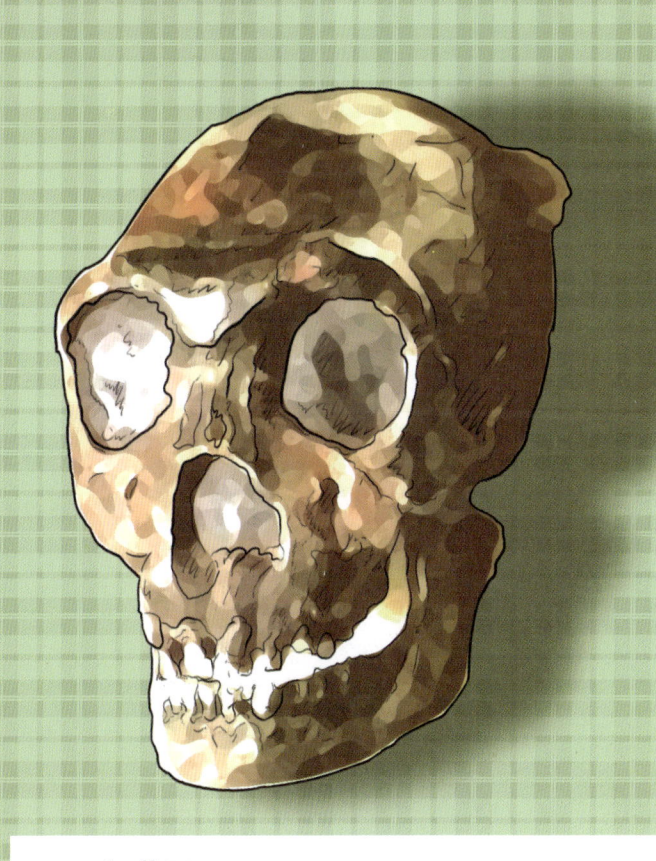

细节三
　　匠人的脑容量是早期人类的2倍，虽然不能发出复杂的声音，但应该可以通过简单的发音互相交流。

巧人们的生活

巧人也称"能人",他们生存在大约160万~240万年前,他们比南方古猿进步但比直立人落后,是目前所知最早能制造工具的人类。大多数观点认为巧人是匠人的祖先,智人(现代人)也有可能是他们的后代。

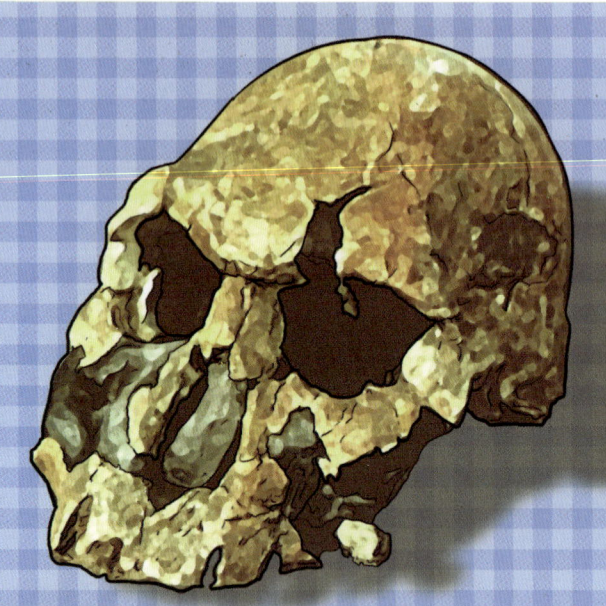

鲁道夫人

他们生活在大约190万年前,大多数学者认为他们是巧人的一种,是从猿人演化为人之前的过渡人属。

巧人头骨化石

这个头骨比南方古猿更大更发达,脸形比较接近现代人,可能因为会使用工具切割大块食物,所以他们的下颌较小,并且比较圆。

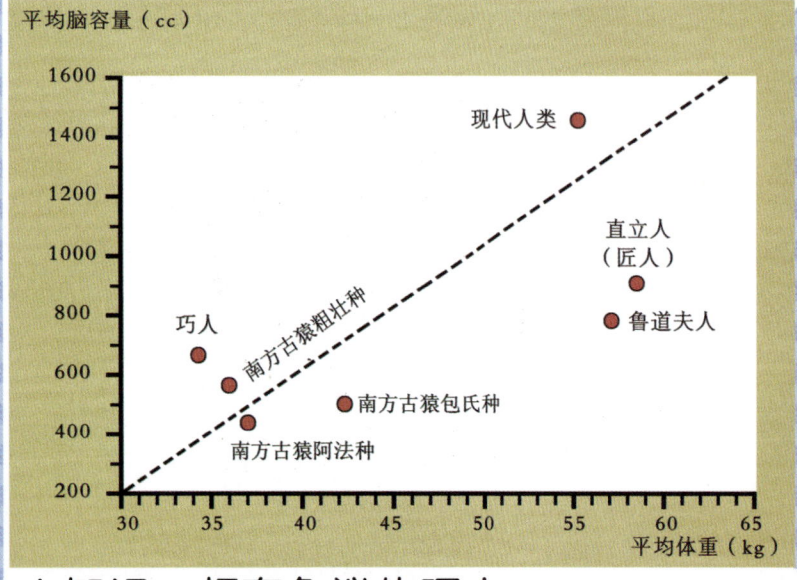

小知识:颇有争议的巧人

学者们是这样区分人类和猿人的:脑容量750毫升以上的属于人属,而一直被认为是最早人属的巧人平均脑容量却只有600毫升,并且身上还残留着许多南方猿人的特征,因此,很多学者提出将他们移出人属。但他们却比猿人灵巧很多,会将石器互相摩擦,磨尖后使用。

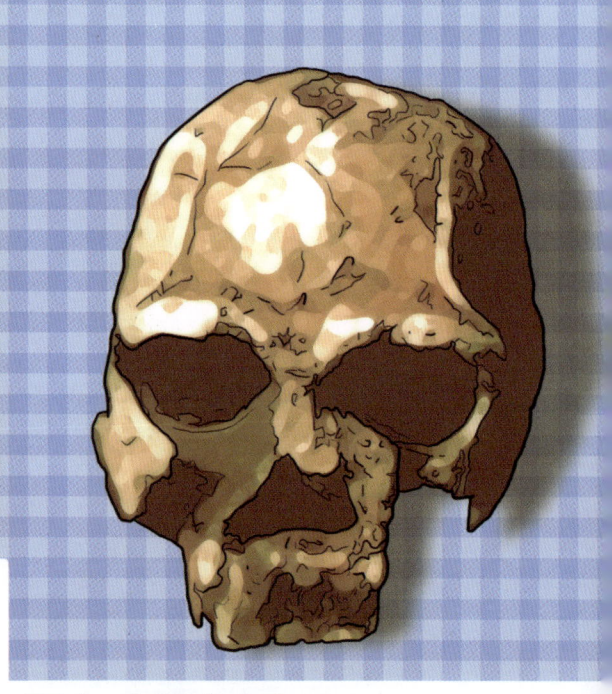

匠人头骨化石

这是一个成年女性匠人的头骨,她的脑容量比南方古猿更大。匠人因为擅长制作石器而得名。

狩猎的匠人模型

匠人能够运用灵活的手指，将骨头敲碎，食用骨髓。据推测，他们可能很少主动狩猎，而是寻找腐尸，将它们的肉当作食物。

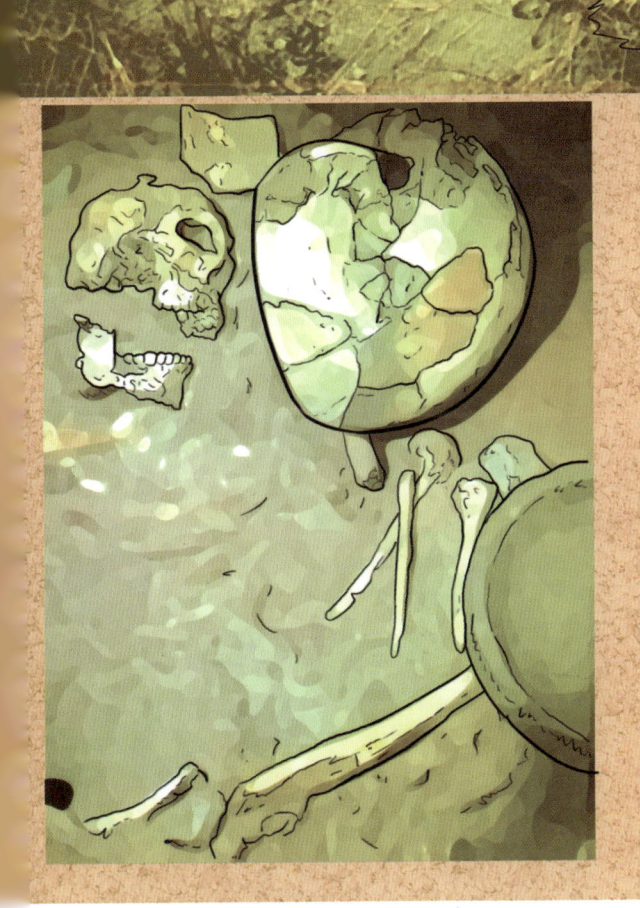

智人的墓葬

这是智人墓葬的模型，陪葬品中有部分土器和兽齿加工制成的首饰，这表明他们拥有更先进的加工技术和宗教观念。

石臼

这是新石器时代后期出现的磨制石器，可能是用来研磨食物的工具。

多姿多彩的肯尼亚工艺品

肯尼亚是非洲各地与中东之间的交通枢纽，特殊的地理位置使得肯尼亚境内产生了多样的民族与风俗。据统计，目前肯尼亚境内有40多个民族，这些民族的文物中有许多色彩艳丽的串珠工艺和纺织物等，品种丰富而又多姿多彩。

葫芦塔

博物馆中庭有一座高达6米的葫芦塔，它来自肯尼亚国内40多个民族，这些大小、形状各不相同的葫芦组合在一起，代表着肯尼亚民族文化的多样性。

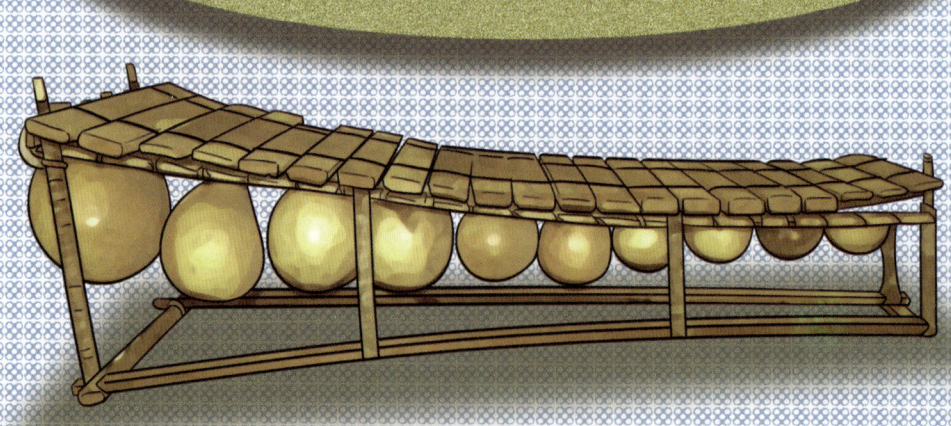

小知识：非洲葫芦文化

非洲的葫芦文化非常浓厚，各类葫芦器皿、乐器、装饰物都很常见。大部分非洲人的院子里都栽有葫芦树，人们既可以在树下乘凉，也能摘下葫芦，一劈两半，用来盛水、盛饭，或者做成勺子和盆子。巧手的非洲人还能将葫芦做成乐器，如葫芦沙锤、非洲木琴等。

奇凯戈和科玛

　　肯尼亚有一片被称为"卡亚圣林"的森林，这里曾居住着米吉肯达人，他们会制作木雕"科玛"和"奇凯戈"来祭祀。尤其是奇凯戈，它被视为卡亚圣林的守护者，备受尊崇，只有极少数人知道它的制作方法。

　　科玛一般在祭祀祖先时使用；奇凯戈是祭祀族内有德行的长老时使用，制作方法和装饰比科玛更加考究。

　　细节一：奇凯戈的顶部造型代表人脸，每一具都不相同，大部分是平面的，也有极少数是立体的。

　　细节二：两种木雕上面都围有布条，这代表祖先托梦给子孙，表示寒冷，这样子孙们在祭祀时就会将代表衣物的布条围在上面。

　　细节三：奇凯戈较高，上面依附的全部是男性的灵魂；科玛稍矮，则可以依附女性的灵魂。

席娲

它是斯瓦希里族婚礼仪式上使用的象牙笛，人们相信席娲有神奇的力量，听到笛声的人将会得到祝福。

马萨伊人的串珠工艺

这是马萨伊族女性用串珠做成的首饰。红色是马萨伊人的象征；蓝色是天空，表示对神的尊敬；绿色是植物，表示对大地的感谢。

巫医的面具

在米吉肯达族，巫医会佩戴面具做法，人们相信通过这样的方式可以打败邪术。现在几乎已经不再使用，所以巫医的面具非常珍贵。

桑布（斗篷）

这是卡伦津族酋长在举行仪式时穿的斗篷，是用青长尾猴的毛皮制作而成的。

成年礼仪式面具

蒂里基人在少年期会独自在森林中生活1个月,当他们回到村里时,戴着这种面具的舞者们便会欢迎少年归来,认同他已是成年人。

马萨伊人的矛与盾

马萨伊人成年礼中有一项狩猎狮子的考验,矛与盾便是马萨伊人狩猎的工具。只有通过成年礼考验,青年人才被承认是马萨伊族的战士。在肯尼亚的国旗和国徽上也有矛与盾,代表着自由和独立。

小知识:非洲的成年礼

成年礼是青少年进入成年期举行的盛典仪式。非洲很多民族都有各自的成年礼仪式,如在耳垂或者鼻子上穿孔,戴上特色饰品;或在身体部位刺青;或削掉牙齿、拔牙;或从牛背上跳过等。非常有特色。

壮观的动物王国

肯尼亚拥有稀树草原、热带森林、山地、沙漠和湿地等多样性自然环境，是哺乳动物、鸟类和昆虫的天堂，展馆中丰富的动物标本像是肯尼亚地区的缩影，展示着这里生命的多样性。

传奇大象——阿赫美德

博物馆的中庭有一具名为"阿赫美德"的非洲象骨骼标本，它看起来威风而又霸气。这头非洲象死亡年龄大约在55岁，属于自然衰老而死，死后被搬运至博物馆做成标本公开展示，是草原动物标本中最引人注目的一具。

细节一
阿赫美德有一对长3米以上、将要触地的象牙，巨大而又美丽，非常珍贵。

细节二
阿赫美德的骨架虽然与它旁边展示的一头非洲象标本相比较小，但巨大的象牙依然凸显出它"象王"的地位。

细节三

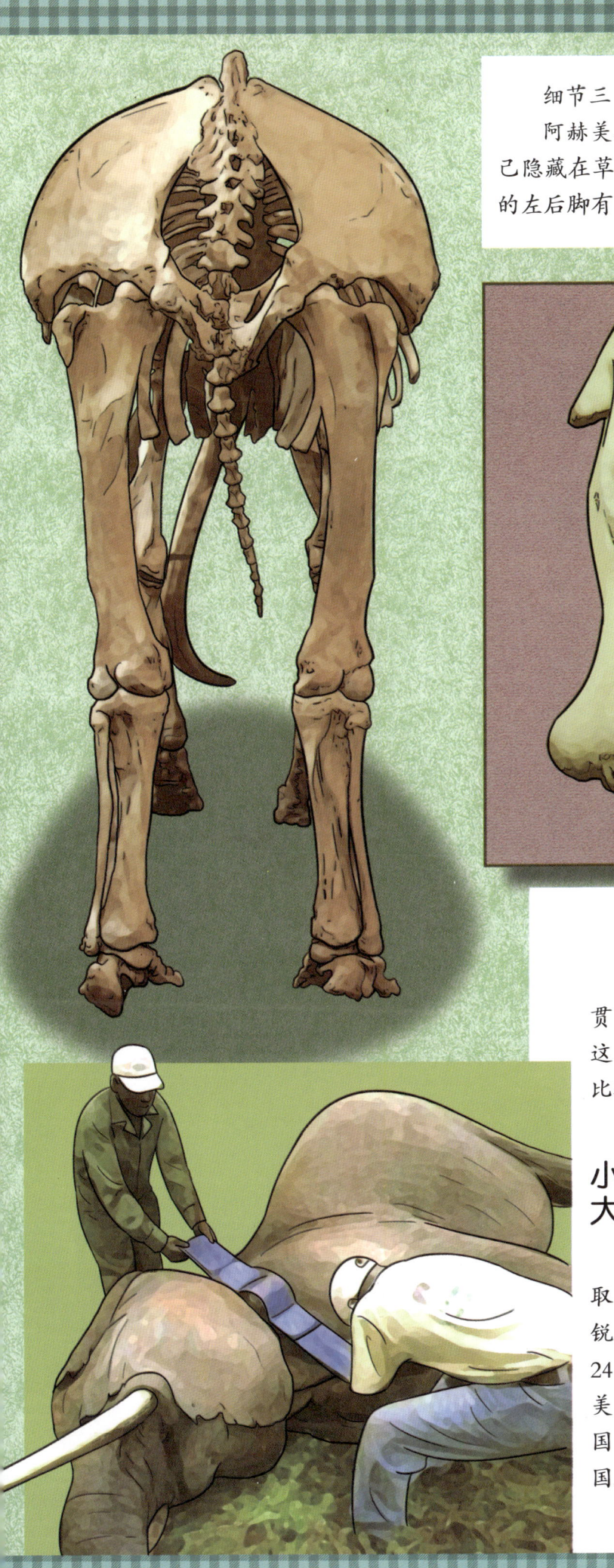

阿赫美德大约有3米高，可以巧妙地将自己隐藏在草木之间，躲避一些敌人的搜索。它的左后脚有骨折后愈合的痕迹。

细节四

阿赫美德的头骨左侧有一个子弹贯穿的痕迹，这是盗猎者造成的伤害，这个伤痕似乎导致阿赫美德咀嚼变得比较困难，右侧的白齿磨损比较严重。

小知识：举国之力保护的大象

20世纪60年代，盗猎团伙为了获取象牙不断杀害大象，为了保护数量锐减的非洲象，肯尼亚总统命令警卫24小时戒备保护阿赫美德，直到阿赫美德自然死亡。它是肯尼亚首次运用国家力量保护的动物，也是肯尼亚全国人民团结一致的象征。

紫胸佛法僧

它是肯尼亚的国鸟，以树冠中的昆虫和蜥蜴为食，胸前长着淡紫色的美丽羽毛。

蝴蝶标本艺术品

肯尼亚大约有900多种蝴蝶，这个蝴蝶标本艺术品以肯尼亚国土形状为底座，分布排列着各种蝴蝶标本，美丽而又震撼。

黑盔噪犀鸟

它头上的突起由角质发展而来，与犀牛角相似，因此，俗称"犀鸟"。每到繁殖期，雌鸟会藏在塞着泥土的树洞中产卵，雄鸟负责寻找食物，并从缝隙中喂给雌鸟，雄鸟和雌鸟的分工十分明确。

非洲佩罗牛角化石

非洲佩罗牛灭绝于4000年前，大小和非洲水牛相近，两角特别发达，两角之间最宽距离达到3米。

土豚标本

土豚长着发达的爪子，常常用来挖掘生产或者避难用的土穴。当地人会将它的牙齿和爪子制成护身符随身携带。

细节：土豚的鼻孔处覆盖着体毛，这样可以避免挖土时沙子扑进鼻孔。

西瓦鹿想象复原图

西瓦鹿头骨化石

西瓦鹿生活在150万年前左右，现已灭绝。它们身材矮小，有着巨大而又醒目的角，体形很像公牛。

扭角林羚

扭角林羚雄性（右）与雌性（左）标本。它们生活在森林深处，种类在100种以上，虽然与鹿相似，但其实是牛的同类。

43

大洋洲博物馆

澳大利亚国家博物馆

澳大利亚国家博物馆于 2001 年正式开放，它位于澳大利亚首都堪培拉的伯利·格里芬湖畔，是一个社会历史博物馆，重在探索澳大利亚的历史、民族、地理和文化，是堪培拉的地标性建筑之一。

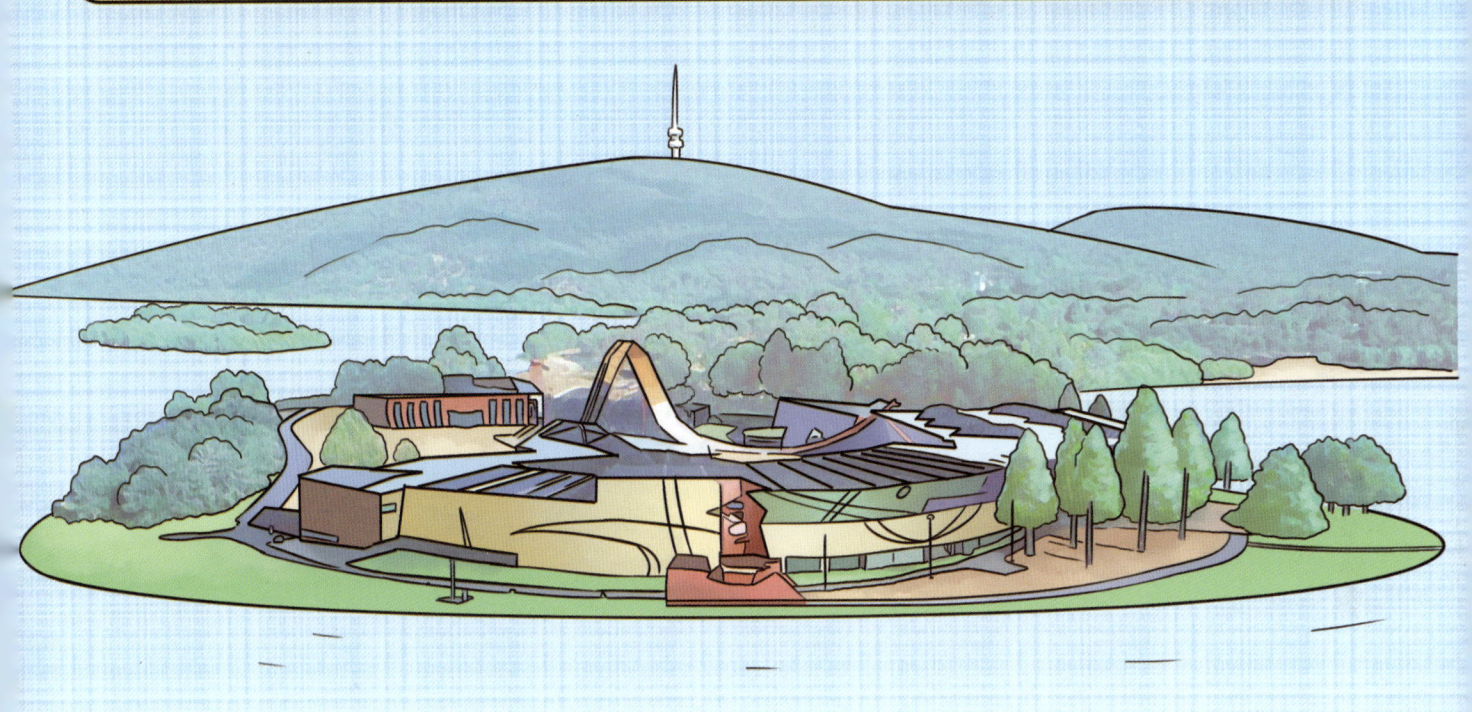

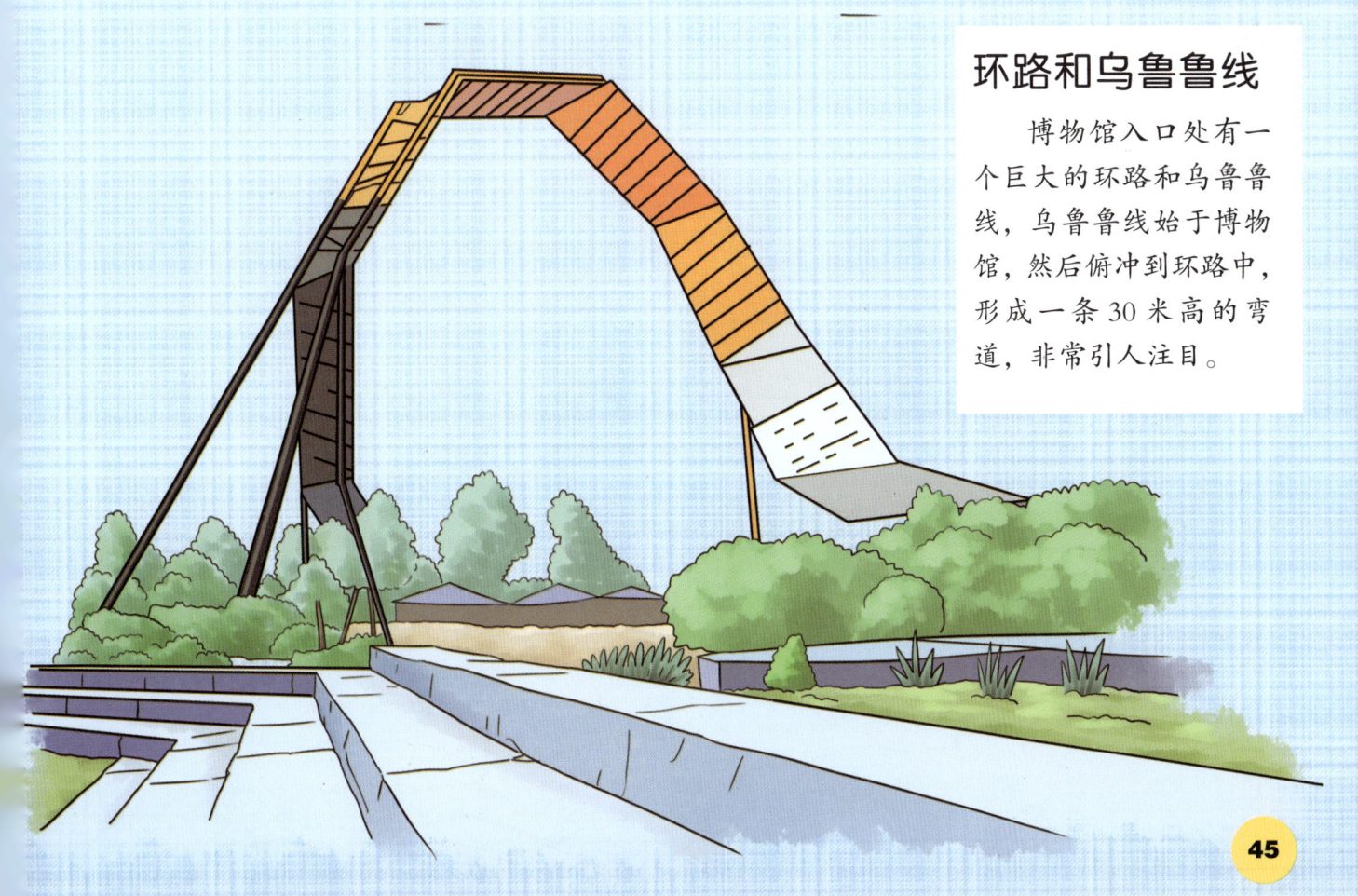

环路和乌鲁鲁线

博物馆入口处有一个巨大的环路和乌鲁鲁线，乌鲁鲁线始于博物馆，然后俯冲到环路中，形成一条 30 米高的弯道，非常引人注目。

宽阔的活动场地

博物馆中的甘德尔中庭有着高耸的天花板和可以俯瞰伯利·格里芬湖的宽大窗户,是当地各种大小活动的首选举办地。

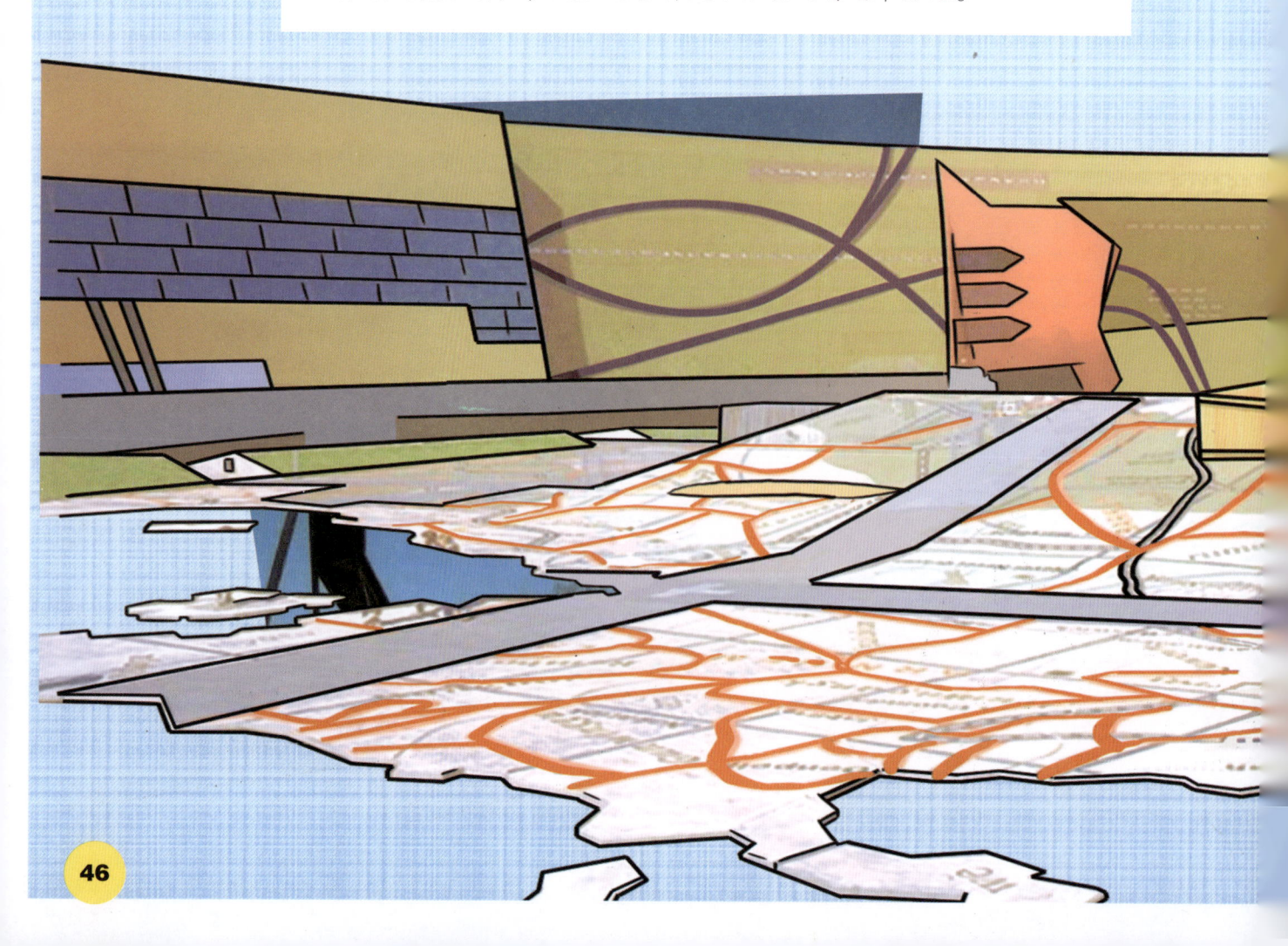

有趣的儿童中心

博物馆中有一个专门为0~6岁儿童建立的探索中心，它是一个身临其境体验游戏的空间，小朋友们可以通过角色扮演融入有趣的游戏中，趣味十足。

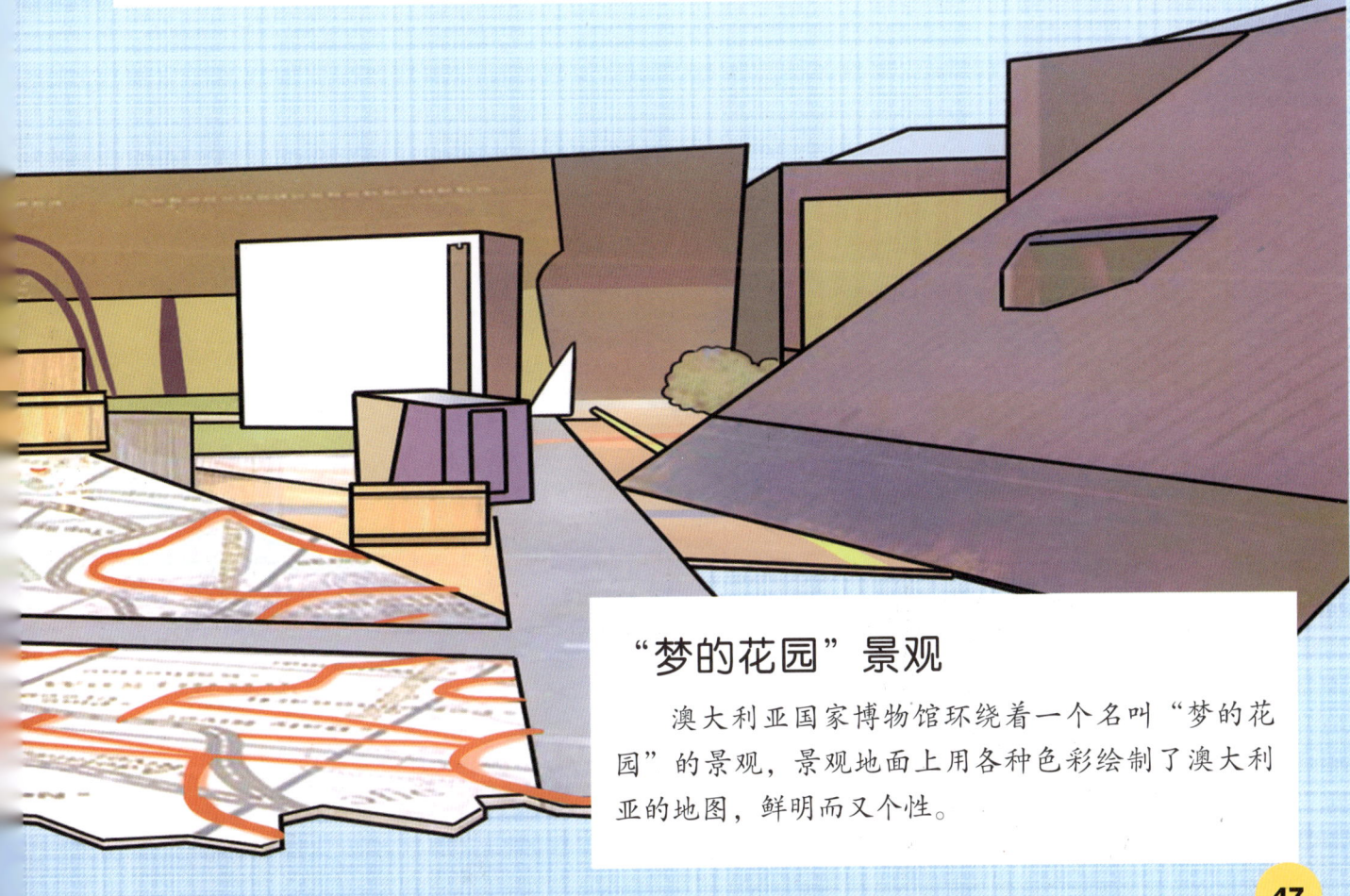

"梦的花园"景观

澳大利亚国家博物馆环绕着一个名叫"梦的花园"的景观，景观地面上用各种色彩绘制了澳大利亚的地图，鲜明而又个性。

古老的文明

澳大利亚原为澳大利亚土著民居住地，后来，殖民者的侵略使得很多当地的本土文化消失，但还有一部分文物被收藏起来，向人们展示着古老的文明。

小知识：薪火不灭的传承

项链制作是塔斯马尼亚土著妇女最重要的技艺，贝壳加工和穿线的技术由妇女们代代相传，展馆里这些项链的制作者杜尔西夫人和她的妹妹、女儿、儿媳、侄女都是著名的项链制作艺术家，她们相信项链象征着爱与保护。

悉尼海港大桥贝壳工艺品

这座贝壳大桥工艺品是澳大利亚一位著名贝壳艺术家的作品，它是首届新南威尔士州议会土著艺术奖的获奖作品。

贝壳婴儿鞋

这双贝壳婴儿鞋制作于20世纪30年代，制作者未知，婴儿鞋保存完好，可以看出做工非常细致。

莫宁顿半岛头饰

这顶头饰是当地人在婚礼上佩戴的，圆锥形的头饰顶上装饰着鸸鹋羽毛，是博物馆收藏中最古老、保存最好的莫宁顿半岛头饰之一。

雅克约克编织像

这3个编织像是用露兜树的树皮及枝叶编制而成的，它们的外形似人又似鱼，十分奇特。

小知识：雅克约克

雅克约克的意思是"年轻女性"，这3个编织物有类似头发和鱼尾的东西，与人鱼的外形相似。当地人认为它们是一种生活在溪流中的古老生物。

塔斯马尼亚树皮独木舟

这艘独木舟长 4.7 米，是 19 世纪原住居民为欧洲人制作的，据说它可以携带 6 个人穿越海洋，上面还有一个可以生火的炉膛。

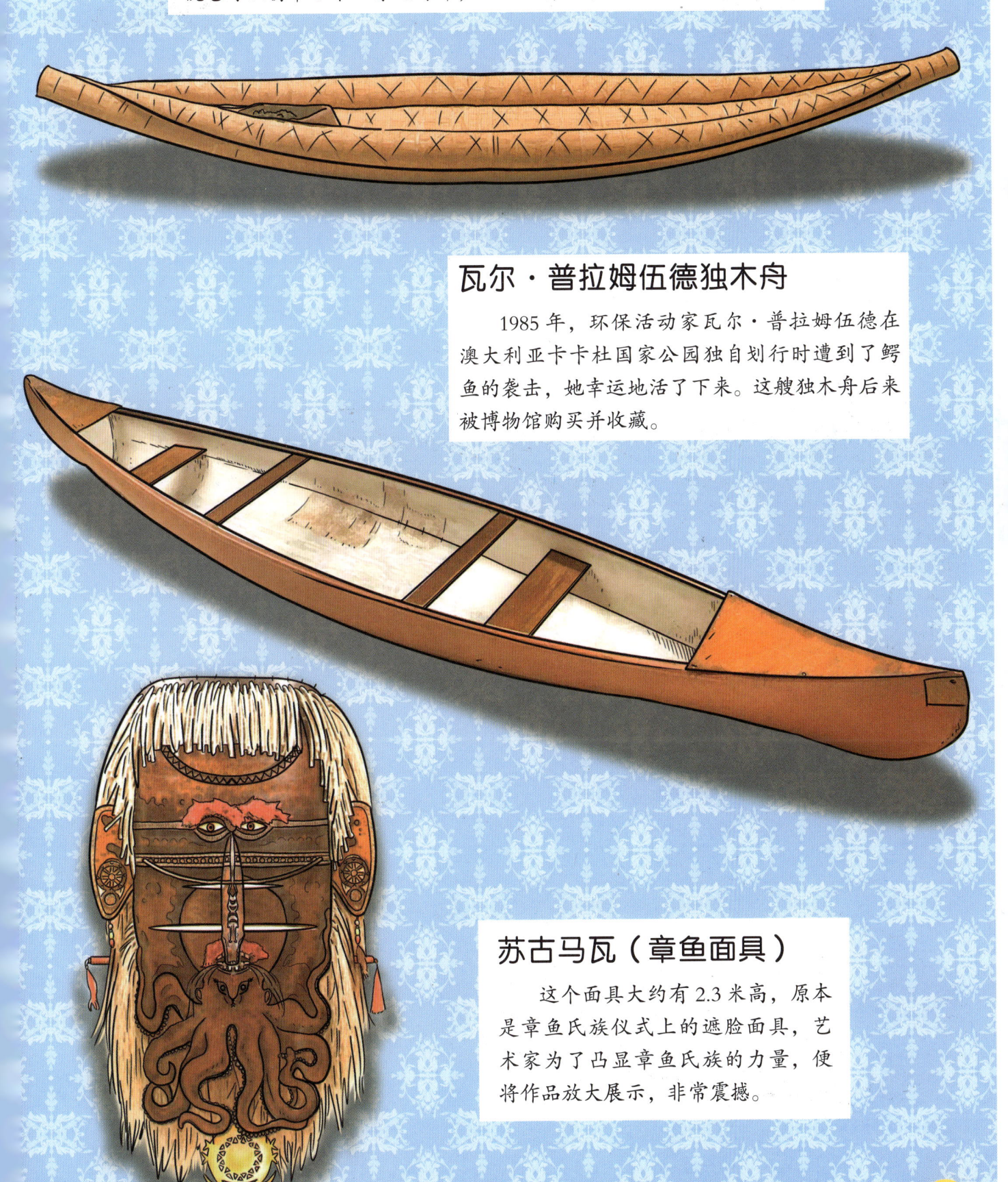

瓦尔·普拉姆伍德独木舟

1985 年，环保活动家瓦尔·普拉姆伍德在澳大利亚卡卡杜国家公园独自划行时遭到了鳄鱼的袭击，她幸运地活了下来。这艘独木舟后来被博物馆购买并收藏。

苏古马瓦（章鱼面具）

这个面具大约有 2.3 米高，原本是章鱼氏族仪式上的遮脸面具，艺术家为了凸显章鱼氏族的力量，便将作品放大展示，非常震撼。

利尔·利尔

利尔·利尔是一种战斗中使用的棍棒,上面刻满了精细的花纹,常见于澳大利亚东部。

飞去来器

这个飞去来器制作于19世纪晚期,采用的是香蕉形设计。飞去来器是新南威尔士州西北部和南澳大利亚州东北部特有的武器。

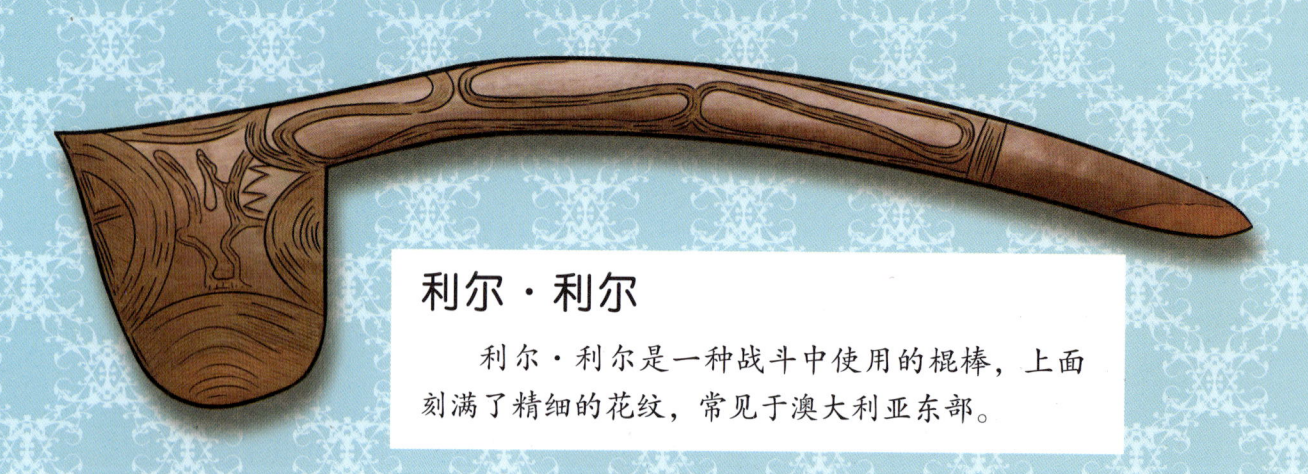

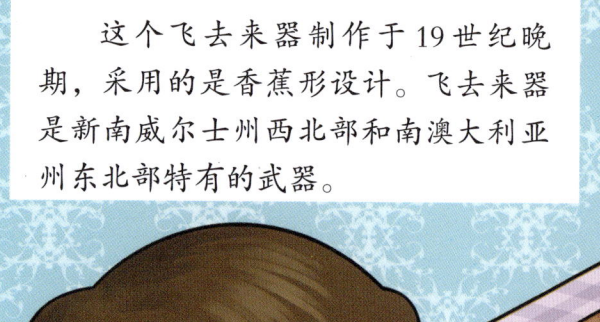

盾牌

这面盾牌来自澳大利亚东南部,盾牌的两端和中部都绘制有蓝色的装饰带,非常独特。

利洁时蓝色洗衣袋

英国1840年将盾牌上的蓝色用在了洗衣袋上，称这种蓝色为"利洁时蓝色"。后来这种颜色的洗衣袋在澳大利亚被普遍使用。

金切拉男孩之家大门

这是新南威尔士州金切拉原住居民男孩训练所的原始大门之一。1950年左右被丢弃，后来被人们发现之后捐赠给了博物馆。

小知识：被偷走的一代

从19世纪中后期到20世纪70年代，澳大利亚政府为了同化原住居民，将约50万混血原住居民儿童带离他们的家庭，送往类似于金切拉男孩之家的福利机构集中教育，这些孩子被称作"被偷走的一代"。1998年起，澳大利亚政府每年都会因此事向当地原住居民道歉。

丰富多彩的近代展品

博物馆中展示着各个时期澳大利亚人使用的物件，有的精致，有的朴素，还有的蕴藏着动人的故事。

本迪戈陶器

本迪戈陶器是澳大利亚最古老的陶器。这些器皿均是本迪戈陶器厂在1872—1921年间生产的，它们质地细腻而又优雅美观，很受大众喜爱。

珐琅狗头烟草罐

本迪戈陶器厂精心制作的狗头罐，它是用于盛放烟草的，在1883年的价格为一先令（先令是英国的旧辅币单位，在1971年英国货币改革时被废除）。

钱箱

这个钱箱制作于19世纪80年代，是当时著名的陶艺大师送给学生的礼品。

尤尔壶

这种高大的水壶一般是用来盛放杜松子酒或药品的，它的手柄刚好能让手指穿过，提起时比较方便。

韦弗利艺术陶器

这些陶器生产于1925—1950年间，制坯时偏重线条和角度，用色也鲜艳时尚，偏重装饰，因此，这一系列的陶器被称作韦弗利"艺术陶器"。

澳大利亚大使馆徽章

2004年，澳大利亚驻雅加达大使馆发生爆炸事件，这枚徽章在爆炸中受损，之后被博物馆收藏，徽章上的裂痕至今清晰可见。

袋鼠伞架

这座赭石釉陶器袋鼠伞架制作于1885年，它的爪子上抓着一个用于悬挂伞柄的环，脚下的凹槽可以接住伞尖滴落的雨水，非常有趣。

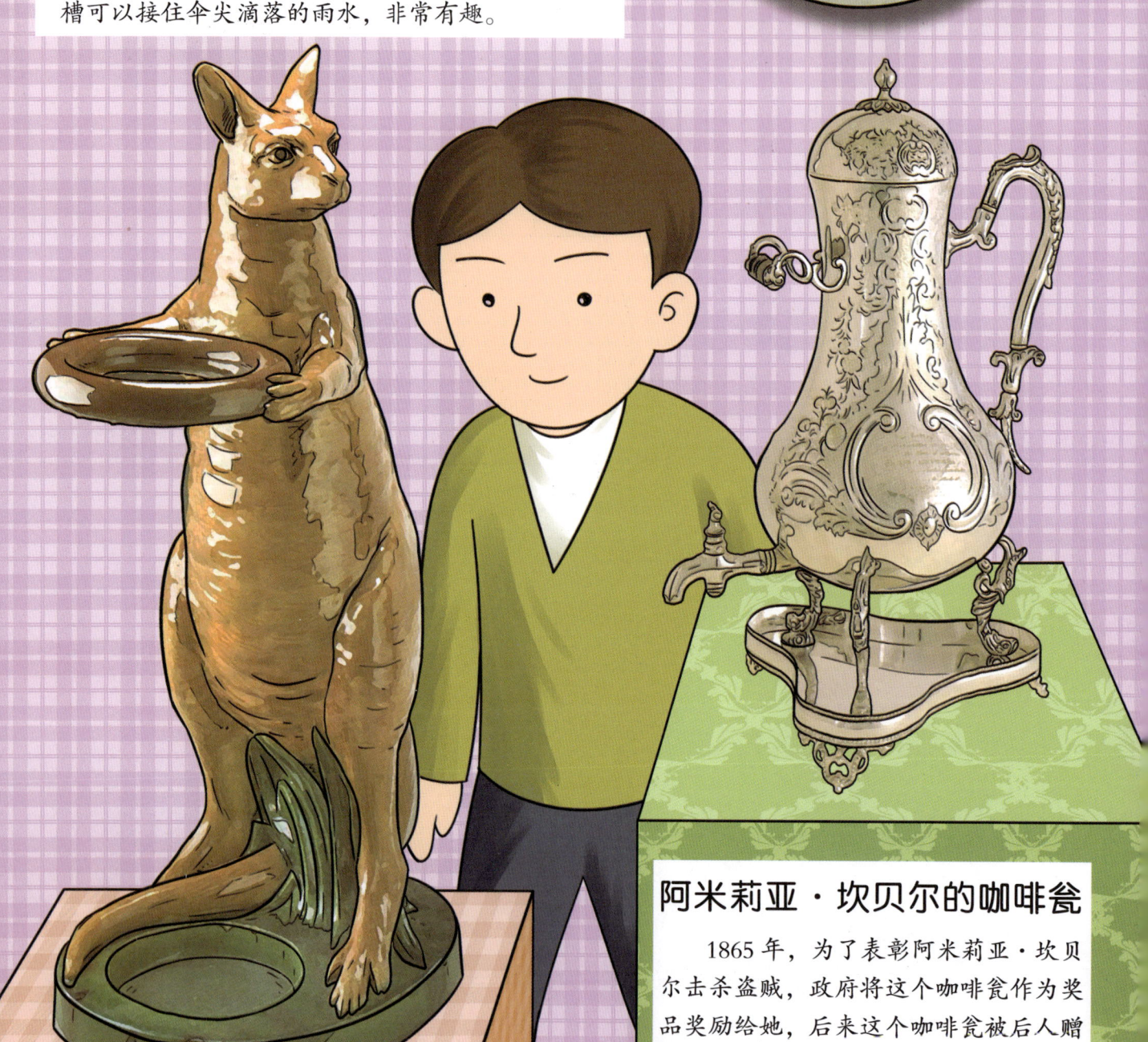

阿米莉亚·坎贝尔的咖啡瓮

1865年，为了表彰阿米莉亚·坎贝尔击杀盗贼，政府将这个咖啡瓮作为奖品奖励给她，后来这个咖啡瓮被后人赠送给博物馆。

布拉克斯兰时钟

这座钟表制造于1718年，重45千克，钟表两侧雕刻有两个装饰人物，底座雕刻着花纹，十分精致。

丛林婴儿车

这辆婴儿车是20世纪30年代环保活动家迈尔斯·邓菲为小儿子改造的，它可以折叠起来，便于在崎岖的丛林中携带。

小狗皮靴

皮靴是迈尔斯·邓菲为家里的小狗手工制作的，穿上这样的皮靴，他带小狗去丛林徒步旅行时，小狗便不会轻易划伤脚。

黑贝丝便士自行车

这是一辆1884年英国制造的便士自行车,是自行车爱好者哈里·克拉克捐赠给博物馆的。

1955年,哈里·克拉克和黑贝丝在赛场上。

齐尔姆家庭家具

这套家具包括四把手工制作的木制扶手椅,一把凳子和一张边桌,这是其中的边桌和扶手椅,它们是用澳大利亚红胶和桉树手工制成的。

58

杰克·豪的羊毛剪

这把机械羊毛剪是1893年沃尔斯利公司赠送给杰克·豪的,他曾用这把剪刀在一天内为237只羊剪了羊毛。

决斗手枪

这两把手枪是法国50口径手枪,带有打击锁和胡桃木枪托,它们曾是19世纪50年代决斗时使用的手枪。

亚瑟·斯蒂尔中士的剑

1880年,为了感谢亚瑟·斯蒂尔中士抓住了强盗,市民将这把利剑送给他。

打字机

这个打字机制造于1936年,它曾属于澳大利亚著名作家艾琳·米切尔,后来被捐赠给了博物馆。

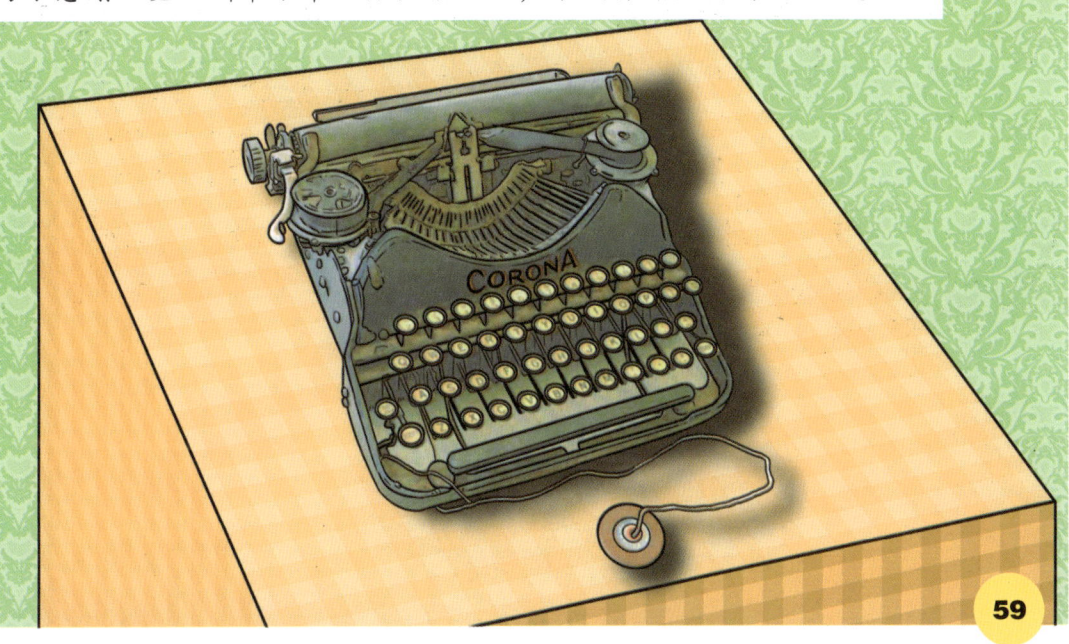

眼花缭乱的车

自1886年汽车被发明后，汽车便逐渐取代了马车，成为人们最重要的交通工具之一。博物馆中展示着各种各样的车，向人们讲述着"车"的演变史。

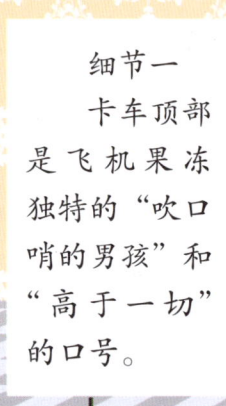

细节一
卡车顶部是飞机果冻独特的"吹口哨的男孩"和"高于一切"的口号。

飞机果冻卡车

这种车也叫作"T型福特卡车"，用于推广1978-1988年的飞机果冻。

细节二

直至20世纪80年代，飞机果冻汽车依然是食品博览会上最亮眼的展品之一。

飞机果冻始于1927年，是澳大利亚的经典美食。几乎每个澳大利亚的孩子都会唱广告里的歌："我喜欢飞机果冻！"即使现在有很多种品牌的果冻，但大多数澳大利亚父母还是最喜欢给孩子买这种带有童年味道的果冻。

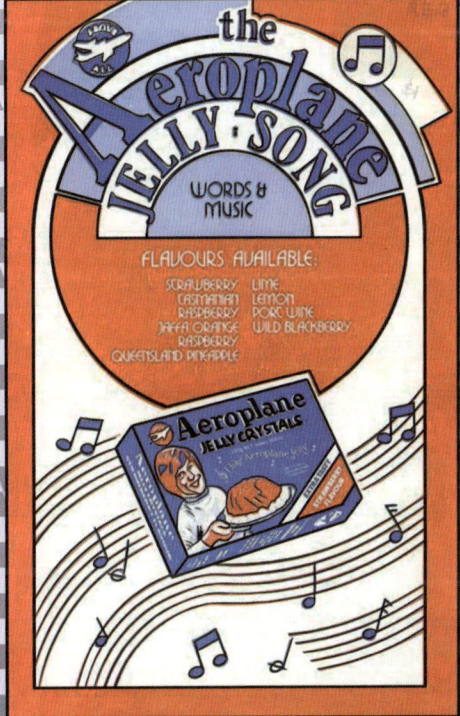

1930年（左）和1970年的"飞机果冻之歌"乐谱。

皇家之旅戴姆勒兰达莱特

1954年，英国女王伊丽莎白二世在澳大利亚进行皇家旅行，这辆戴姆勒兰达莱特便是女王当时的座驾，是博物馆收藏中最珍贵的汽车之一。

雪铁龙旅行车

这辆雪铁龙于1925年成为第一辆环游澳大利亚的汽车，创造了历史，并因亮黄色的车身而获得了"小柠檬"的绰号。

澳六车

这辆罕见的澳六车生产于1918年，是澳大利亚汽车制造业的早期自制汽车。它的机械零部件和底盘是进口的，组装在澳大利亚国内完成。

澳六车汽车标识

纽卡斯尔面包车

20世纪70年代，纽卡斯尔合作社的面包店被认为是南半球最大的面包店，这辆编号168的面包车则是送货车队中的一辆。

兰肯马车

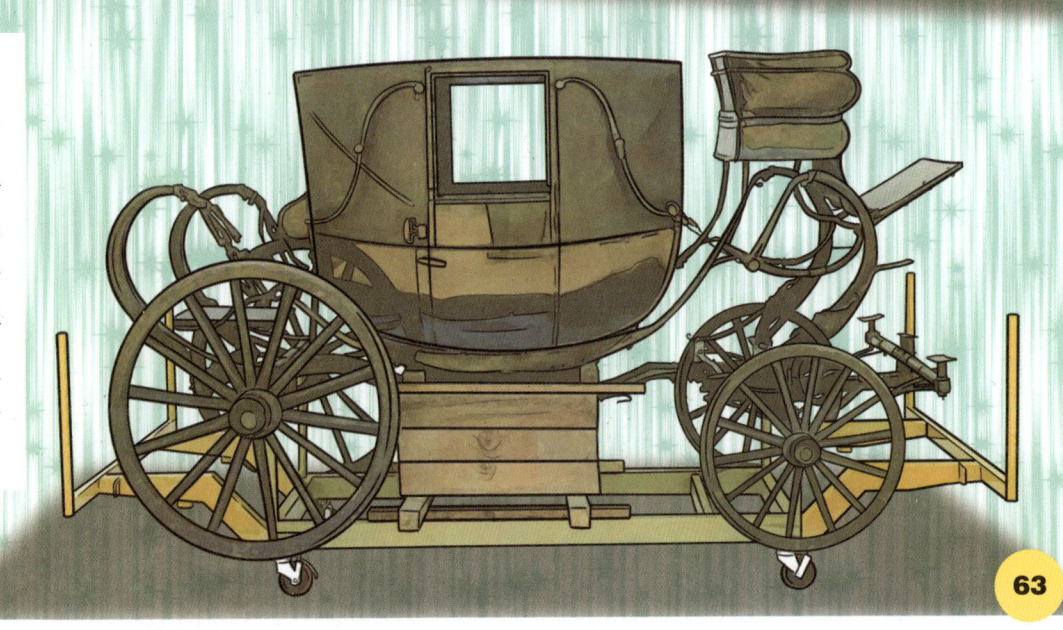

兰肯马车于1821年被主人从苏格兰带到了澳大利亚，1860年后一直作为哀悼车使用，是澳大利亚现存最古老的马拉车之一。

泽塔汽车

泽塔汽车是20世纪60年代澳大利亚流行的一款汽车，它体积小，价格便宜，曾是许多家庭首选的"第二辆车"。

日落14马力车

这是一辆耐力十足的汽车。在20年代初期，驾驶员伯特尔斯曾驾驶它进行了长达26,000公里的长途旅行，这在当时是令人赞叹的壮举。

德劳内·贝尔维尔旅行车

这辆旅行车制造于1913年，是博物馆收藏中最古老的机动车辆。

霍尔顿汽车

这是霍尔顿的第一款 48-215 车型，它是第一辆完全在澳大利亚制造的汽车，也是澳大利亚汽车工业出现的标志。

霍尔顿原型车1号

这款轿车制造于1946年，是一辆测试汽车，最后成为霍尔顿汽车的权威车型。

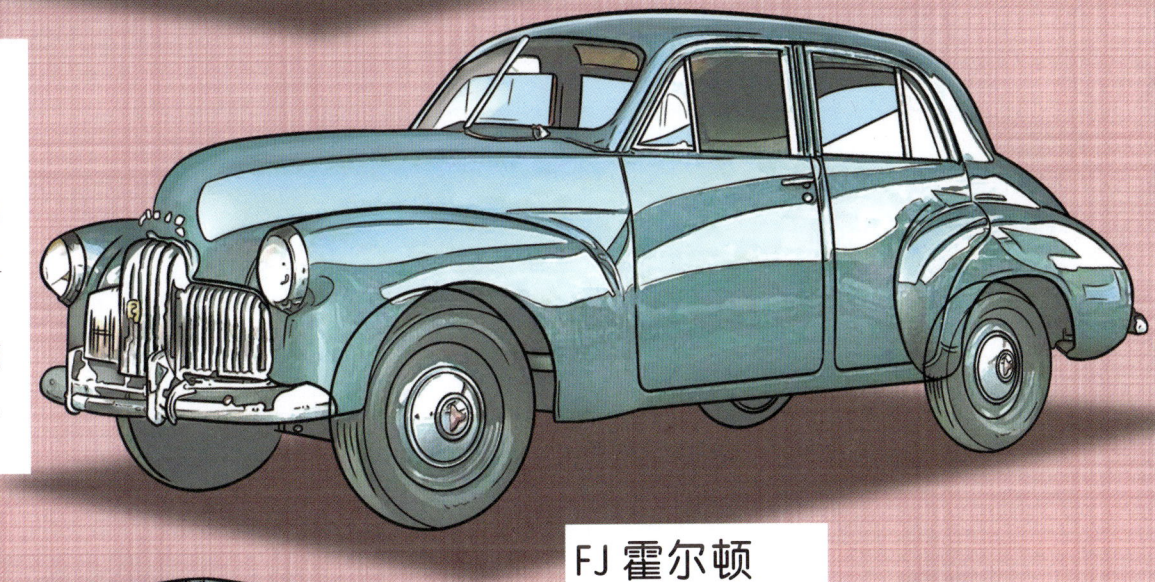

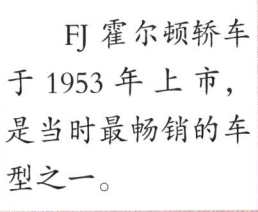

FJ 霍尔顿

FJ 霍尔顿轿车于1953年上市，是当时最畅销的车型之一。

奇趣列车模型

20世纪50年代,澳大利亚玩具行业蓬勃发展,在此期间,商人们制作了许多列车模型,这些模型深受大众喜爱。

布鲁斯·麦克唐纳

博物馆中的许多火车模型都来自收藏家布鲁斯·麦克唐纳。他是澳大利亚铁路历史学会的成员,也是微型工业铁路和蒸汽动力方面的权威专家。

O轨形列车模型

这盒O轨形列车模型保存完好,可以拼成正在行驶的列车。

澳大利亚铁路模型列车

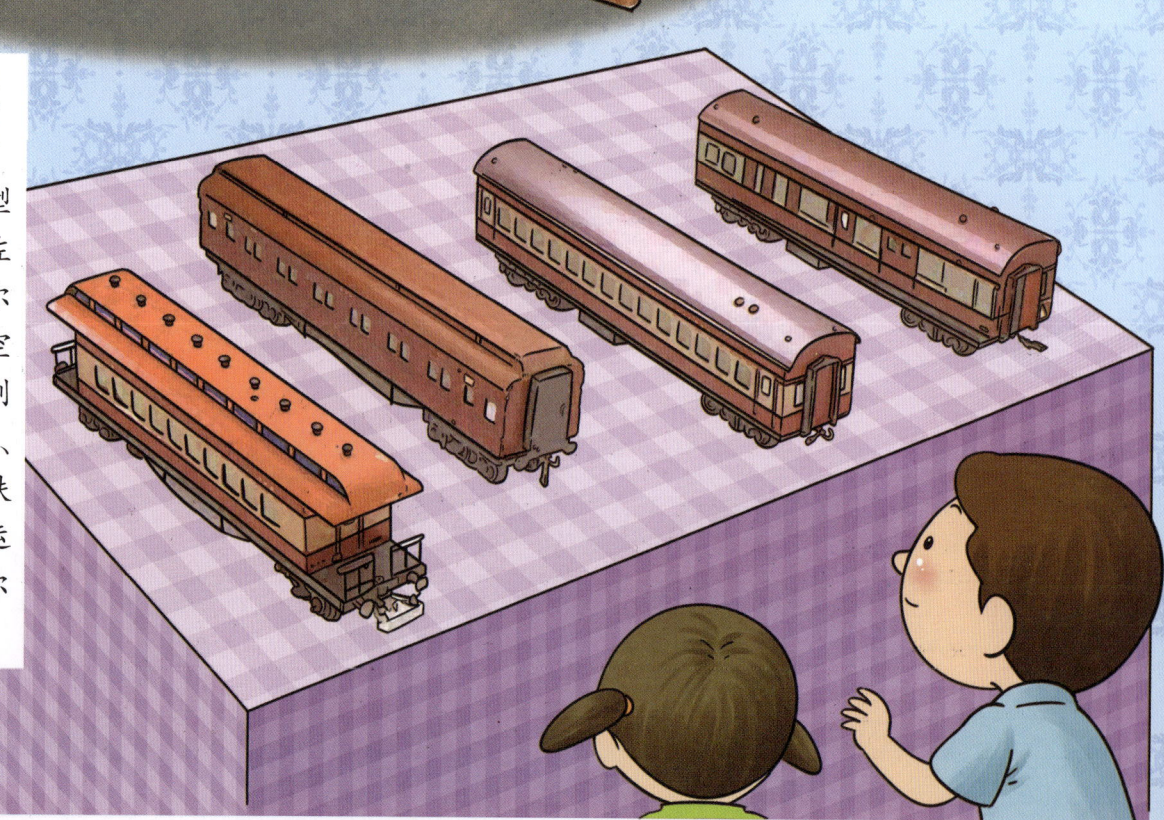

这4个模型原型分别是(左起):新南威尔士州铁路SBS空调轿车、维多利亚铁路乡村客车、新南威尔士州铁路SFS空调客运车厢和新南威尔士铁路动力车。

"回旋镖牛奶快递"箱式车模型

这个模型制作于1953年,车厢的底盘是木制的,车厢上还有纸板制作的广告。

四轮敞篷车厢模型

这是新南威尔士州铁路公司的四轮开放式货车模型,车厢由木头制成,车轮由黄铜制成,并且可以转动。

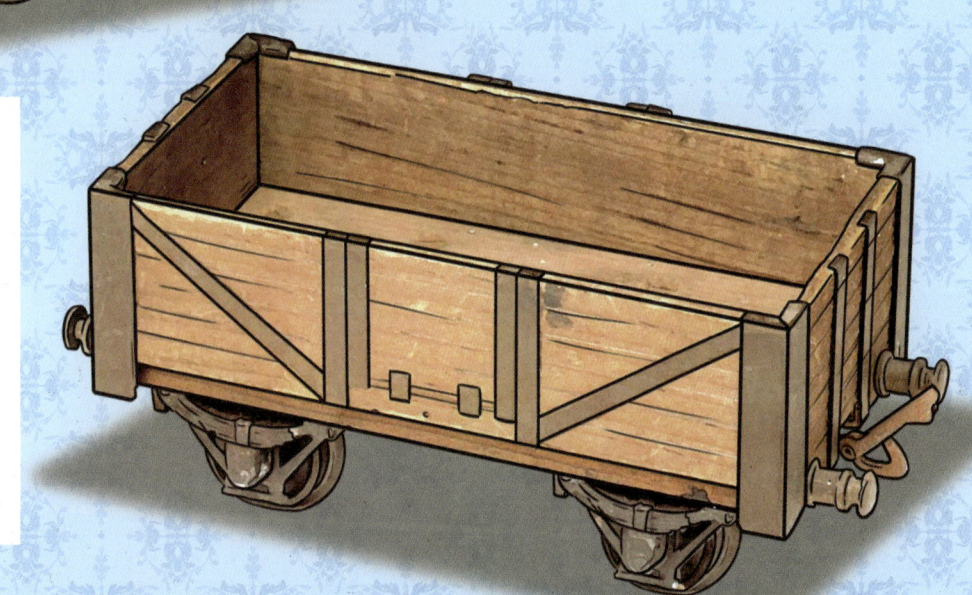

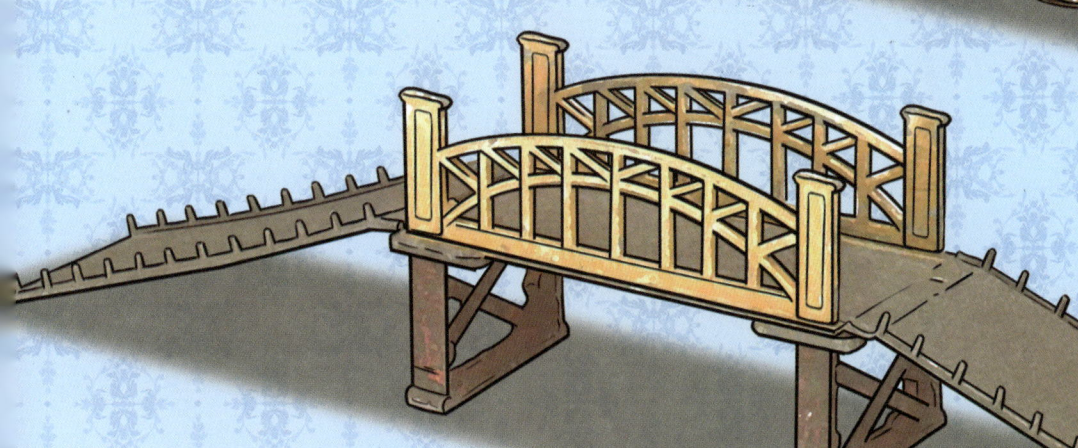

公路桥模型

这座公路桥模型制作于1949年,桥的两端都有由实心金属制成的坡道,非常坚固。

67

维多利亚博物馆

维多利亚博物馆是澳大利亚最大的公共博物馆，共有1700多万件藏品，涵盖自然科学、土著文化、社会历史和科技等多个领域。

博物馆构成

维多利亚博物馆主要由皇家展览馆、科技馆、墨尔本天文馆、移民博物馆、墨尔本博物馆与原住居民博物馆6个展馆组成。

古香古色的展览馆

皇家展览馆是澳大利亚现存唯一的一个19世纪的展览馆，建筑古色古香，是6个展馆中最引人注目的。

现代的造型

墨尔本博物馆造型极富现代感，使用金属框架和玻璃幕墙将形状不同、功能各异的个体建筑合成一个整体，视觉效果非常棒。

立体电影院

墨尔本博物馆中有一个IMAX立体电影院，内部拥有世界第三大银幕，观影体验非常震撼。

独特的标本与化石

澳大利亚物种十分丰富，这里生活着许多独特的动物。博物馆中不仅陈列着巨大的蓝鲸骨架、三角龙化石等，还有一些罕见的动植物标本，如袋獾、蜗牛等。

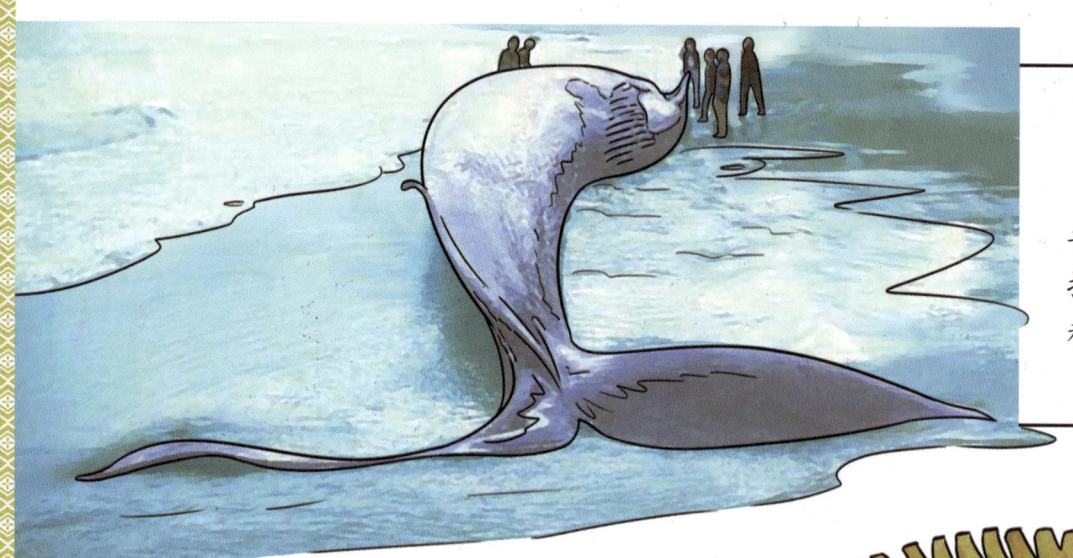

细节一
这头蓝鲸于1992年在维多利亚州附近搁浅，随后被人们转移到了博物馆。

蓝鲸骨架

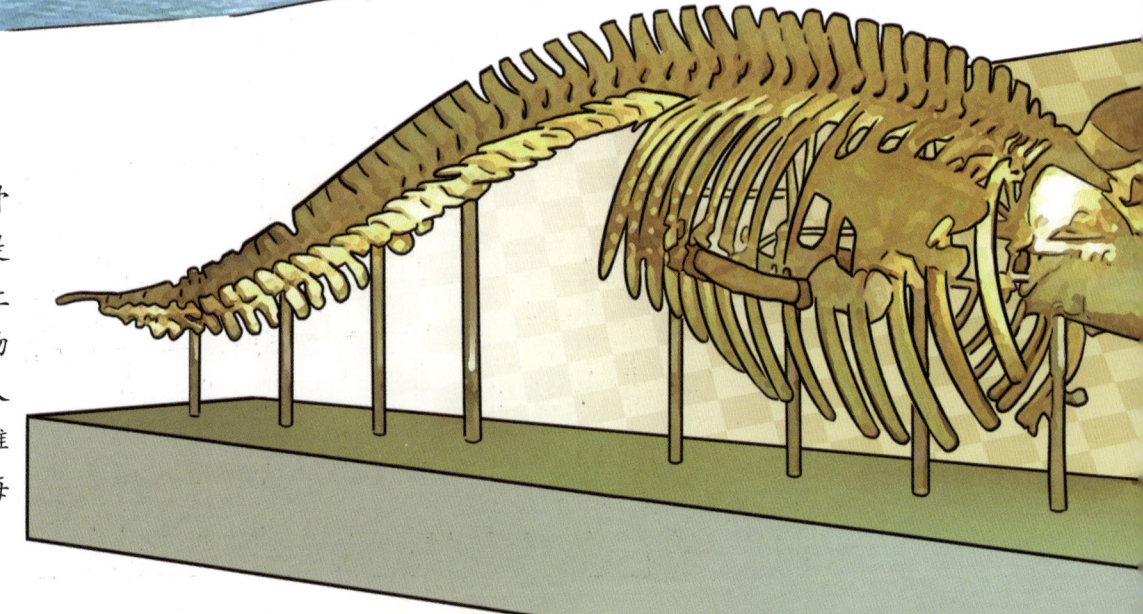

这具蓝鲸骨架长约18米，是博物馆迄今为止展出的最大动物骨架。目前，人们偶尔还能在维多利亚州的近海深处看到蓝鲸。

细节四
博物馆中至今仍保留着一块蓝鲸的脂肪。

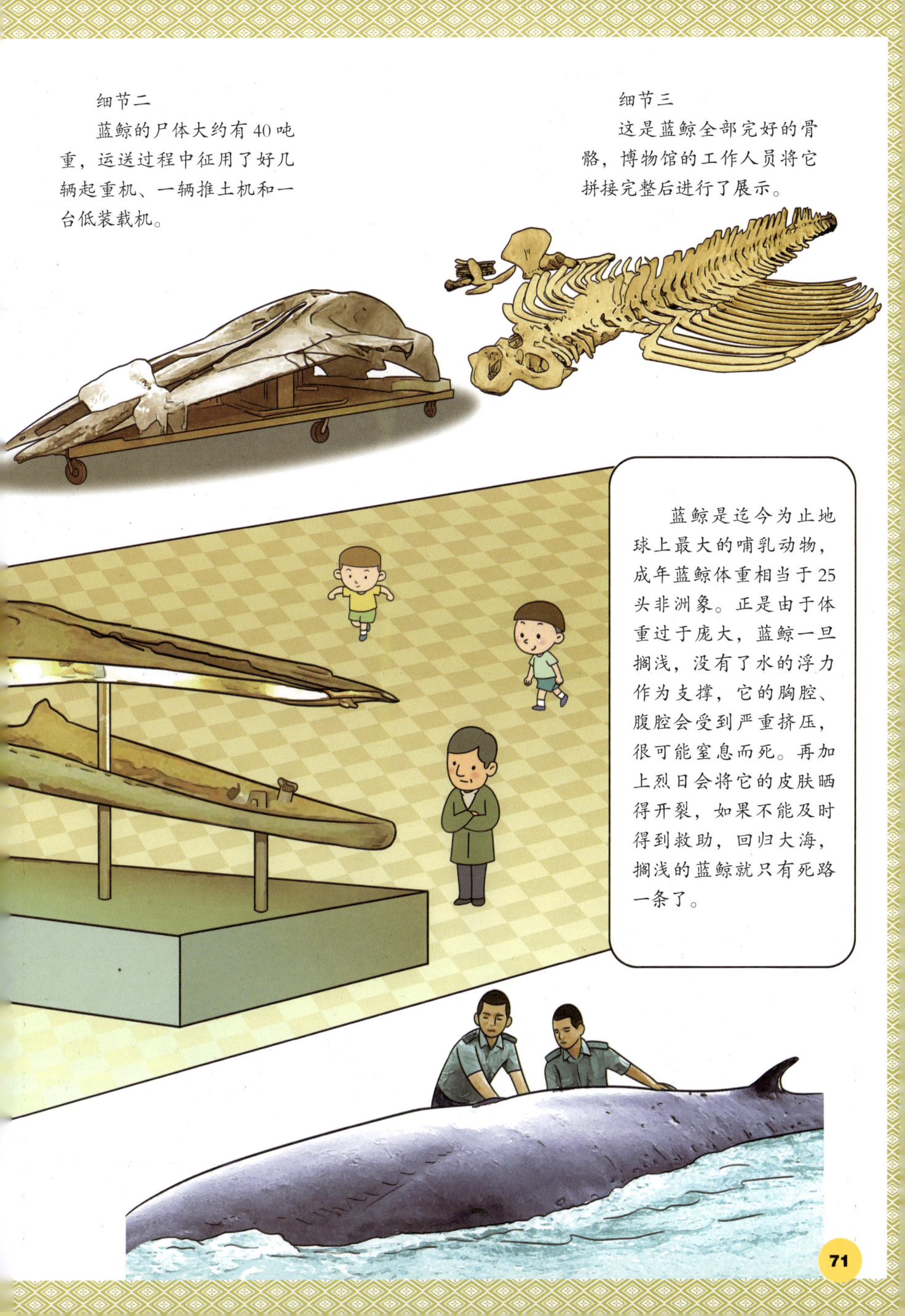

细节二

蓝鲸的尸体大约有40吨重，运送过程中征用了好几辆起重机、一辆推土机和一台低装载机。

细节三

这是蓝鲸全部完好的骨骼，博物馆的工作人员将它拼接完整后进行了展示。

蓝鲸是迄今为止地球上最大的哺乳动物，成年蓝鲸体重相当于25头非洲象。正是由于体重过于庞大，蓝鲸一旦搁浅，没有了水的浮力作为支撑，它的胸腔、腹腔会受到严重挤压，很可能窒息而死。再加上烈日会将它的皮肤晒得开裂，如果不能及时得到救助，回归大海，搁浅的蓝鲸就只有死路一条了。

法拉普标本

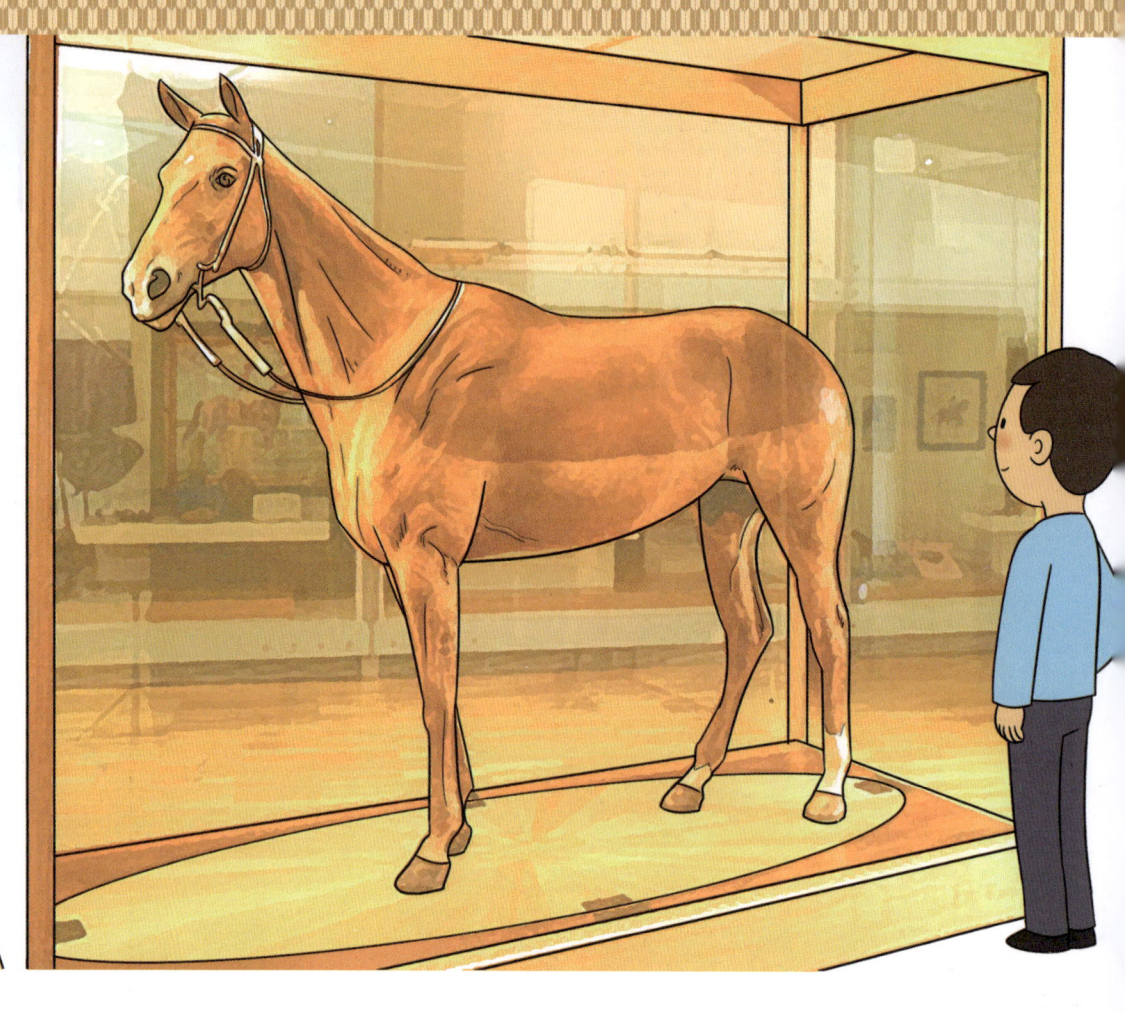

法拉普是一匹赛马，它曾参加过41场比赛，夺得了36场胜利，是澳大利亚第一匹超级明星赛马。它的标本也是博物馆中最受欢迎的展品之一。

传奇赛马法拉普

20世纪30年代，法拉普获得了墨尔本杯赛马节冠军，成为澳大利亚的明星赛马，之后它前往美国参加比赛并接连夺冠，被誉为无敌王者。1932年，法拉普在参加一场比赛的前夜突然死亡，之后它的身体被做成标本保存在博物馆中。

三角龙化石

　　这副三角龙化石是世界上最完整的三角龙骨架之一，至少有85%的骨骼已被发现，还有一部分碎片尚未被识别。人们将它命名为"霍里杜斯"。

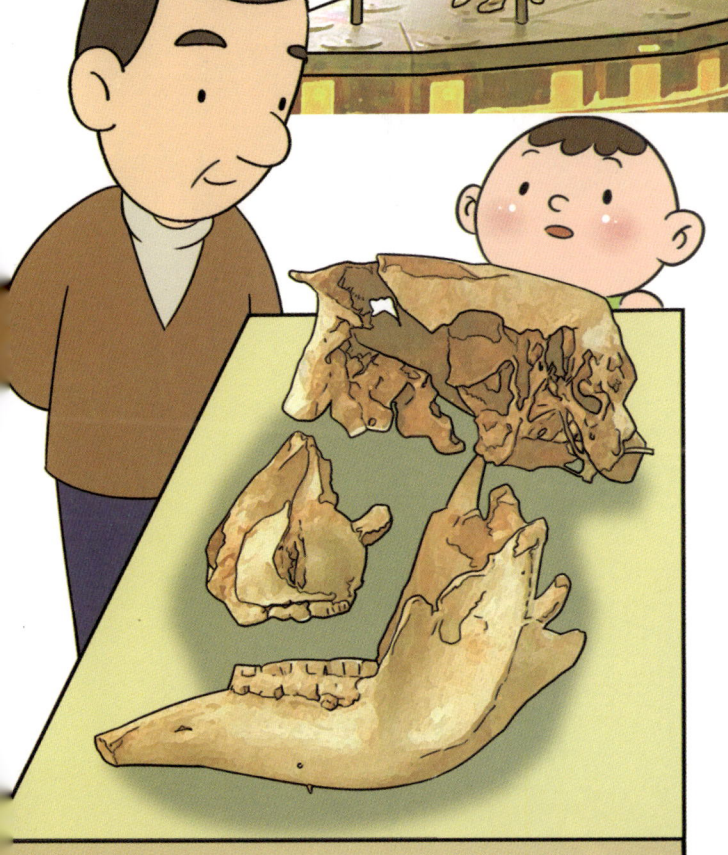

袋貘化石（头骨和下颌骨）

　　袋貘是冰河时代的巨型有袋动物，当时生活在澳大利亚东部的森林中，这些袋貘化石是博物馆中最负盛名的化石之一。

　　袋貘是有袋类动物，它们体长大约2.5米，和马差不多大。袋貘是食草动物，有着强健的四肢和长长的鼻子，前肢上的大爪子可能是用来挪开树叶或者抓开树皮的。它们是大洋洲的特有物种。

扳手蟹标本

这只扳手蟹标本制作于 1998 年，标本中所有的肉都是用工具和加压的水取出来的，它的肢体用钢棒固定，部分地方使用了硅胶填充。

花园蜗牛标本

这 3 个花园蜗牛壳标本被安装在模型做成的身体上，并有一个精致的小型栖息地。这种蜗牛是破坏果蔬和园林花卉的害虫。

家鼠标本

家鼠原产于欧洲，目前，除了南极洲以外，它们的足迹已经遍布世界各大洲，也是澳大利亚常见的动物之一。

麻雀标本

这是一只雄性家麻雀标本，在澳大利亚各地都能看到麻雀的身影。

罗马蜗牛标本

这两只罗马蜗牛的身体是模型，壳是用真蜗牛壳做成的标本。罗马蜗牛是一种可食用的蜗牛，非常受欧洲人欢迎。

银鸥标本

银鸥一种常见的候鸟，它们大多生活在河流、湖泊及海岸边上。

网状蟒蛇标本

这两条网状蟒蛇的标本是1905年新加坡的一个马戏团赠送给博物馆的。成年蟒蛇长度可达10米以上，它们不是毒蛇，通常用长长的身体绞杀猎物。

75

栩栩如生的模型

澳大利亚博物馆中陈列着非常多的模型，它们大多是由19世纪著名的手工艺术家制作而成，这些模型制作精巧，逼真细腻，很受游客欢迎。

娃娃屋——大厅

这是一间富贵人家的大厅，主人身穿华服，仿佛在等待客人的到来。

娃娃屋——厨房

这是一间欧式的厨房，厨娘准备了丰盛的面包和肉食。

娃娃屋——卧室

这是一间摆放着中式家具的豪华卧室，制作于1940年左右。

图波列夫图-104飞机模型

图波列夫图-104飞机是一架双喷气式中程苏联喷气式客机，模型和实物按1：35的比例制成，并且机身做有分段。

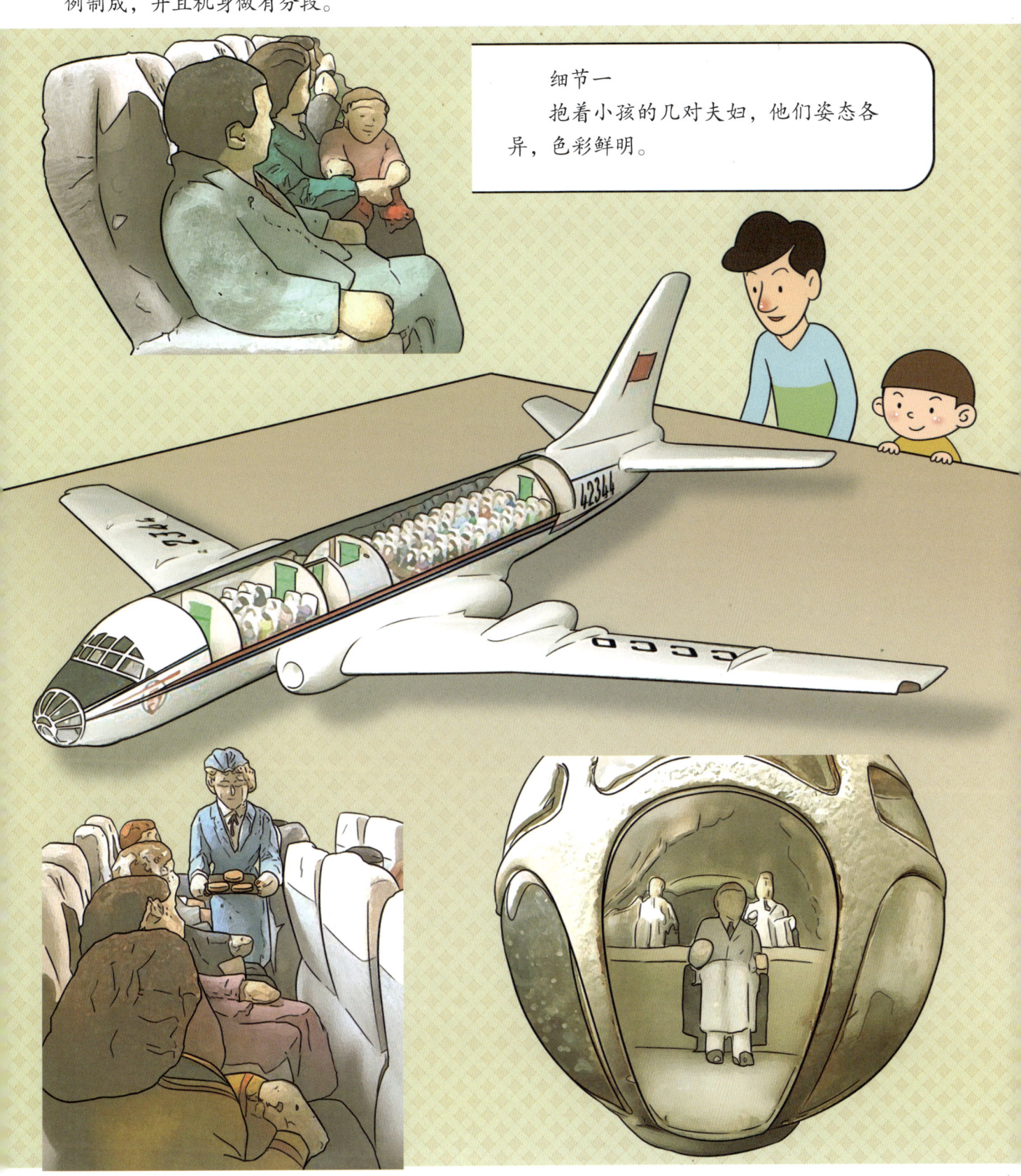

细节一
抱着小孩的几对夫妇，他们姿态各异，色彩鲜明。

细节二
空姐正在为乘客们送上面包，乘客面向空姐，细节十分到位。

细节三
驾驶舱中，机长与副机长坐在工位上，确保飞机安全行驶。

哥达飞机模型

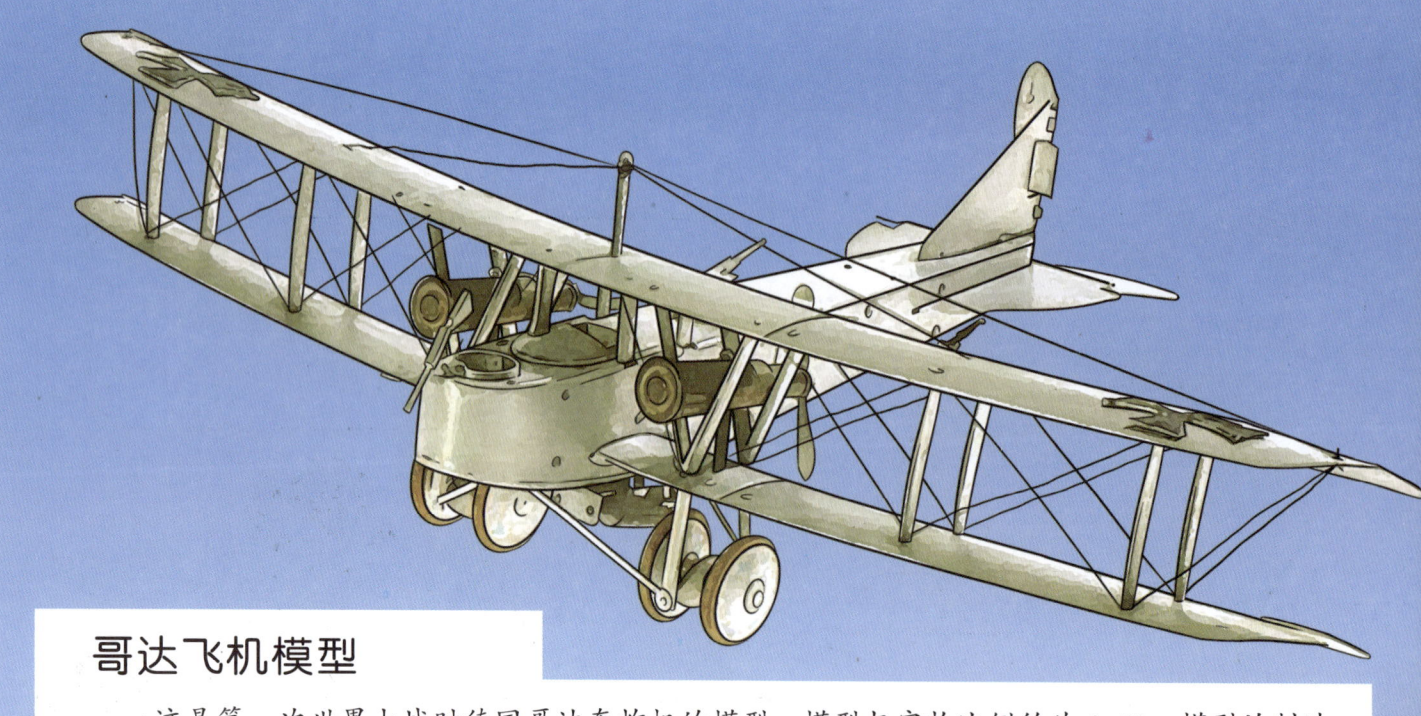

　　这是第一次世界大战时德国哥达轰炸机的模型，模型与实物比例约为 1∶50，模型的制造者是一位澳大利亚二等兵，他用黄铜外壳子弹制成了两个螺旋桨主体。

罗马斗兽场模型

　　这个斗兽场模型制作于 1880 年，它是由软木制成的，局部涂有石膏，还有一些沙子和苔藓做成的植被景观。

库克船长小屋模型

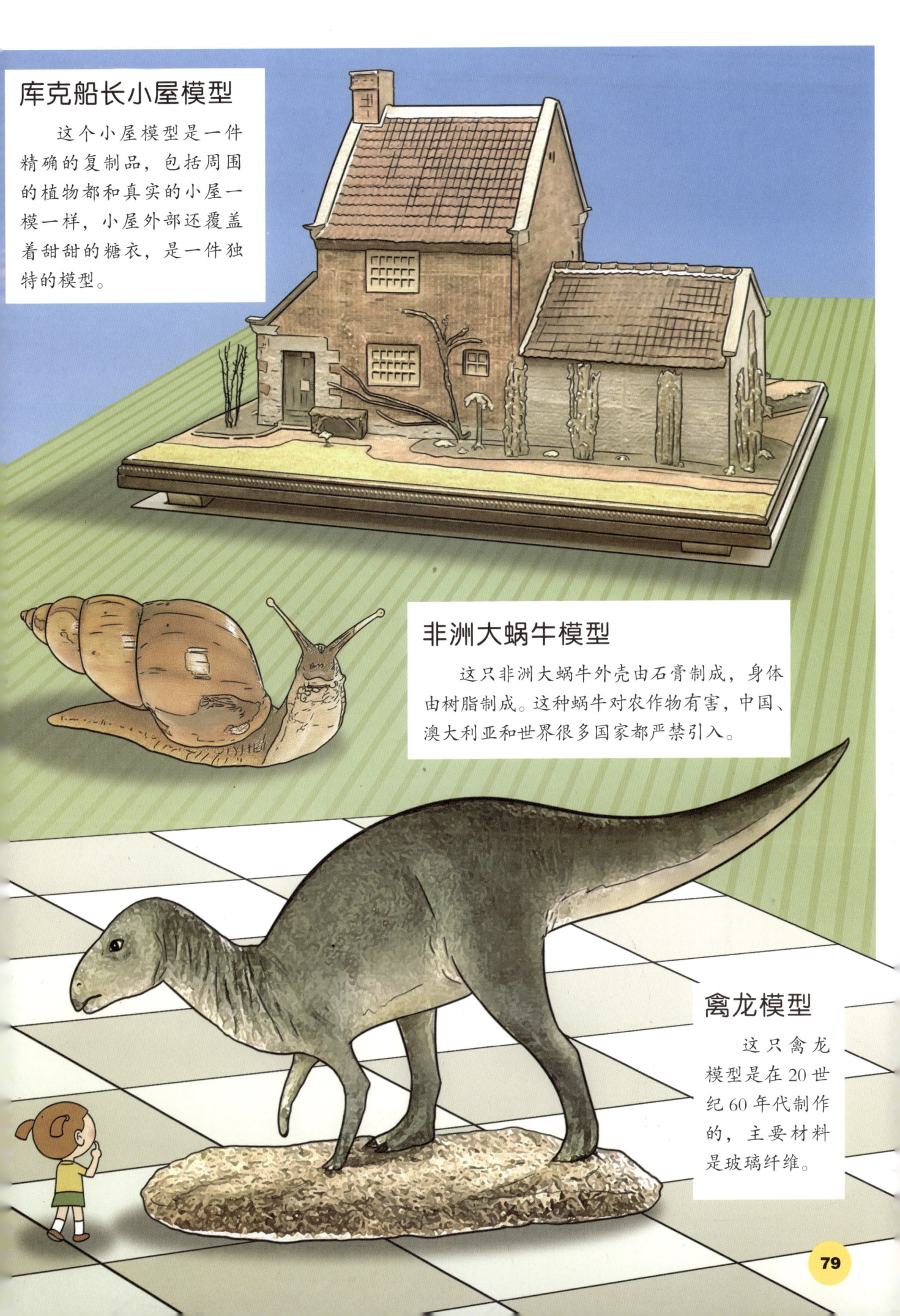

这个小屋模型是一件精确的复制品，包括周围的植物都和真实的小屋一模一样，小屋外部还覆盖着甜甜的糖衣，是一件独特的模型。

非洲大蜗牛模型

这只非洲大蜗牛外壳由石膏制成，身体由树脂制成。这种蜗牛对农作物有害，中国、澳大利亚和世界很多国家都严禁引入。

禽龙模型

这只禽龙模型是在20世纪60年代制作的，主要材料是玻璃纤维。

带柄水母模型

这是一个由玻璃制成的带柄水母模型，现实中，这种水母通常附着在岩石或者藻类上。

多孔动物幼虫模型

这个多孔动物幼虫模型是用玻璃制作而成的，它的身体和鞭毛制作得非常细致，精细度令许多科学家和艺术家都感到惊讶。

白蚁模型

这只白蚁模型大部分是由蜡制作而成的，部分肢体采用了金属部件，细节非常到位。

葡萄根瘤蚜模型

葡萄根瘤蚜是一种小型蚜虫状昆虫。它们很小，大约只有1毫米长，是世界上最具破坏性的葡萄害虫之一。

发霉的苹果模型

这是一个带着霉菌的苹果模型，展示了苹果变质后的外表。

蘑菇模型

这是一枚普通的蜡制蘑菇模型，稳稳地固定在木质支架上。

马铃薯细胞结构蜡模型

这是500倍放大倍率下马铃薯细胞结构的蜡模型，黄色的打蜡纸板是马铃薯的细胞壁，而白色部分则是白蜡制成的淀粉颗粒。

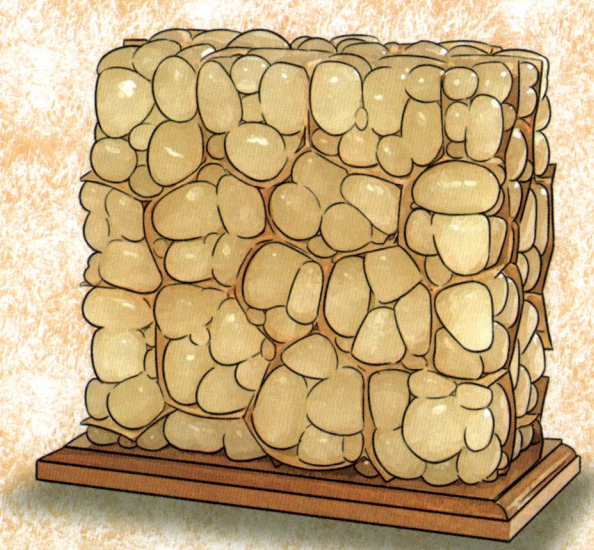

皇家展览馆典藏

皇家展览馆中收藏着维多利亚博物馆最珍贵的部分藏品，这些藏品来自世界各地，美轮美奂而又各具特色。

西王母象牙雕

这是日本艺术家制作的西王母（中国神话故事人物）象牙雕，这种雕像通常放在家中的壁龛内。

细节二
西王母手中提着装满蟠桃的篮子，在神话故事中，吃了蟠桃可以延年益寿。

细节一
西王母头部佩戴的鸟形装饰品源于神话中的青鸟，它是西王母的信使。

细节三
雕像上发丝根根清晰，衣物和披帛上的云纹精美，工艺细腻精湛。

意大利珐琅锡釉双耳瓶

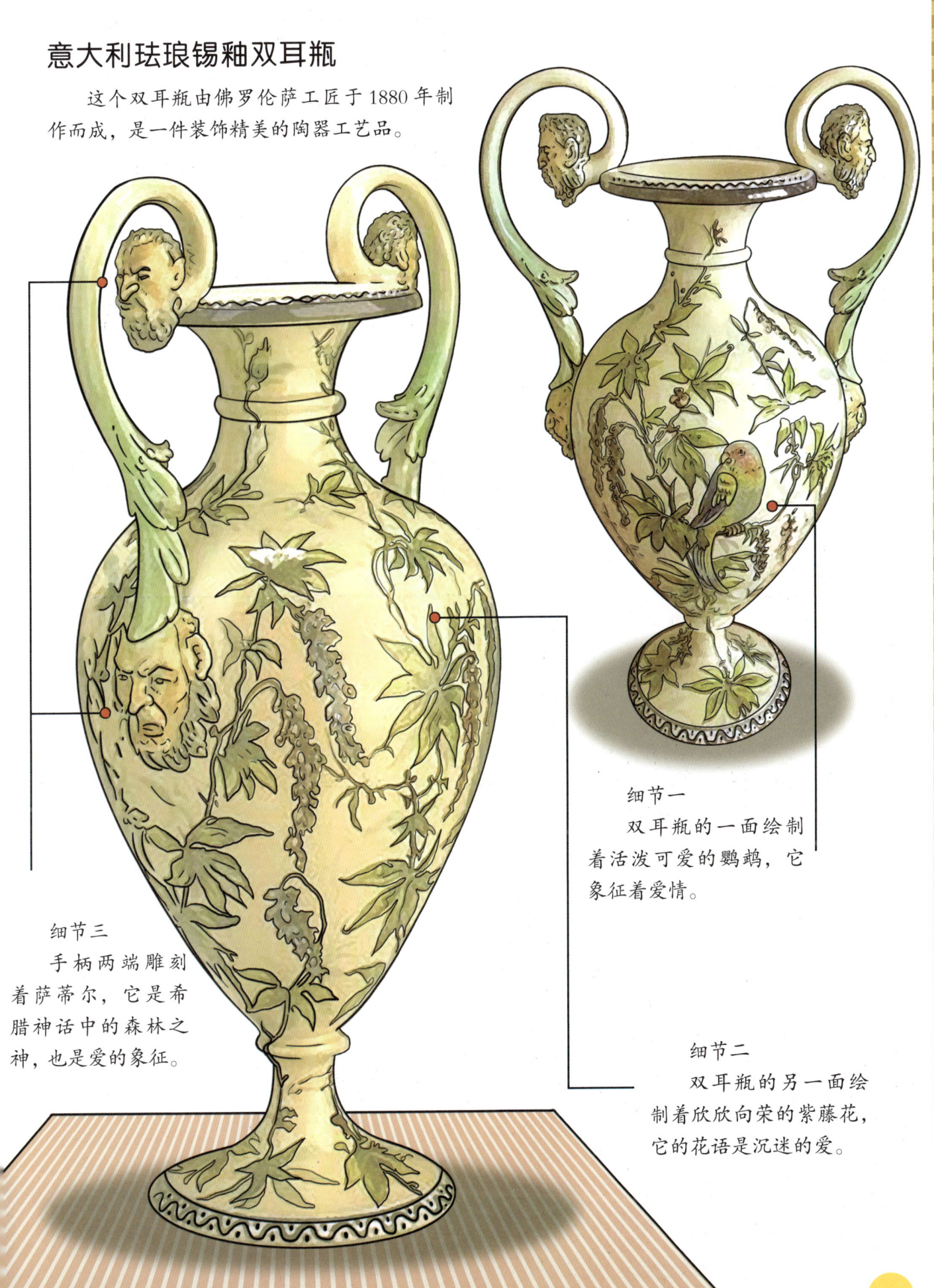

这个双耳瓶由佛罗伦萨工匠于1880年制作而成，是一件装饰精美的陶器工艺品。

细节三
手柄两端雕刻着萨蒂尔，它是希腊神话中的森林之神，也是爱的象征。

细节一
双耳瓶的一面绘制着活泼可爱的鹦鹉，它象征着爱情。

细节二
双耳瓶的另一面绘制着欣欣向荣的紫藤花，它的花语是沉迷的爱。

83

蓝色镀金茶具

这套蓝色镀金茶具共有8件，分别是一个托盘，两个杯子，两个碟子，一个茶壶，一个糖碗和一个牛奶壶。

珐琅盖碗

这个盖碗是用日本的萨摩烧工艺制作而成的，碗身绘制着明亮的金色花纹和精美的人物、海洋、山脉、樱花、松树，华美精致。

象牙国际象棋

这套象棋由象牙雕刻而成，共有15颗白色棋子，13颗红色棋子和一些不完整的碎片，每颗棋子上都雕刻着栩栩如生的人物和动物。

烛台

这对烛台制作于1880年，主体由青铜制成，表面分别绘制着站在岸边的日本武士和手拿扇子的日本仕女，色彩鲜艳，十分精美。

曼特尔时钟

这座青铜时钟的时刻是12个罗马数字，表盘下的景观画是一个坐着的武士，青铜基座采用希腊风格造型，风格虽多但整体协调，美观大气。

蓝色玻璃花瓶

这个蓝色花瓶有一个喇叭形的壶嘴，三个弧形手柄上都带有透明的玻璃珠和喷嘴，色彩明亮。

大象与音乐家

这是一件由象牙雕刻而成的装饰品，背着莲花的大象和尽情演奏的音乐家栩栩如生。

陶壶

这是中国1880年左右制造的陶壶，陶壶不仅外部布满了彩绘，壶开口的内缘处也绘满了叶状卷须、鸟类、蝴蝶和花朵，非常华丽。

匕首

这把匕首由金属刀身和木质手柄组成，刀身被精心锻造成五个弯曲的弧形，木质手柄上雕刻着叶子形状的精美装饰画，风格独特。

瓷碗

这只瓷碗制作于1868-1880年之间，明黄的碗身绘有金色的蝴蝶和白色的鲜花，简洁大方。

搪瓷酒杯

制作于1880年的搪瓷酒杯，主体由透明玻璃吹制而成，杯身绘有珐琅花卉，美丽高雅。

玻璃银壶

这只玻璃银壶的球状主体由工匠吹制而成并经过磨砂处理，壶嘴、手柄和颈部装饰着精美的银质垂叶和花朵，据推测是用来盛放葡萄酒的。

墙板装饰画

这是一组手绘的瓷质墙板装饰画，3件瓷器上分别绘制着3位衣着华丽的女士，她们装扮精致，配饰华丽，具有浓厚的维也纳气息。

奇趣博物馆 欧洲

智慧鸟 著

吉林科学技术出版社

图书在版编目（CIP）数据

奇趣博物馆.欧洲/智慧鸟著.—长春:吉林科学技术出版社，2024.1
ISBN 978-7-5744-1051-0

Ⅰ.①奇… Ⅱ.①智… Ⅲ.①博物馆—欧洲—青少年读物 Ⅳ.①G269.1-49

中国版本图书馆CIP数据核字(2023)第253147号

奇趣博物馆·欧洲
QIQU BOWUGUAN·OUZHOU

著	智慧鸟
出 版 人	宛 霞
策划编辑	穆思蒙　王聪会
责任编辑	张　超
内文设计	纸上魔方
封面设计	智慧鸟
成品尺寸	210mm×285mm
开　　本	16
字　　数	300千字(全四册)
印　　张	24(全四册)
印　　数	1-6 000册
版　　次	2024年3月第1版
印　　次	2024年3月第1次印刷
出　　版	吉林科学技术出版社
发　　行	吉林科学技术出版社
地　　址	长春市福祉大路5788号出版集团A座
邮　　编	130118

发行部电话/传真　0431-81629529　81629530　81629531
　　　　　　　　　81629532　81629533　81629534
储运部电话　0431-86059116
编辑部电话　0431-81629380
印　　刷　长春人民印业有限公司
书　　号　ISBN 978-7-5744-1051-0
定　　价　198.00元(全四册)

如有印装错误　请寄出版社调换
版权所有　侵权必究　举报电话：0431-81629380

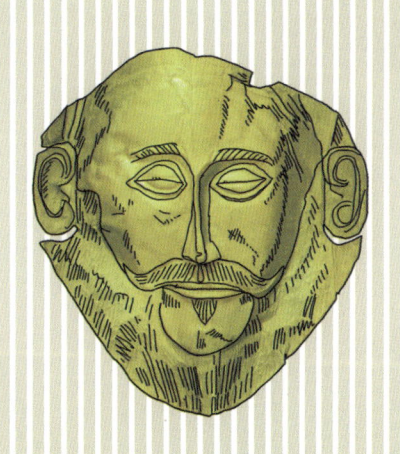

走入历史的长河,追寻前人足迹……

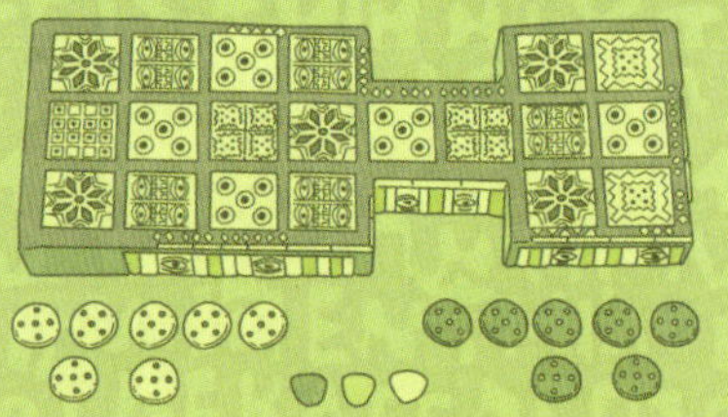

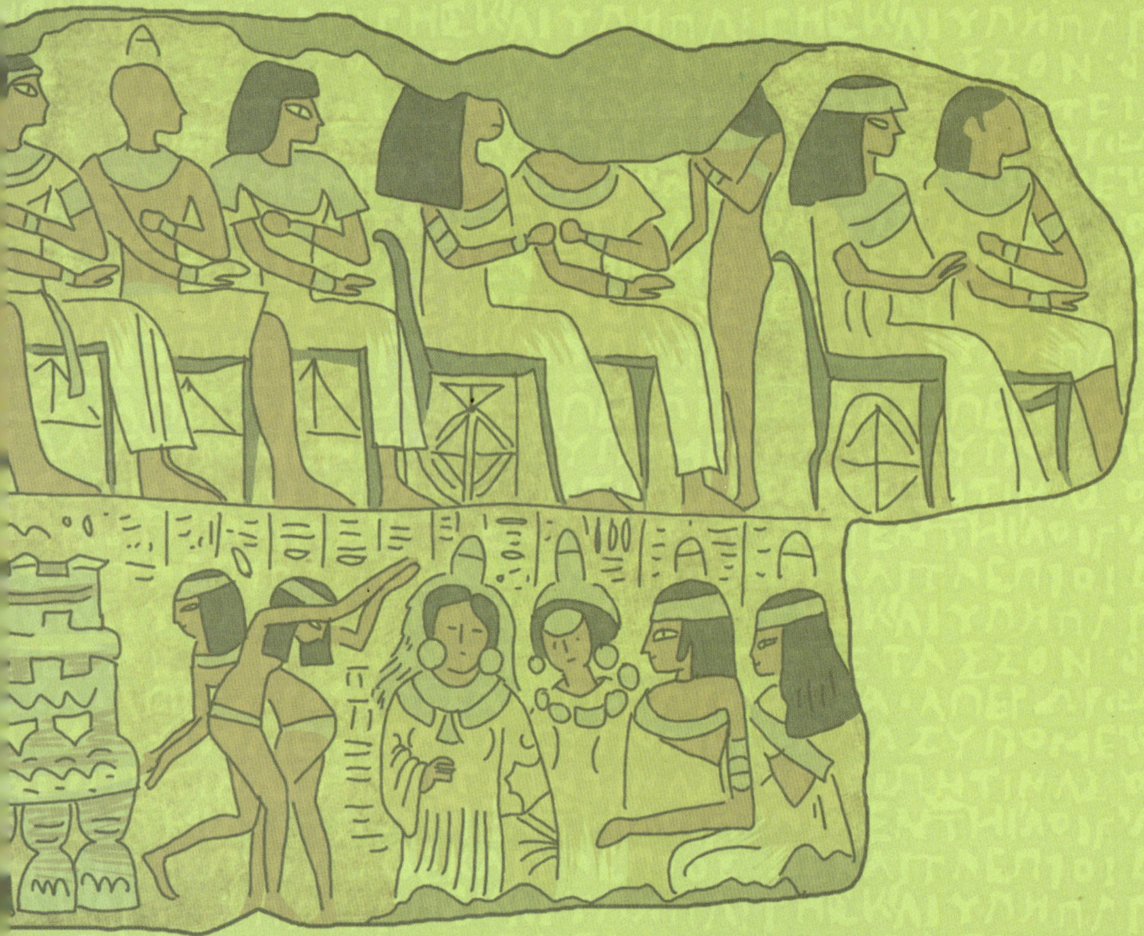

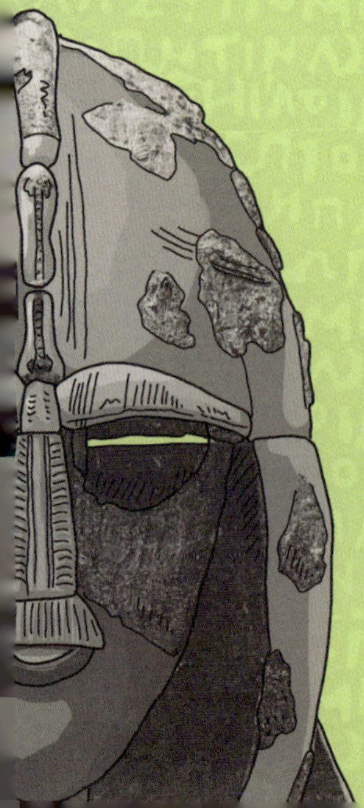

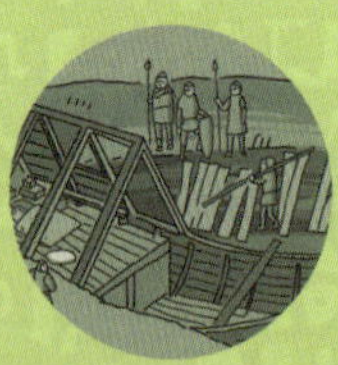

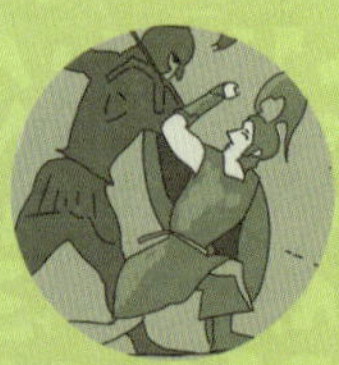

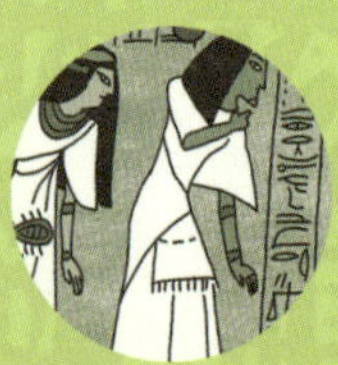

前言

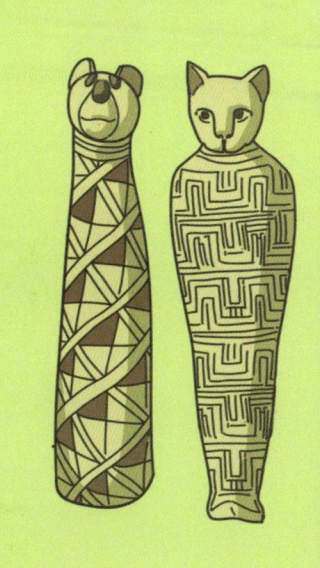

博物馆是人类历史和文明的见证者、保管者。如果能在博物馆里逛上一天，不但能饱览各个时期的文化和艺术瑰宝，还能极大地丰富我们的历史知识，开阔我们的眼界。如果能逛遍全球所有著名的博物馆该多好啊！可惜，极少有人能有条件做到这一点。不过，也许我们可以在"奇趣博物馆"这套书中实现这个愿望。

"奇趣博物馆"系列分为《欧洲》《亚洲》《美洲》《非洲与大洋洲》四册。每册都选取了该区域最有名的博物馆及其藏品进行介绍。图文并茂的形式极其贴合儿童的阅读习惯。不仅如此，全书还特地对各博物馆的独特之处进行了介绍。让博物馆本身也变成了孩子知识储备中独特的"收藏品"之一。

目 录

大英博物馆 ………………… 2
走进埃及文物馆 ………………… 4
古埃及文明遗存 ………………… 6
美索不达米亚文明遗珍 ………… 8
亚述帝国的文明瑰宝 …………… 10
失落的希腊文明 ………………… 12

精美的希腊艺术品 ……………… 14
罗马帝国的珍宝 ………………… 17
大英博物馆国产珍宝 …………… 18
波斯帝国的宝藏 ………………… 20
阿姆河宝藏 ……………………… 22
东方艺术文物馆 ………………… 24

卢浮宫博物馆 ……………… 28
卢浮宫三宝 ……………………… 30
巧夺天工的雕塑 ………………… 36
欧洲雕塑 ………………………… 38
卢浮宫里的著名画作 …………… 42
法国王室珍宝 …………………… 44
东方文明遗珍 …………………… 46
古埃及风采 ……………………… 50
伊斯兰艺术品 …………………… 52

艾尔米塔什博物馆 …… 54
- 约旦阶梯 …… 56
- 皇室建筑与生活 …… 58
- 罗曼诺夫皇室瑰宝 …… 60
- 斯基泰人的黄金宝藏 …… 62

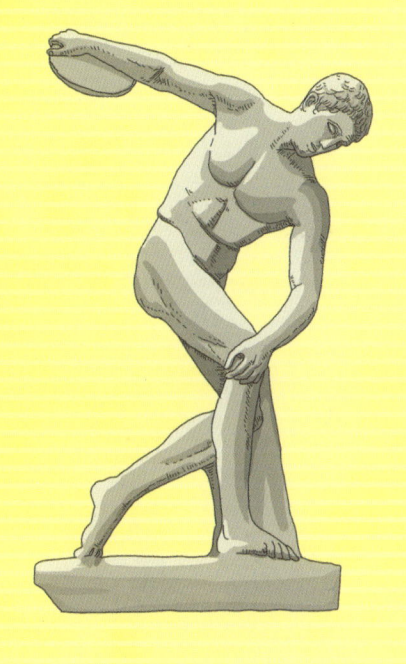

罗马国家博物馆 …… 64

雅典国立考古博物馆 …… 68
- 神话人物的雕像 …… 70

伊斯坦布尔考古博物馆 …… 72
- 安纳托利亚的雕刻 …… 76
- 东方文明遗产 …… 78

维也纳艺术史博物馆 …… 80
- 皇帝的套装 …… 82
- 馆藏艺术精品 …… 84
- 王室的典藏 …… 86

大英博物馆

大英博物馆作为世界上历史最悠久、藏品最丰富的四大博物馆之一，是很多人心中必去的旅行地之一。它于1759年正式对外开放，馆藏包括世界各大古文明遗迹，藏品丰富又神秘，深深吸引着世界各地的游客。

丰富的馆藏

大英博物馆拥有700多万件藏品，但由于空间限制，有99%的藏品未能公开展出。为了避免受到光照而损坏，大部分藏品被收在不透光的仓库里，只有在特殊的场合才得以展出。

无私的收藏家

大英博物馆的第一批藏品（约71000件）是由收藏家汉斯·斯隆爵士所捐赠的。

对外免费开放

大英博物馆是世界上最早开放的国家博物馆，它对所有"好学求知的人"免费开放。

国民博物馆

大英博物馆公共地位非常明确，它既不属于国王，也不属于贵族，而是属于英国全体国民，它是一座"典范意义的博物馆"。

各个国家文物的聚集地

开馆以后的200多年间，大英博物馆已陆续收集了很多来自中国、埃及、巴比伦、希腊、罗马、印度等古老国家的文物。

博物馆里有什么

希腊的石雕、印度的宝石戒指、巴比伦的银器、中国的瓷器、海量的手稿书籍、千年前的古尸……大英博物馆的藏品汇集着各个国家的"宝贝"。

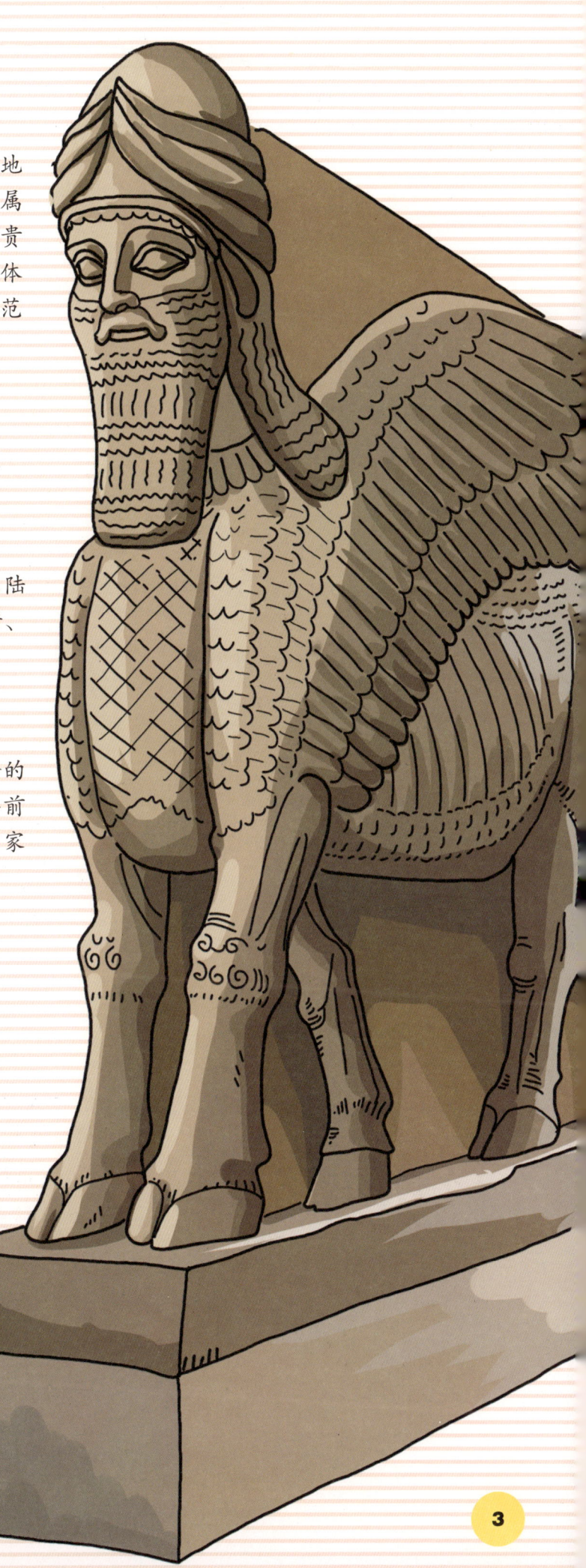

走进埃及文物馆

埃及文物馆是大英博物馆中最大的专题陈列馆之一，这里展有大型人兽石雕、庙宇建筑、为数众多的木乃伊等，是最受人们欢迎的陈列馆之一。

镇馆之宝——罗塞塔石碑

罗塞塔石碑制作于公元前196年，上面刻着古埃及国王托勒密五世登基的诏书。这份诏书使用了三种文字：古埃及象形文字、当时的俗体文和古希腊文，学者们根据这三种文字，终于破解了失传千年的古埃及象形文字的意义与结构，此后，古埃及的历史才慢慢展现在人们眼前。

石碑上的三种文字

古埃及象形文字：古埃及象形文字又名"圣书字"，它是古埃及宗教仪式上的常用文字。

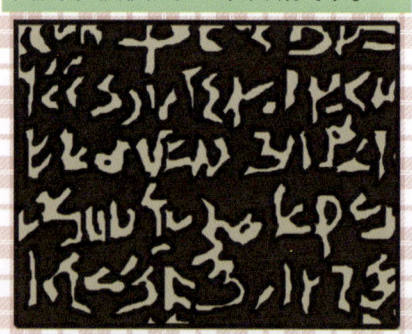

当时的俗体文：俗体文又名"民书字"，它是民众日常生活中使用的文字。

古希腊文：当时的埃及被亚历山大大帝统治，古希腊文成为埃及的官方文字。

在罗塞塔石碑上，学者们最先辨认出了拖勒密五世的名字。因为象形文字中国王的姓名会被一个叫作"王名框"的东西框起来，经过各方对比，国王的名字成为最先被发现的文字。

国王的名字

镇馆之宝——《亚尼的死者之书》

《亚尼的死者之书》也被称为《亡灵书》，它是一幅画在草纸上的画卷，距今已有3000多年，这幅画记录了古埃及文明中亡灵获得永生所需的咒文和约定事项。《亚尼的死者之书》是众多以草纸记录的书中保存最好、最出色的。

亚尼和妻子穿着洁白的亚麻布衣服，等待冥王奥西里斯的审判。

死神阿努比斯长着一颗狼头，它负责称重。

智慧神托特手持墨水笔和陶板，负责记录结果。

天秤的左侧放着亚尼的心脏，如果天秤平衡，亚尼的灵魂将会被判获得永生权。

天秤的右侧放了根羽毛，这根羽毛是正义女神玛特的头羽，它象征着真理、正义与高尚。

怪兽阿米特长着鳄鱼的嘴、狮子的上半身、河马的下半身。如果天秤失衡，代表死者生前作恶多端，它就会将死者的心脏吃掉，这样死者就无法复活了。

古埃及文明遗存

霍尼吉提夫的内棺

霍尼吉提夫是古埃及阿蒙神庙中的一位大祭司，他的木乃伊出土于十九世纪。木乃伊装在一副棺椁里，其中内棺上雕有代表霍尼吉提夫神职身份的镀金面具，并刻有记载其生平的铭文。

拉美西斯二世雕像

拉美西斯二世是古埃及史上最著名的法老之一。他的这座雕像由花岗岩雕刻而成，高约2.6米，是从埃及底比斯的拉美西斯神庙运至英国的。据说，雕像胸口的小洞是拿破仑远征军为了运送雕像而开凿的。

阿蒙·拉神像

阿蒙·拉是古埃及的太阳神，是光明、正义、生命的支配者，是身份最为显赫的一位。这座神像高约21.3厘米，由金银雕刻而成，神像头戴太阳圆盘形状的王冠，王冠上还装饰着平行羽饰。

《宴会图》

在古埃及官员内巴蒙的墓地中，人们发现了一幅描绘热闹的宴会场景的壁画。在这幅壁画中，乐师演奏助兴，舞者翩翩起舞，女子们开心地聊天，整个画面给人欢乐、祥和的感觉。这幅画代表着古埃及人对逝者的祝福，希望他在来世也能过得像画中画的那样幸福。

盖尔·安德森猫

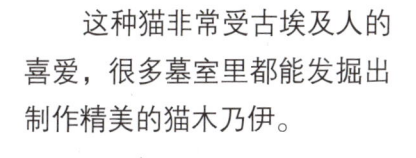

在古埃及神话中，盖尔·安德森猫是女神贝斯特的化身，象征着家庭温暖与喜乐。这是一尊镂空铸造的青铜雕像，它的胸前戴着名为"复仇之神"荷鲁斯之眼的护身符，头部和胸部的圣甲虫象征着重生，鼻子和耳朵上分别有金鼻环和金耳环。

这种猫非常受古埃及人的喜爱，很多墓室里都能发掘出制作精美的猫木乃伊。

鱼形玻璃香水瓶

这是古埃及人用彩色玻璃制作的香水瓶，造型独特，色彩绚丽。

美索不达米亚文明遗珍

美索不达米亚平原处于底格里斯河和幼发拉底河两河流域之间，因此，此处形成的文明又被称为"两河文明"，主要代表有苏美尔文明、米诺斯文明等，它们是西亚最早形成的文明。

雄山羊像

在苏美尔文明中，雄山羊和树木结合，象征着复活、丰收之意。这座造型精美、材质奢华的公山羊像，就是苏美尔王朝初期的艺术精品。雕像出土时原本是一对，另外一座山羊像目前收藏在美国宾夕法尼亚大学博物馆中。

> 雄山羊前肢跨在"生命树"上，寓意着农作物的丰收。

> 大树、雄山羊的头部和四肢用金箔制成，羊角、眉毛和眼睛则是用青金石制成。

> 雄山羊背部的羊毛是用贝壳制成的，看起来非常具有真实质感。

乌尔王军旗

这个乌尔王军旗是一个正反两面的木制饰板，饰板上镶嵌着用贝壳、红色石灰岩、青金石等材料制成的马赛克画，一面是乌尔王朝战争时的场面，另一面则是乌尔王朝和平时的场景。

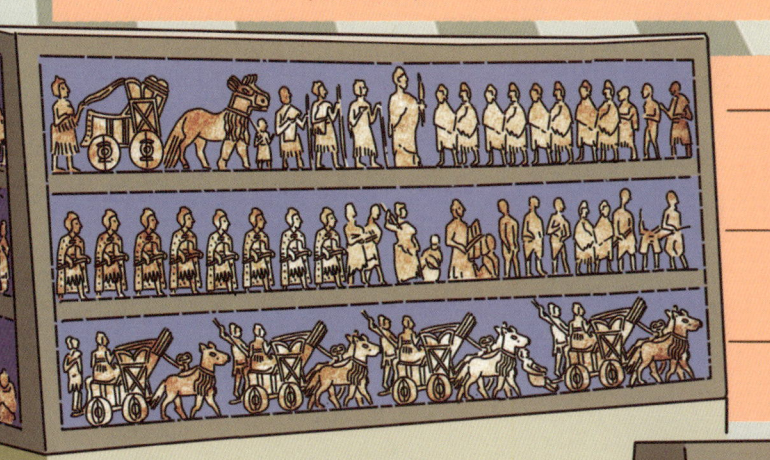

第一层是乌尔王在全副武装的护卫下，视察战俘营的情形。

第二层表现战斗与胜利后的战士行列，士兵穿着各式各样的衣服。

第三层中展示的是打仗时使用的战车，四轮战车由四头驴子拉着，车上站着驭手和士兵。

第一层中，国王与大臣们正在庆祝丰收或者胜利。

第二层和第三层是众人运送战利品时的场景，战利品有谷物、山羊、驴子和鱼等。

这是一个由20个贝壳制方格组成的棋盘，上面刻着玫瑰花纹、眼睛、小圆点等图案。

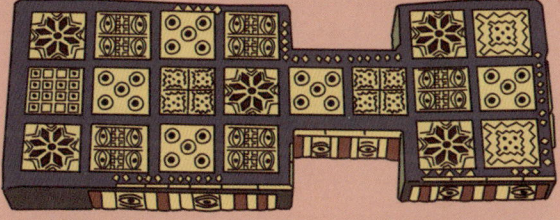

普阿比王后的头饰

这个头饰是用黄金叶子和圆片编制而成的，中间点缀着青金石，头饰顶部有三朵黄金打造的花朵，精美无比。

乌尔皇室游戏棋盘

亚述帝国的文明瑰宝

亚述人在美索不达米亚平原上活动的时间大约有两千年，亚述帝国时期是亚述人历史上最强盛的时期。英国考古学家奥斯丁·亨利·莱亚德在亚述宫殿遗址中发现了大量的珍宝。

亚述国王撒缦以色三世的黑方尖碑

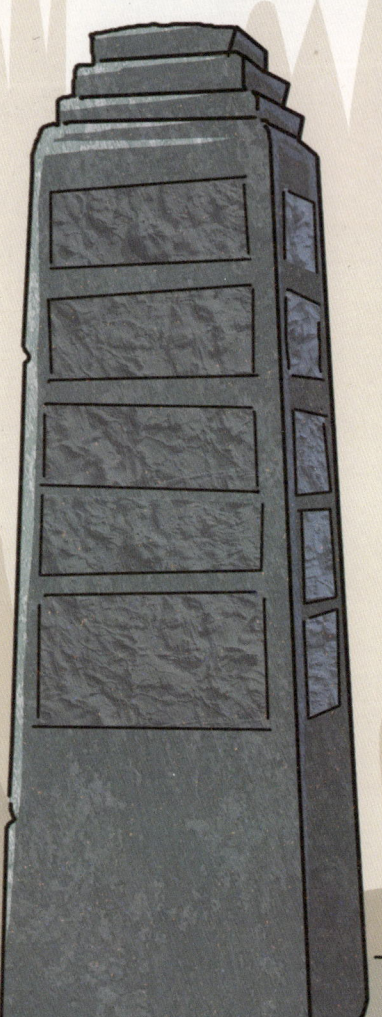

这块方尖碑有四个面，上面用楔形文字记载了亚述国王发动战争、接受朝贡的事件。碑身上的楔形文字保存良好，非常具有研究意义。

亚述王纳西尔帕二世立像

纳西尔帕二世立像出土于1850年，它长发披肩，胡须浓密，手握镰刀和权杖，非常庄严。立像上的楔形文字刻着国王的称号、血统和远征地中海的功绩。

被母狮袭击的黑人

这是一件由象牙、青金石、红玉石和黄金制成的装饰板。在盛开的莲花中，一头母狮子咬住了一个黑人少年的脖子，少年头部后仰，表情痛苦。细微的表情、金箔和象牙的完美搭配，展现了工匠们精湛的工艺。

窗边的女性

这是一件象牙装饰板，板中有一位梳着埃及传统发辫、坐在窗前的女性。据推测，这是一块家具装饰的残片。

守护神像

拉玛苏和舍杜都是亚述神话中的守护者，它们守护着亚述人的宫殿和神庙。这两座威风凛凛的雕像收藏于大英博物馆中。

在亚述帝国，拉玛苏是国王的权力和合法性的象征，人头象征着智慧，翅膀象征着速度，狮子或公牛的身体象征着力量和权力。

拉玛苏是一个五条腿的生物，从侧面看可以看到它在运动，四条腿张开，好像在走路，但从正面看它似乎是静止的。

失落的希腊文明

希腊文明是欧洲最早出现的文明，希腊也被视为西方文明的发源地。然而它却是一个失落的文明，它已经消逝两千多年了，我们只能通过一些历史遗留的痕迹感受希腊文明之美。

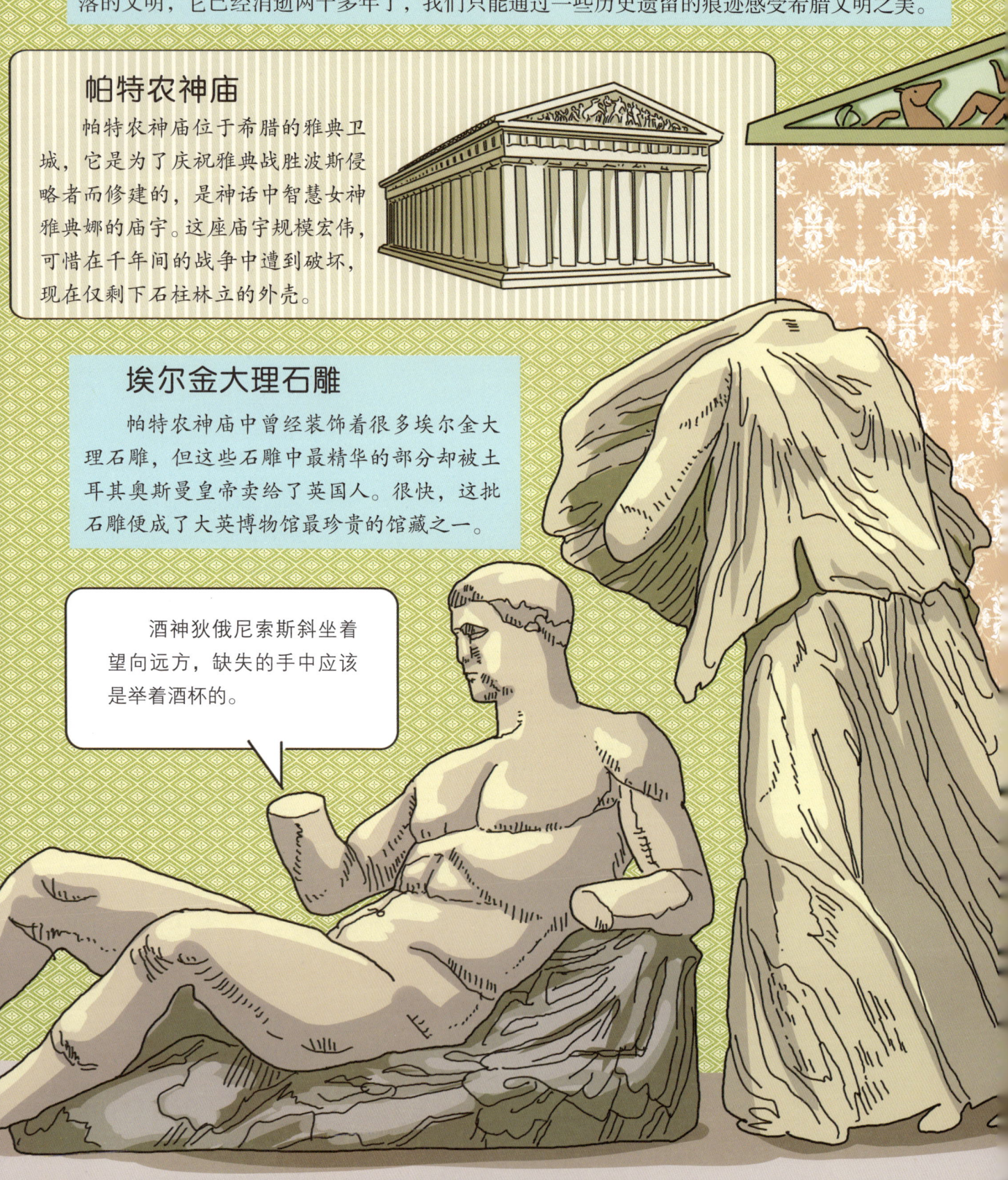

帕特农神庙

帕特农神庙位于希腊的雅典卫城，它是为了庆祝雅典战胜波斯侵略者而修建的，是神话中智慧女神雅典娜的庙宇。这座庙宇规模宏伟，可惜在千年间的战争中遭到破坏，现在仅剩下石柱林立的外壳。

埃尔金大理石雕

帕特农神庙中曾经装饰着很多埃尔金大理石雕，但这些石雕中最精华的部分却被土耳其奥斯曼皇帝卖给了英国人。很快，这批石雕便成了大英博物馆最珍贵的馆藏之一。

酒神狄俄尼索斯斜坐着望向远方，缺失的手中应该是举着酒杯的。

东山形墙想象复原图

阿尔忒弥斯放松地靠在身边人的身上,姿态极为放松。

专家推测这座缺少头部、正在奔跑的女性雕像为神话中的狩猎女神阿尔忒弥斯。

塞勒涅的马头

这是神话中月亮女神塞勒涅的马车中一匹马的头。

精美的希腊艺术品

早期的希腊艺术品是由米诺斯文明、迈锡尼文明和基克拉底文明构成的,这些文明的代表作品是精致华丽的装饰品、简约质朴的石器和大理石像,一起来欣赏一下吧!

黑绘式双耳陶瓶

这个双耳陶瓶是古希腊时期的杰作,瓶身描绘了古希腊英雄阿喀琉斯杀死特洛伊救兵、女王彭忒西勒亚的场景。

迈锡尼壶

迈锡尼壶是一件由黏土制成的陶器,壶身上绘制着战车图,这种绘图风格被希腊本土以外的很多地区模仿。

女性大理石雕像

处于新石器时代晚期和青铜时代早期的基克拉底文明以大理石女性人物雕像闻名于世。这座大理石雕像是基克拉底雕像的代表作,雕像线条简洁,人体基本特征明显,这位女性脚尖点地、膝盖弯曲,推测无法直立摆放,所以横卧摆放。

埃伊那岛的黄金坠饰

坠饰中央雕刻着站在莲花台座上的米诺斯文明的自然女神——克里特，她双手抓着天鹅，远远望去像是一个风筝。

黄金山羊坠饰

黄金山羊坠饰出土于克里特岛，它由黄金制成，据说下方的三个圆片象征着太阳。

黄金耳饰

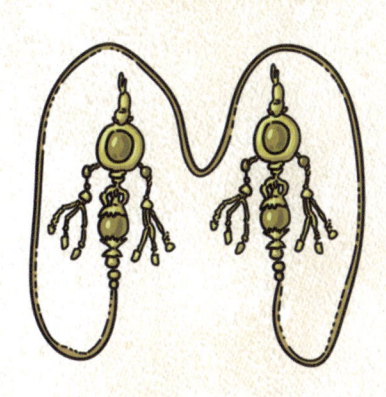

这是一副古埃及人制作的黄金耳环，双耳瓶子一样的造型具有浓郁的希腊风格。

黄金耳饰

这副精美的黄金耳饰中央雕刻着希腊神话中的胜利女神尼姬，左右两侧则是爱神厄洛斯。

象牙游戏盒

这是一个用象牙雕刻的游戏盒，里面放置着类似于棋子的物品，盒子的侧面雕刻着狩猎的场景，这种题材在迈锡尼文明中非常重要。

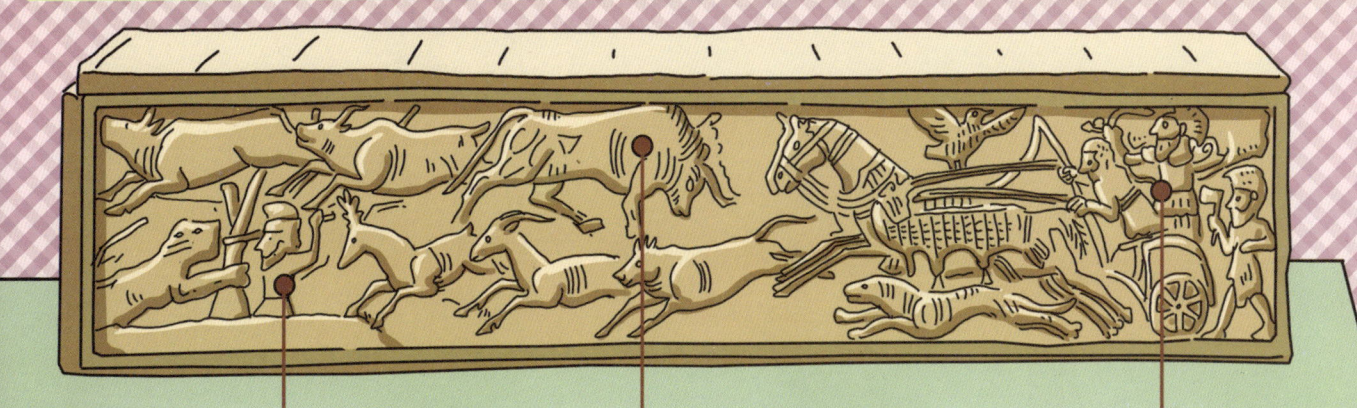

- 男子手持长枪，刺向一头狮子。
- 一头负伤的公牛正在用牛角冲撞马车。
- 国王站在马车上弯弓搭箭，向前冲锋。

《掷铁饼者》

　　原雕像《掷铁饼者》是公元前 450 年希腊著名雕塑家米隆的杰作，他雕刻了一位体魄健硕、神情略微紧张的运动员在竞赛中投掷铁饼的瞬间。可惜米隆的所有原作都已失传，大英博物馆中的这座雕像是古罗马时期的"复制品"。

运动员原本是呈回头看铁饼的姿势，但在进入大英博物馆前，被修复成面朝下（如图）的姿势。

右侧面是整座雕像最具动感的部分，所以人们大多会从右侧面来欣赏它。

运动员身体前倾，腿部肌肉紧绷，左脚脚尖点地，既具有动感，又显得很轻盈。

16

罗马帝国的珍宝

古罗马文明由罗马帝国缔造，是西方文明的另一个重要源头，起源于意大利中部台伯河入海处。罗马帝国是一个以地中海为中心，跨越欧、亚、非三大洲的超大帝国，有着大约1400多年的悠久历史。

波兰特花瓶

波兰特花瓶是一件刻有精美图案的玻璃制品。在制作时，人们先将深色玻璃器皿浸入白色的玻璃液中，以形成浅色的外表，取出，待其冷却之后立即去除表面白色玻璃层的多余部分，露出深色的底色，由此形成浅浮雕状的装饰图案。

席安蒂之棺

这是一座由赤陶土做成的彩绘棺材，棺材的基座上刻着逝者席安蒂·哈鲁尼亚·特列斯纳沙的姓名。与棺材一起展出的还有席安蒂的肖像模型。

大英博物馆国产珍宝

在英国的本土大不列颠岛上，曾经居住着极富艺术美感的凯尔特人和撒克逊人，他们先后为英国人留下了大量精美的珍宝，大英博物馆中很多的珍藏便来源于此。

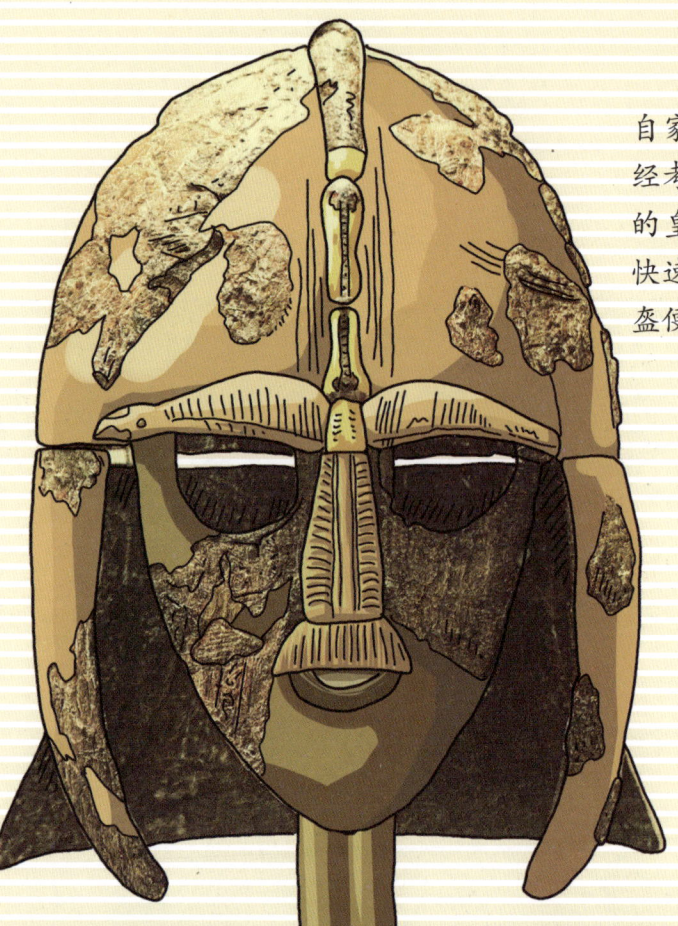

萨顿胡头盔

1939 年，英国的萨福克郡萨顿胡居民在自家土地的一处土墩下发现了一处船棺葬。经考证，人们发现这是盎格鲁-撒克逊时期的皇家墓地。在墓地停着的一条长 27 米的快速战船中，装载着大量的珠宝，萨顿胡头盔便是其中一件最有代表性的文物。

黄金扣带

这条黄金扣带上装饰着由弯曲的蛇、鸟等动物交织构成的图案，风格十分独特。

什么是船棺葬

船棺葬是古代以船形棺为葬具的墓葬。当一位骁勇善战的首领死去后，他的陪葬品里会有一条船及他生前的战利品。送葬者们会先挖一个战壕式的大坑，将船等陪葬品放进去，死者本人也躺在船上，然后再添上泥土和石头。他们相信这样的方式可以帮助死者踏上通往冥府之路。

巴特西盾

凯尔特人英勇好战，这块镶嵌着珐琅的镀金盾牌便是他们的装备之一。

萨福纳克号角

萨福纳克号角响起时，便是王室狩猎的时刻。这件号角上用银饰掐丝珐琅描绘着猎犬和猎物的图案，象征着守护萨福纳克森林。除了猎犬和猎物之外，号角上还能看到传说中的独角兽。

青铜制酒壶

这个酒壶上镶嵌着产自地中海的珊瑚和小亚细亚的不透明玻璃，华丽又精美。倒酒时，壶嘴上的小鸭子看起来像是在游泳，做工非常独特。

波斯帝国的宝藏

波斯帝国是第一个横跨欧亚非三洲的帝国,这个疆域庞大的帝国大约存在了200多年,从百年前出土的各种艺术珍品中,我们能看到这个帝国繁盛时期的强大与富饶。

王者的象征——鹰头狮身来通酒杯

这个由金银制成的酒杯是阿契美尼德王朝(波斯第一帝国)时期金银工艺的最佳作品。它做工精致,用材高级,通常只有王室才能够使用。希腊人称这种酒杯为"来通杯",有"流通、联通"的意思。

酒杯的流口造型是鹰头狮身的格里芬怪兽,是人们根据狮子和老鹰幻想出来的怪兽,格里芬是神庙、宫殿的守护者。

除了鹰头狮身来通酒杯之外,大英博物馆还收藏了许多其他造型的来通酒杯,但它们的材质、工艺都远不如这个国王专用的酒杯。

金银制牛头来通酒杯

陶制牛头来通酒杯

在宫廷宴会中,最豪爽的饮酒方式就是高举来通酒杯,将通过流口的红酒一饮而尽。

波斯人喜欢每天喝点儿红酒，在宫廷酒宴上，只有国王才能直接饮用来通酒杯中的红酒。宴会上，国王高举精致奢华的来通酒杯，邀请贵族、臣子们一同饮酒。除了国王，其余的人须将昂贵的红酒装进来通酒杯中，再倒入浅口的酒杯中饮用。

波斯帝国会聚了许多擅长金银加工的工匠，他们制作的来通酒杯眼部有许多装饰，底部还刻有莲花、椰枣和棕榈树等图案，工艺非常精湛。

贵族们为什么要隐藏酿制红酒的方法

早在公元前5000年左右，人们便掌握了酿制红酒的方法。美味的红酒在阿契美尼德王朝大受欢迎，但由于产量有限，红酒仅限王室成员饮用。有历史学家推测，贵族们深爱饮酒后酣畅淋漓的感觉，他们不想与平民分享这种快乐，所以才会将红酒的酿制方法保密。

阿姆河宝藏

阿契美尼德王朝留下了大批珍贵的宝藏，阿姆河宝藏是公认的、最贵重的宝藏。这些宝藏出土于1877年，大约有200多件金、银、铜制品和1500多枚金属钱币，大英博物馆中收藏着其中的170多件珍贵文物。

这辆由四匹金马拉着的黄金双轮战车工艺精湛，马车前方雕刻着守护埃及的贝斯，车上是一位贵族和车夫，他们身穿被阿契美尼德王朝征服的米底王国的传统服饰，细节雕刻得栩栩如生。

黄金战车

青年银像

这座雕像很有希腊艺术风格，青年戴着波斯风格的头饰，双拳向前挺出，拳头上有开孔，据推测，他可能原本托着托盘，上面放着的是献给国王的物品或是用来祭祀的祭品。

黄金臂环

这件黄金臂环两端雕刻着鹰头狮身的格里芬兽，据说臂环上原本还镶嵌着玻璃和宝石，现已遗失。

沙普尔二世银盘

沙普尔二世是波斯帝国萨珊王朝时期的一位国王。银盘上雕刻着沙普尔二世正在捕获一只雄鹿时的场景。

黄金装饰板

这块黄金装饰板上雕刻着祭祀者的侧影。祭祀者身穿米底王国的服饰，佩带波斯帝国独有的短剑。这种类似的金属饰板大约出土了50片。

玻璃碗 到了萨珊王朝，贵族们喜爱红酒的习惯依旧未变，这个雕花玻璃碗就是专门用来盛红酒的容器。

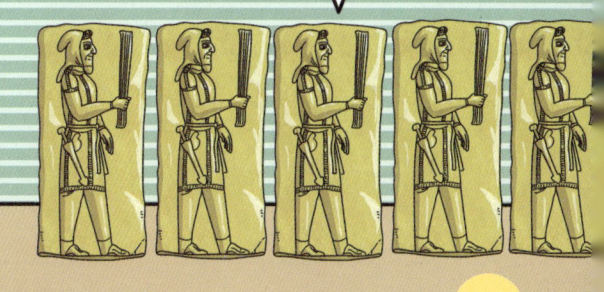

23

东方艺术文物馆

东方艺术文物馆收藏着来自中国、日本、印度及东南亚国家的文物,总量多达十余万件。这些文物被大英博物馆视作最重要的收藏,其门类齐全,珍品如山。

《女史箴图》

《女史箴图》是中国东晋的顾恺之创作的绢本绘画作品。原作已丢失,大英博物馆中收藏着的是唐代摹本,原本有12段,因年代久远,现存仅剩9段。

这幅图中绘制的是"两女对妆"的故事,画面中坐着的两位女子正在相对梳妆,插题箴文道"人咸知修其容,莫知饰其性",意思是在告诉人们,修身养性比修饰容貌更重要。

这幅图中绘制了"冯婕妤挡熊"的故事。一天,汉元帝带着妃子和宫人们看斗兽,突然,一头黑熊跳出围栏,扑向汉元帝,后妃冯婕妤挺身护主。冯婕妤的临危不惧和其他宫人惊慌失措的神态对比明显,非常具有感染力。

度母雕像

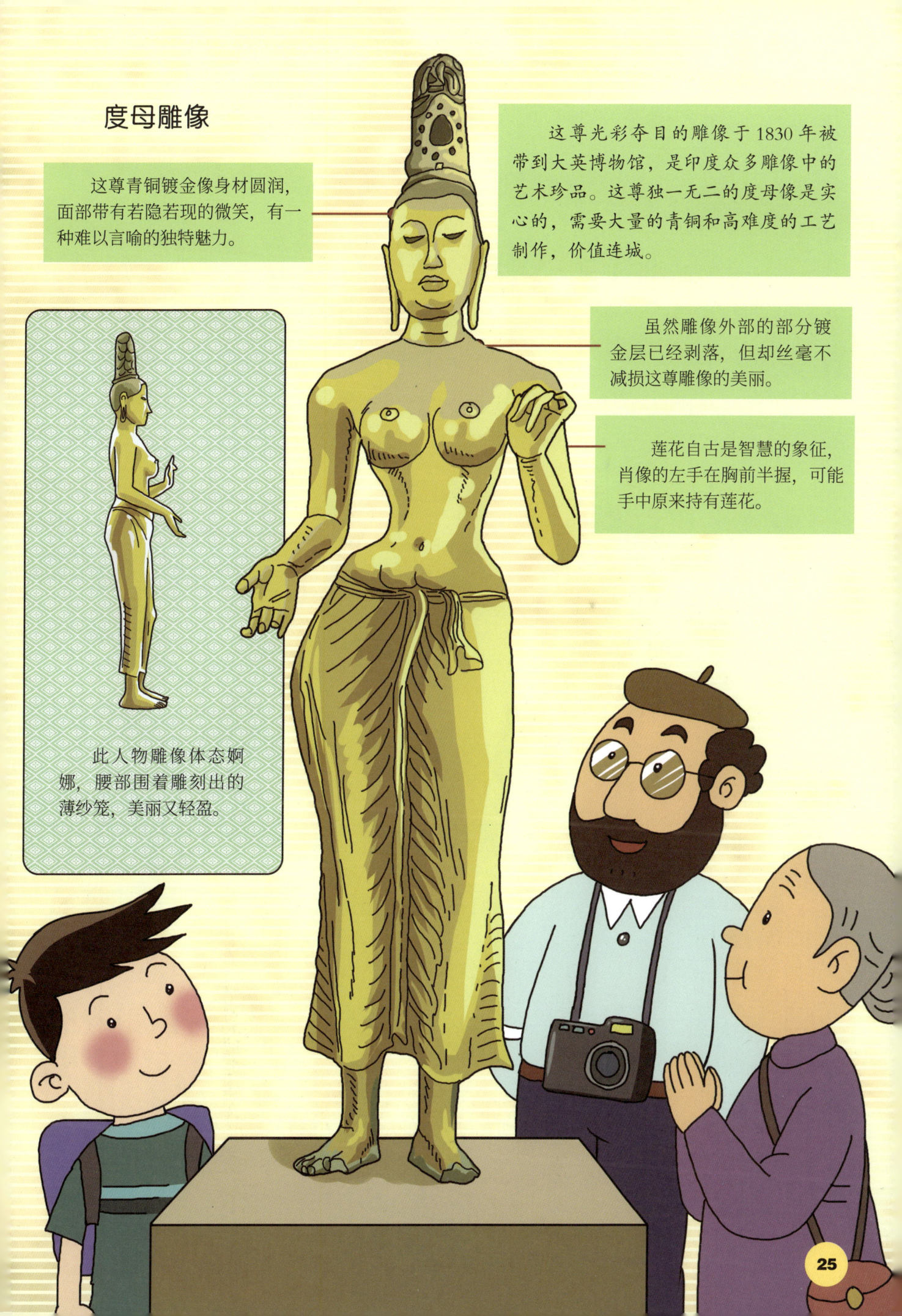

这尊青铜镀金像身材圆润，面部带有若隐若现的微笑，有一种难以言喻的独特魅力。

这尊光彩夺目的雕像于1830年被带到大英博物馆，是印度众多雕像中的艺术珍品。这尊独一无二的度母像是实心的，需要大量的青铜和高难度的工艺制作，价值连城。

虽然雕像外部的部分镀金层已经剥落，但却丝毫不减损这尊雕像的美丽。

莲花自古是智慧的象征，肖像的左手在胸前半握，可能手中原来持有莲花。

此人物雕像体态婀娜，腰部围着雕刻出的薄纱笼，美丽又轻盈。

25

舞王湿婆

湿婆创造了刚柔两种舞蹈，被称作"舞蹈之神"。这座舞王湿婆像制作于1100年，是一尊造型精美的铜像。这尊雕像十分富有节奏的美感，人物被塑造得精妙绝伦。

毕马兰舍利金函

这个金函出土于阿富汗毕马兰达伦塔，它呈圆柱状，舍利函身有一些人物的浮雕，并在上下镶嵌有两排红宝石。

26

《引路菩萨图》

这幅图发现于中国敦煌的藏经洞。画面中的很多部分，如香炉、人物发饰等都用描金敷色。全画色彩艳丽，完好地保存了唐代绘画的面貌。这件作品具有高超的绘画技巧，渲染技法娴熟，可以看出画师画工笔人物画的功底。

这是制作于中国东周时期的一件文物，它可能是家具的支脚，是一种代表吉祥的物品，后被收藏在大英博物馆中。

错金银铜翼虎

27

卢浮宫博物馆

法国的卢浮宫博物馆是世界四大博物馆之首，它以收藏丰富的古典绘画和雕刻闻名于世，每年都能吸引约800万游客前来游览，是当之无愧的世界级艺术殿堂。

卢浮宫曾经是王宫

卢浮宫原本是法国的王宫，居住过50位法国国王和王后，是法国古典主义时期最珍贵的建筑物之一，除了馆藏的文物之外，它本身的历史和建筑特色也是一大看点。

华人建筑师——贝聿铭

卢浮宫的玻璃金字塔形入口是华人建筑师贝聿铭设计的，这个入口可以帮助观众们快速到达自己想要去的展馆。除了参与设计巴黎卢浮宫扩建工程外，他还参与了香港中国银行大厦、苏州博物馆新馆的设计。

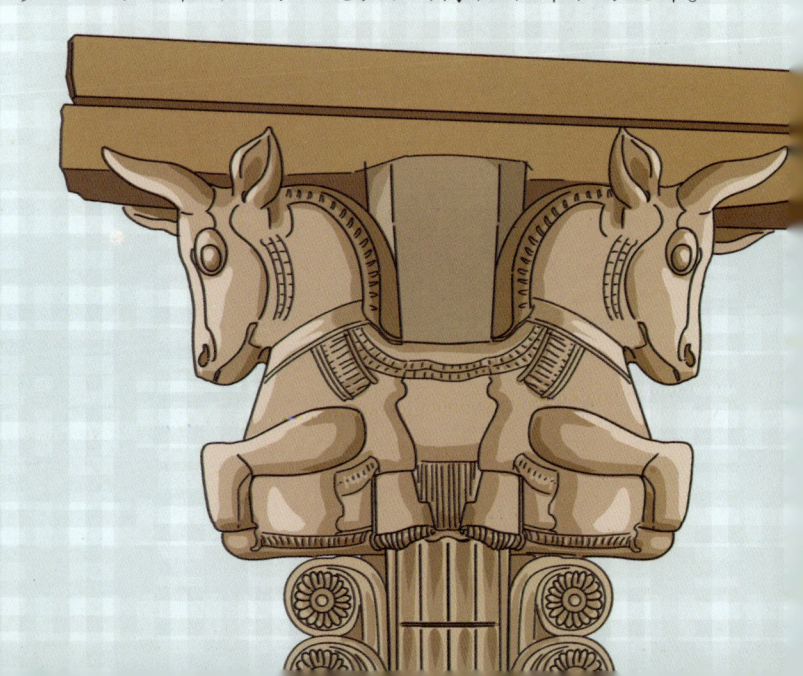

喜爱收集艺术品的拿破仑

法兰西第一帝国皇帝拿破仑一世喜爱收集艺术品，他称霸欧洲的时候，将在各国收集的几千吨艺术品运到了卢浮宫，并将卢浮宫改名为拿破仑博物馆。

爱修建的拿破仑三世

拿破仑三世是卢浮宫投资最多的"建筑人"，他在5年内为卢浮宫修建的建筑物比其他皇帝700年修建的还要多。

卢浮宫的镇馆三宝

卢浮宫最有名的三件镇馆之宝分别是米洛斯的《阿佛罗狄忒》雕像、达·芬奇的《蒙娜丽莎》画和萨莫色雷斯的《尼凯女神像》，它们被誉为"世界三宝"。

"深藏不露"的卢浮宫

卢浮宫仅是藏画便有10000多幅，但平时用以展出的大约只有2000多幅，有幸欣赏卢浮宫全部珍藏的人寥寥无几。

卢浮宫三宝

在卢浮宫里面收藏着40多万件来自世界各地的艺术珍品，其中有三件价值连城的传世之宝，分别是阿历山德罗斯创作的《阿佛罗狄忒》（米洛斯的）雕像、萨莫色雷斯的《尼凯女神像》雕像和达·芬奇创作的《蒙娜丽莎》油画。这三件宝贝被称为"卢浮宫三宝"。

《阿佛罗狄忒》（米洛斯的）雕像

谁是阿佛罗狄忒

阿佛罗狄忒是希腊神话中的爱与美的女神，即罗马神话中的维纳斯。在古希腊、罗马的艺术作品中，阿佛罗狄忒往往被塑造成十分完美的女性形象，借以体现理想的女性美。

雕像是如何被发现的

1820年，爱琴海米洛斯岛上的一个农夫在一个山洞中发现了一尊女性雕像，他立刻报告了在岛上的法国领事，法国领事决定将它买下。不料，岛上的长老决定将它卖给一位在土耳其任职的希腊官员，双方为此展开了激烈的争夺。在混战中，雕像的双臂被摔断了。最后几经周折，雕像终于转运到了法国的船上，并被陈列于卢浮宫专门的展室之中，成为卢浮宫"三大镇馆之宝"之一。

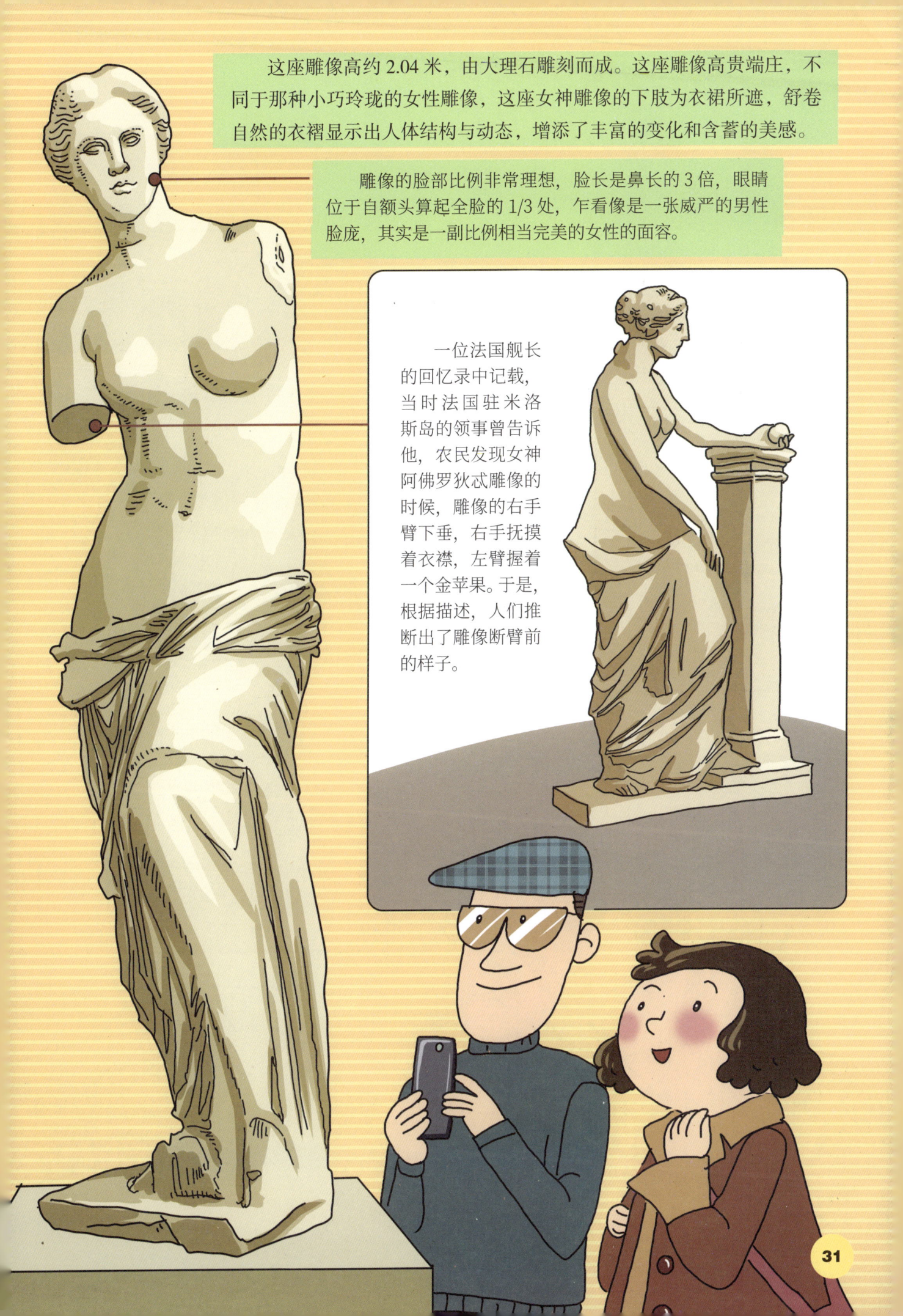

这座雕像高约 2.04 米，由大理石雕刻而成。这座雕像高贵端庄，不同于那种小巧玲珑的女性雕像，这座女神雕像的下肢为衣裙所遮，舒卷自然的衣褶显示出人体结构与动态，增添了丰富的变化和含蓄的美感。

雕像的脸部比例非常理想，脸长是鼻长的 3 倍，眼睛位于自额头算起全脸的 1/3 处，乍看像是一张威严的男性脸庞，其实是一副比例相当完美的女性的面容。

一位法国舰长的回忆录中记载，当时法国驻米洛斯岛的领事曾告诉他，农民发现女神阿佛罗狄忒雕像的时候，雕像的右手臂下垂，右手抚摸着衣襟，左臂握着一个金苹果。于是，根据描述，人们推断出了雕像断臂前的样子。

尼凯女神像

尼凯女神像是希腊时期留存下来的著名杰作，被后人奉为稀世珍宝。其雕刻技巧高超，结构十分完美。

胜利女神尼凯

尼凯是希腊神话中的胜利女神。神话中，她曾协助奥林匹斯众神战胜了泰坦巨人，给人们带来了胜利。她背有双翼，携带着橄榄枝、月桂枝，手持竖琴吟唱颂诗，是在西方艺术中常常出现的素材。

尼凯女神像原本安放在萨莫色雷斯岛海边的石崖上，它约有245厘米高，非常有气势。

这座雕像的构思与众不同，底座被设计成战舰的船头，尼凯女神犹如从天而降，在船头引导着舰队乘风破浪冲向前方。

这座雕像是为了纪念萨莫色雷斯岛征服者德米特里在一次海战中，战胜埃及国王托勒密的舰队而创作的。但其作者是谁，已无从查证。雕像的头部和双臂已失，身躯部分基本完好。

作品的构造十分巧妙，女神的衣角向后飘扬，双翅大开，腿和双翼的波浪线则构成一个三角形，前进的态势动感十足。

这是卢浮宫中保存完好的一座尼凯小雕像，雕像高约7厘米，希腊时期曾有大量类似的小雕像。

《蒙娜丽莎》

《蒙娜丽莎》是意大利文艺复兴时期美术大师列奥纳多·达·芬奇创作的油画。研究人员认为，画中的人物蒙娜丽莎是佛罗伦萨银行家弗朗切斯科·乔孔达的妻子。画作中描绘了一位资本主义时期，城市里有产阶级的妇女形象。据说每年有600多万人前往卢浮宫欣赏这幅艺术作品。

列奥纳多·达·芬奇

列奥纳多·达·芬奇是意大利文艺复兴时期的博学家。他擅长绘画、雕刻、发明、建筑，通晓数学、生物学、物理学、天文学、地质学等学科，现代学者称他为"文艺复兴时期最完美的代表"。他最大的成就是绘画，代表作有《蒙娜丽莎》《最后的晚餐》等。

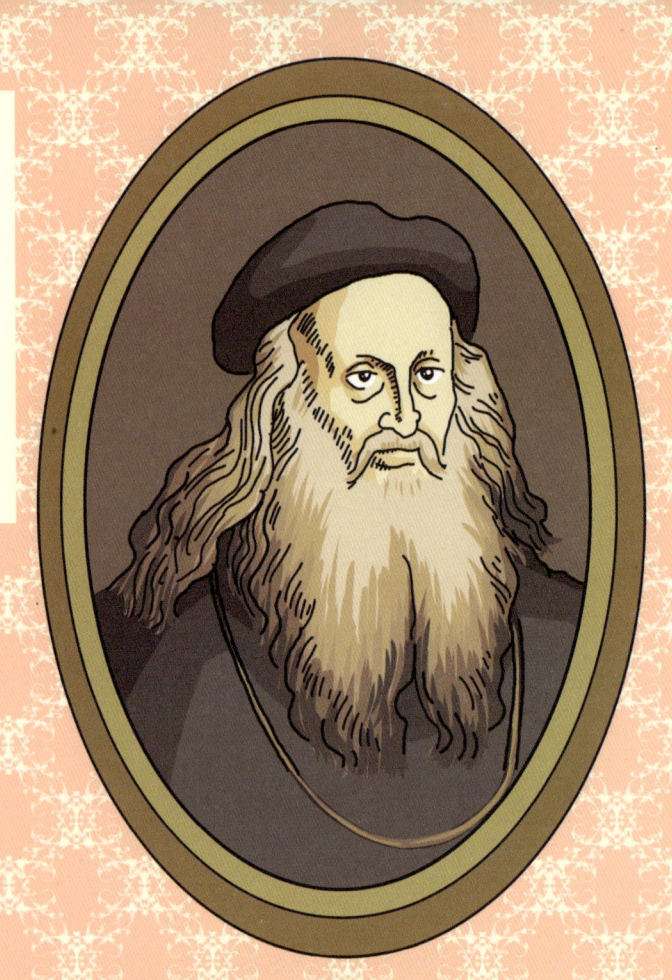

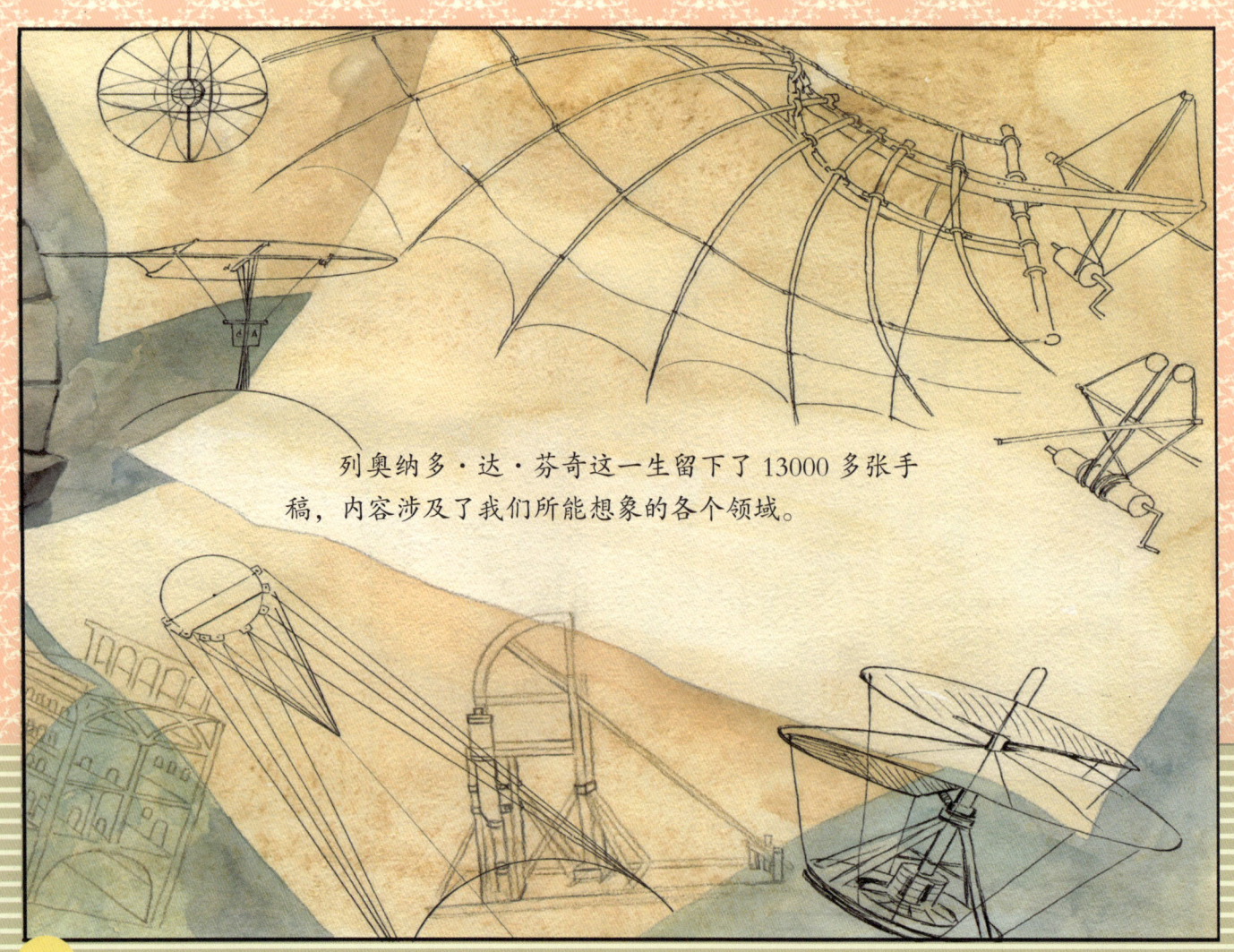

列奥纳多·达·芬奇这一生留下了13000多张手稿，内容涉及了我们所能想象的各个领域。

《蒙娜丽莎》的故事

据记载,列奥纳多·达·芬奇花了整整4年的时间才画好这幅《蒙娜丽莎》,之后他一直将这幅画带在身边,甚至前往法国担任当时的国王弗朗索瓦一世的私人顾问时也一直带着。在列奥纳多·达·芬奇去世后,弗朗索瓦一世买下了这幅画,最终,它成了卢浮宫的镇馆之宝。

研究人员利用微表情理论得出了结论:蒙娜丽莎的微笑中,含有83%的高兴、9%的厌恶、6%的恐惧和2%的愤怒。

《蒙娜丽莎》最吸引人的地方就是画中人物的微笑,不管从哪个角度欣赏,她都在笑,亲切、温柔、娇嗔、讥讽、嘲弄……每个角度看都有不同的感觉,因此,蒙娜丽莎的微笑被称为"神秘的微笑"。

在绘制完《蒙娜丽莎》后,列奥纳多·达·芬奇时不时会用自己的招牌绝技"晕染法"在画上画上几笔,结果就有研究发现,《蒙娜丽莎》绘画的质量甚至超过了照片的质量。

《蒙娜丽莎》
列奥纳多·达·芬奇

巧夺天工的雕塑

除了米洛斯的《阿佛罗狄忒》与《尼凯女神像》外，卢浮宫中还珍藏着大量的雕塑，它们有的是古罗马、古希腊时期的作品，有的是中世纪时期的作品，这些作品雕刻精细、惟妙惟肖，都是难得一见的珍品。

帕提农神庙的献祭少女浮雕

这组少女浮雕原本是雅典卫城帕提农神庙内殿的装饰浮雕，浮雕雕刻的是四年一度的雅典娜祭奠中为神像献祭新衣的少女队伍。

朗潘骑士

朗潘骑士出土于雅典，他头戴植物编织的头冠，据此推测，他应是赛马比赛的胜利者，嘴角收敛的笑意是典型的"古风式"微笑。雕像的身体与马的原像目前收藏在雅典卫城博物馆中。

斗士

这座铜像虽然是古罗马时代的作品，但雕刻的却是徒手进行古希腊式搏击的斗士，雕像充满了活力，非常具有动感。

马塞卢斯的雕像

马塞卢斯是罗马帝国第一位元首屋大维的侄子，英年早逝。罗马时代，掌权者们都会有塑像，这便是马塞卢斯逝世后的雕像。

莉薇娅

莉薇娅是罗马帝国第一位元首屋大维的妻子。这个玄武岩头部雕塑是罗马时代极富写实性的雕像之一。莉薇娅梳着罗马时代流行的发式，面含微笑，端庄又大方。

男主人手中可能拿着酒杯，所以才会有这种手势。

夫妻棺

这个陶制的夫妻棺是意大利中部伊特鲁里亚王国的墓葬品。棺盖上雕刻的是男主人和女主人宴会时侧躺的场景。在伊特鲁里亚文化中，男女地位平等，因此，男主人会带着女主人出席宴会。

欧洲雕塑

卢浮宫中不仅收藏着文艺复兴时期巨匠米开朗琪罗的雕塑，还有众多中世纪及欧洲近代的雕塑。从这些艺术雕塑中，我们能看到欧洲艺术风格的变迁。在卢浮宫收藏的十六至十九世纪雕塑中，最有名的莫过于两尊米开朗琪罗的作品——《垂死的奴隶》和《反抗的奴隶》，据说这两尊雕像原本是要放置在罗马教皇尤里乌斯二世的陵墓中的，但因为某些原因未能实现，后来成了卢浮宫的藏品。

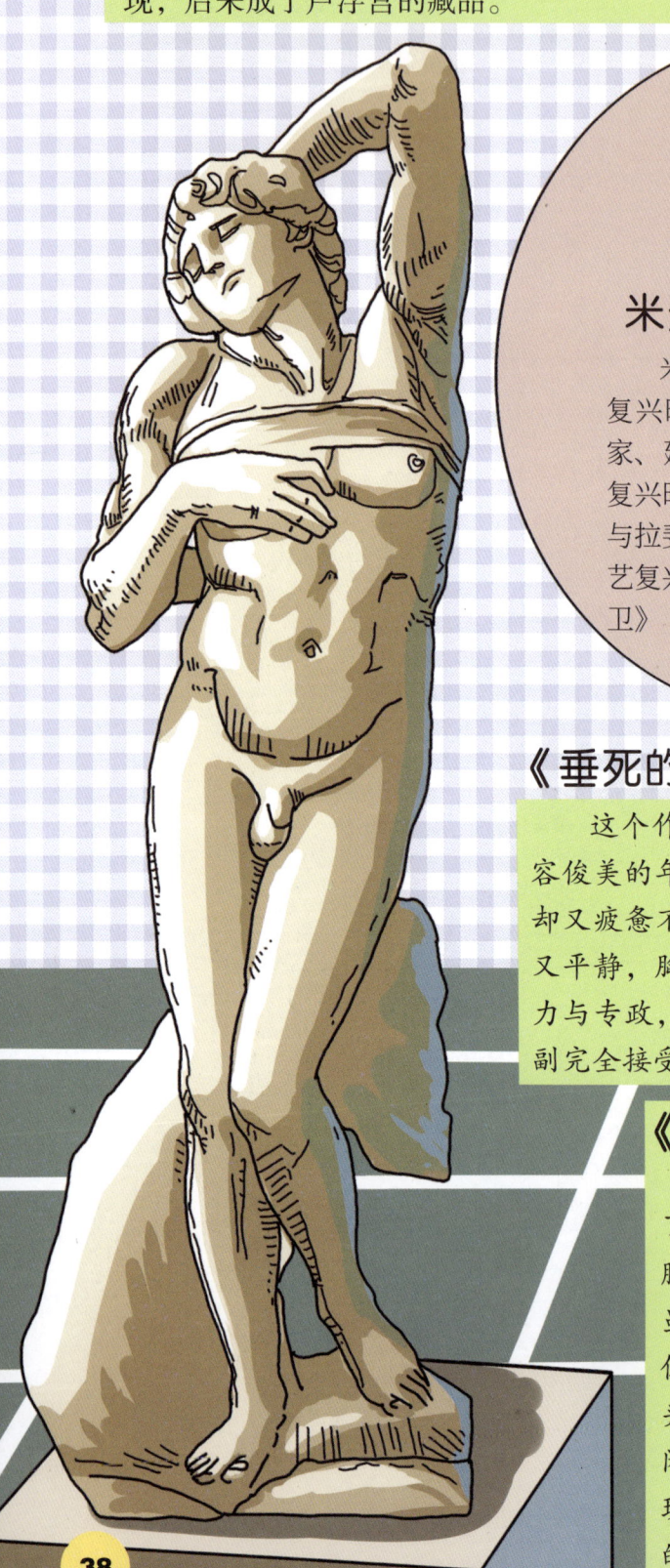

米开朗琪罗

米开朗琪罗是意大利文艺复兴时期伟大的绘画家、雕塑家、建筑师和诗人，他是文艺复兴时期雕塑艺术的巅峰代表，与拉斐尔和达·芬奇并称为"文艺复兴后三杰"。代表作品有《大卫》《创世纪》等。

《垂死的奴隶》

这个作品雕刻的是一位面容俊美的年轻人，他身体强壮却又疲惫不堪，脸部表情安详又平静，胸前的绳索象征着暴力与专政，而他则表现出了一副完全接受命运的妥协感。

《反抗的奴隶》

这个作品雕刻了一位正在试图挣脱绳索的奴隶，他虽然双臂被反绑着，但全身的肌肉紧绷，头部高昂，嘴唇紧闭，眼睛圆睁，表现了充满反抗精神的奴隶勇猛的性格。

克罗顿的米隆

米隆的身体痛苦地扭曲着，形成一个巨大的"之"字形，而身体的三条主线，即腿部线条、上身线条和在撕心裂肺的嚎叫中向后扭转的头部线条，逐渐收缩。

在中部，大理石被凿出两个透光口，凸显出米隆的轮廓：在雕塑中，这种将基座镂空的设计很少见，因为减少了支撑，雕像很容易倒塌，所以这座雕像在雕刻技术上实现了创新。

米隆是希腊的运动健将，年老后仍想展示力量，他想用手劈开树干，结果手被树干的裂缝夹住，无法挣脱，不幸被狼群所食。法国雕塑家皮尔埃·皮热于1671年开始创作这个作品，直到1682年才完成。这件作品是为了反思人类的骄傲。为了让作品更庄严有诗意，作者把狼换成了狮子，利齿嵌入身体的雕刻手法极具感染力。

抹大拉的玛利亚

这是日耳曼时期一座著名的木雕,这尊创作于公元十六世纪的雕像真切地反映了当时上层阶级的审美,女像平和的神韵也是当时人们所追求的。

马利的骏马

这是法国国王路易十五为马利城堡庭园的饮水场所定制的雕塑,雕塑选用了现实题材,是一位马夫制服失控的野马时的场景。

菲利普·波特的墓碑

菲利普·波特是法国瓦罗亚王朝时期的一位政治家,他的墓碑是哥特末期的雕塑风格,奇特而又充满神秘、沉重之感。

死者躺在平台上,他的脚下有一只象征着复活的狮子。

墓碑左右两侧各站着4位家族成员,每个人的神态和动作都不相同。

每位成员身上的徽章都不一样,他们代表着8个不同的领地。

查理大帝骑马像

查理大帝是法国中世纪时期的一位国王。据推测，这座青铜雕像可能是查理大帝或者他孙子的雕像。

猎人狄安娜

狄安娜是罗马神话中的月亮女神和狩猎女神，这座雕像出自文艺复兴时期，用来装饰法国国王亨利二世建造的亚奈城堡。

卢浮宫里的著名画作

卢浮宫的绘画馆中收藏着大量珍贵的画作，其中三分之二是法国画家的作品，另外三分之一来自其他国家的画家，十四至十九世纪各种画派的作品均有展出。

《自由引导着人民》

《自由引导着人民》是法国画家欧仁·德拉克洛瓦的作品。这幅画是为纪念1830年法国人民推翻波旁王朝的革命事件而作。画面最中央是一位名叫克拉拉·莱辛的姑娘，她一手高举三色旗，一手拿着带刺刀的步兵枪，跟随她的既有儿童和少年，也有工人和资产阶级，表现了为了自由、全民参战的情景。

《拿破仑一世加冕大典》

《拿破仑一世加冕大典》是法国画家雅克·路易·大卫的代表画作。这是一幅记录拿破仑一世加冕仪式的写实画作。事实上，在加冕时，拿破仑拒绝跪在教皇前让教皇加冕，而是把皇冠夺过来自己戴上。为了避免此画引起争议，大卫煞费苦心地选用皇帝给皇后加冕的后半截场面。这样既突出了拿破仑的地位，又没有出现使教皇难堪的场面。

《织花边的少女》

这幅作品出自十七世纪的荷兰画家维梅尔之手，画面中，一位少女正在全神贯注地做手中的活计。画家用浅灰背景提色的手法，将少女专注的神情栩栩如生地表达出来，堪称经典。

法国王室珍宝

200多年前，法国王朝的统治被推翻，许多王室珍藏千年的宝物流落在外，其中有很多珍宝被卢浮宫收藏，它们见证着法国王室辉煌灿烂的过往。

路易十五的王冠

每一位法国国王在加冕时都会拥有自己的王冠，左侧便是路易十五的王冠。王冠上面有282颗钻石，64颗大大小小的宝石和237颗天然珍珠，中央是重达149克拉的摄政王钻石，奢华而又贵重。

查理五世的权杖

这两柄权杖是皇权的象征，一柄是正义之手，三根举起的手指分别代表国王、理性和仁慈；另外一柄前端的百合花顶部雕刻着查理曼大帝坐在王座上的小雕像，非常精美。

苏杰尔之鹰来自巴黎圣丹尼修道院，它是一个鹰形的盛器。器皿的主体原本是一个埃及或罗马帝国时期的瓶体，后来，修道院院长在瓶身镶上老鹰模样的豪华镀金配件，使其成了一个用于各种仪式的豪华水壶。

苏杰尔之鹰

承蜡香瓶

这对瓷器于1762年，由法国皇家塞夫勒陶瓷厂制作，明亮的瓶身呈塞夫勒陶瓷特有的蓝色，上面描绘着中国古代的场景，非常珍贵。

箱子

这是路易十五为女儿维克多瓦公主制作的家具。当时法国很流行中国的漆工艺品，这样的箱子既可充当梳妆匣，又可放置茶具等物品，非常实用。

珍妮·德弗的母子像

这是卡佩王朝王室赠予圣德尼修道院的雕像。雕像是由纯银打造而后镀金而成，雕像的基座是一个圣物盒。

东方文明遗珍

东方艺术馆中收藏着约 3500 件展品，这些展品主要来自西亚和北非地区，有公元前 2500 年的雕像、公元前 2270 年的石刻、公元前 2000 年烧制的泥像等，这里是感受人类早期文明的最佳展馆之一。

汉谟拉比法典碑

汉谟拉比像

《汉谟拉比法典》是古巴比伦国王汉谟拉比下令制作的法典，整部法典使用楔形文字，被刻在一块黑色的玄武岩石柱上。汉谟拉比的法典至今已有约 3800 年的历史，是世界上现存的、第一部比较完备的成文法典。

石柱上端雕刻着汉谟拉比国王接受王权时的场景。

《汉谟拉比法典》由序言、正文和结语三部分组成，正文包括 282 条法律，对刑事、民事、贸易、婚姻、继承、审判等制度都做了详细的规定。

《汉谟拉比法典》石柱石质坚硬，雕刻精细，属于古巴比伦第一王朝的典型官方文献。

汉谟拉比法典有两个最著名的原则："以眼还眼，以牙还牙""让买方小心提防"，第一个原则主要是为了避免冤冤相报，第二个原则是为了防止因为买卖纠纷而产生的斗争。

事例：拐带别人家的小孩

定刑：死刑

事例：奴隶主将奴隶伤害致死

定刑：无罪

觐见大殿的柱头

这是阿契美尼德王朝君主大流士一世觐见大殿中圆柱的柱头部分,柱头上雕刻着牡牛,它们在古代是很受人们尊崇的。

那拉姆·辛石碑

这块石碑上雕刻着美索不达米亚国王那拉姆·辛战胜山地部落的场面。

这是阿卡德时期的遗迹。当时阿卡德的君主们为了巩固政权,用坚硬的闪长岩和青铜制作了大量的帝王肖像和纪念碑,以提升自己的威望。

弓箭手檐壁

这些浮雕同样是大流士一世宫殿墙壁上的装饰，浮雕上的弓箭手身穿华丽的波斯长袍，每个人都面蓄胡须并戴着草叶编织的冠冕。

玛利城总督埃比·伊勒

这个雕像出土于叙利亚的伊斯塔神庙，雕像中的人物是埃比·伊勒总督。总督身穿系着具有自然主义特征的裹腰布，每束羊毛穗子都雕刻得十分精确。

古地亚祈祷像

古地亚是拉格什王朝的一位国王，他很喜欢为自己制作雕像。这座雕像中，国王头戴羊毛做成的后圆帽王冠，他的手臂肌肉结实，双手优雅地合拢，非常具有帝王的威严。

古埃及风采

卢浮宫的古埃及艺术馆建立于1826年，这里收藏着350多件珍贵文物。这些文物包括古埃及人的服饰、装饰物、玩具、乐器、浮雕等。人们通过这些文物，便可以了解法老和古埃及人的生活面貌。

王后卡罗玛玛金身雕像

卡罗玛玛是历史上真实存在的人物，她是埃及第二十二王朝法老塔克罗特二世的妻子。这座雕像由铜铸成，其身上还加了很多黄金花纹。铜像的神态非常自然。

王后表情沉稳，笑容端庄，整体感觉温文尔雅，美丽动人。

王后双手中原本握有名叫叉铃的乐器，她每天都要在祭祀仪式上演奏。

扛壶少女汤匙

这是一把雕刻十分精细的汤匙，壶的部分是盖子，盖子下方则是汤匙。

迎接塞提一世的哈托尔女神

这块石刻画是商博良从埃及带回法国的,这块石头其实是位于帝王谷的法老塞提一世墓的墓门,图中描绘的画面非常精美。

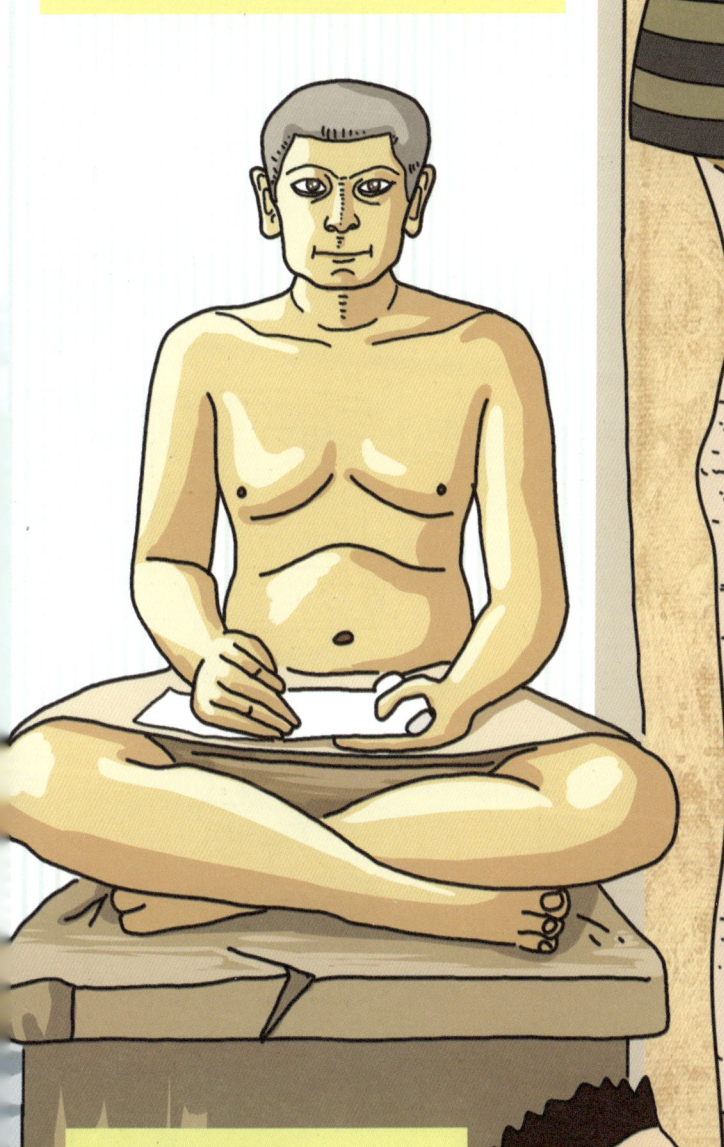

书记官坐像

这座雕像是为数不多的书记官雕像。他盘腿而坐,正在记录资料。雕像的手中原本握着笔,但已遗失。

伊斯兰艺术品

伊斯兰馆里收藏着大量的伊斯兰珍品，它们以独特的花纹，精致的编织大放异彩。每一位参观的游客都会被这些神秘、精美的艺术品深深吸引，陶醉于伊斯兰文明的魅力之中。

植物图纹盘

这个纹盘出土于伊朗，它是一件描绘着抽象植物图纹的陶器，因为使用了特殊的技法制作，所以整个纹盘看上去光彩夺目，并且带着金属的光泽。

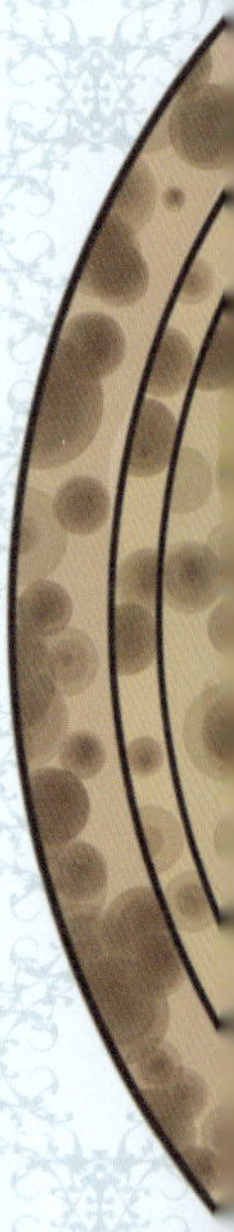

阿穆吉拉象牙首饰盒

这个华丽的首饰盒制造于十世纪前半期，主材是象牙、大理石和黑檀，通体雕刻着细腻的浮雕。据推测，它可能是用来放置宝石、香料、胭脂水粉或者饰品的盒子。

帖木儿铭刻烛台

这座烛台是帖木儿王朝最具代表性的金属工艺品。卢浮宫中收藏着烛台的上半部分，下半部分台座则收藏于俄罗斯艾尔米塔什博物馆。

绘有人物、动物和花纹的多彩釉陶板

这块陶板制作于1267年,是由八角星形和"十"字形瓷砖组合而成的多彩釉陶板。据推测,它是神庙墙上的一种装饰品。

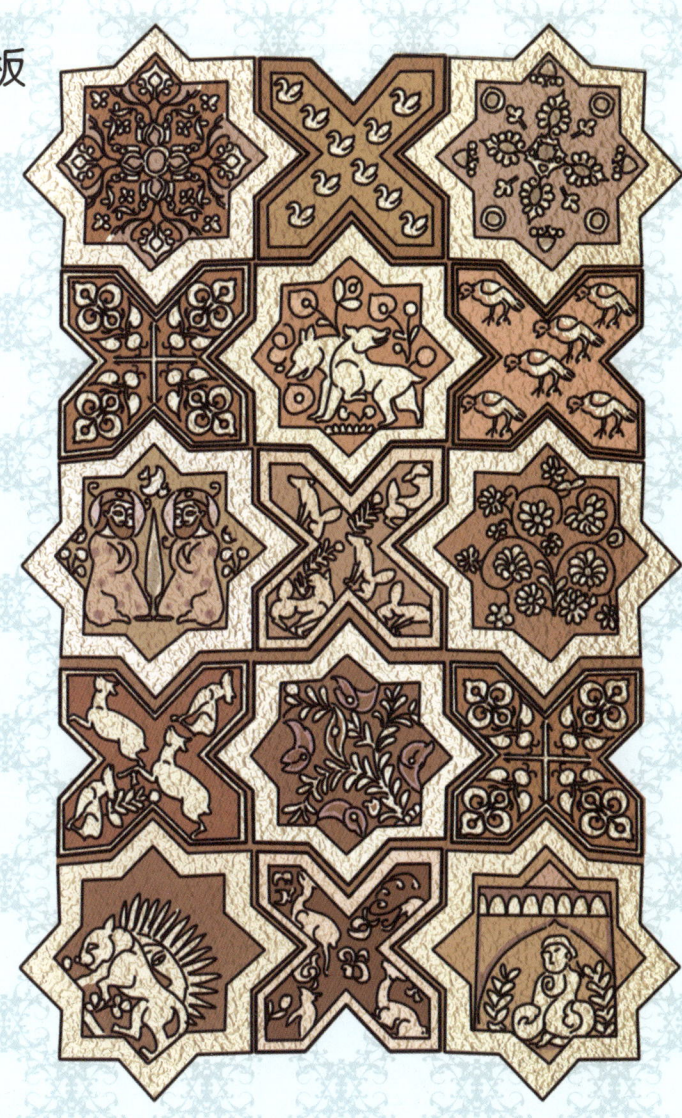

马穆鲁克时期嵌金银铜盆

这个精美的铜盆制作于公元前十四世纪,盆身用金银逐片镶嵌的工艺绘制了许多生动的形象,有人物,还有独角兽等。这是马穆鲁克民族黄铜器具中的精品,充满了神秘色彩。

艾尔米塔什博物馆

俄罗斯的艾尔米塔什博物馆是世界四大博物馆之一，这是雄伟、壮观的巴洛克式宫殿建筑群。博物馆中共有藏品270余万件，包括史前文化和埃及艺术收藏品，以及大量各国的雕塑和油画。

由建筑群组成的博物馆

艾尔米塔什博物馆是"六宫殿建筑群"，包含冬宫、小艾尔米塔什、旧艾尔米塔什、艾尔米塔什剧院、冬宫储备库、新艾尔米塔什。

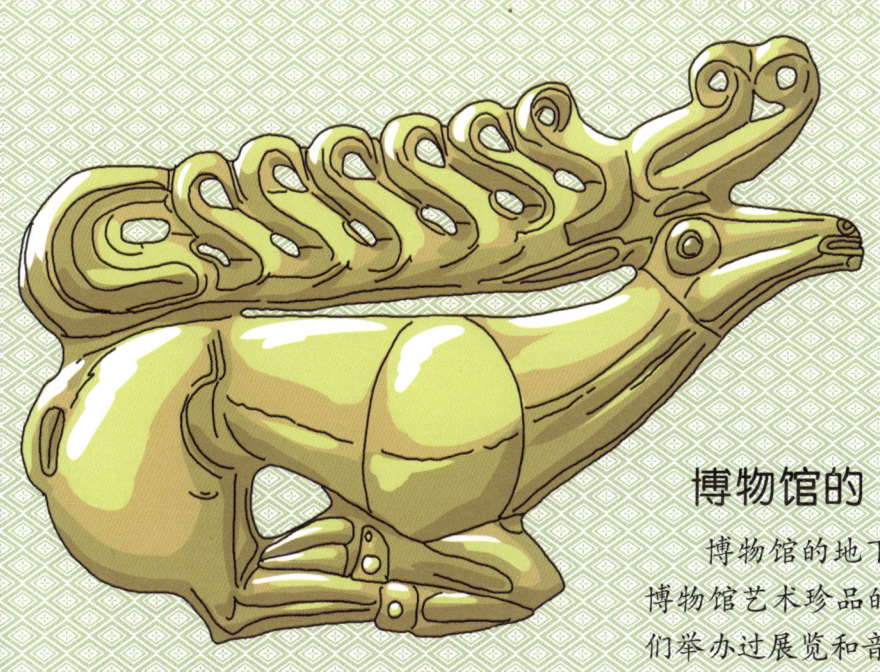

逛不完的博物馆

博物馆中的藏品数量庞大，据说，若想走完 350 多间开放的展厅，整个行程约 22 公里。

博物馆的"守护者"

博物馆的地下室里住着五六十只猫，它们是博物馆艺术珍品的守护者，博物馆曾经专门为它们举办过展览和音乐会。

女皇的私人博物馆

博物馆原本是俄罗斯女皇叶卡捷琳娜二世的私人博物馆，宫内以各色大理石、孔雀石、石青石、斑石、碧玉镶嵌，以包金、镀铜装潢，非常奢华。

博物馆名字的由来

当年叶卡捷琳娜二世购买了许多著名画作后，将它们藏于宫中密室。艾尔米塔什就是法语"隐宫"的意思，这就是博物馆名字的由来。

约旦阶梯

走进艾尔米塔什博物馆,几乎所有人都会感叹于博物馆内约旦楼梯的精美,这座楼梯的全称是"约旦大使楼梯"。每到西方的"约旦节"这天,沙皇便会从这座楼梯走下来参加盛大的仪式,于是人们便将这座楼梯命名为"约旦阶梯"。后来,所有被沙皇接见的外国使节都是通过这座约旦楼梯前往接见大厅,因此,这座楼梯又被称作"约旦大使阶梯"。

蓝灰色的大理石柱与顶部的描金柱头、镶金灯具交相辉映,使得整座楼梯看起来金碧辉煌,华丽无比。

头顶上的壁画是意大利著名画家提香所作的巨幅画作《奥林匹斯山》。顶画四周画的是姿态各异的人物画像,进一步将典型的巴洛克风格表达到极致。

阶梯侧面的壁柱上有 8 座雕像,它们有着"忠诚""正义""丰饶"等寓意,象征着这里是极好的居所。

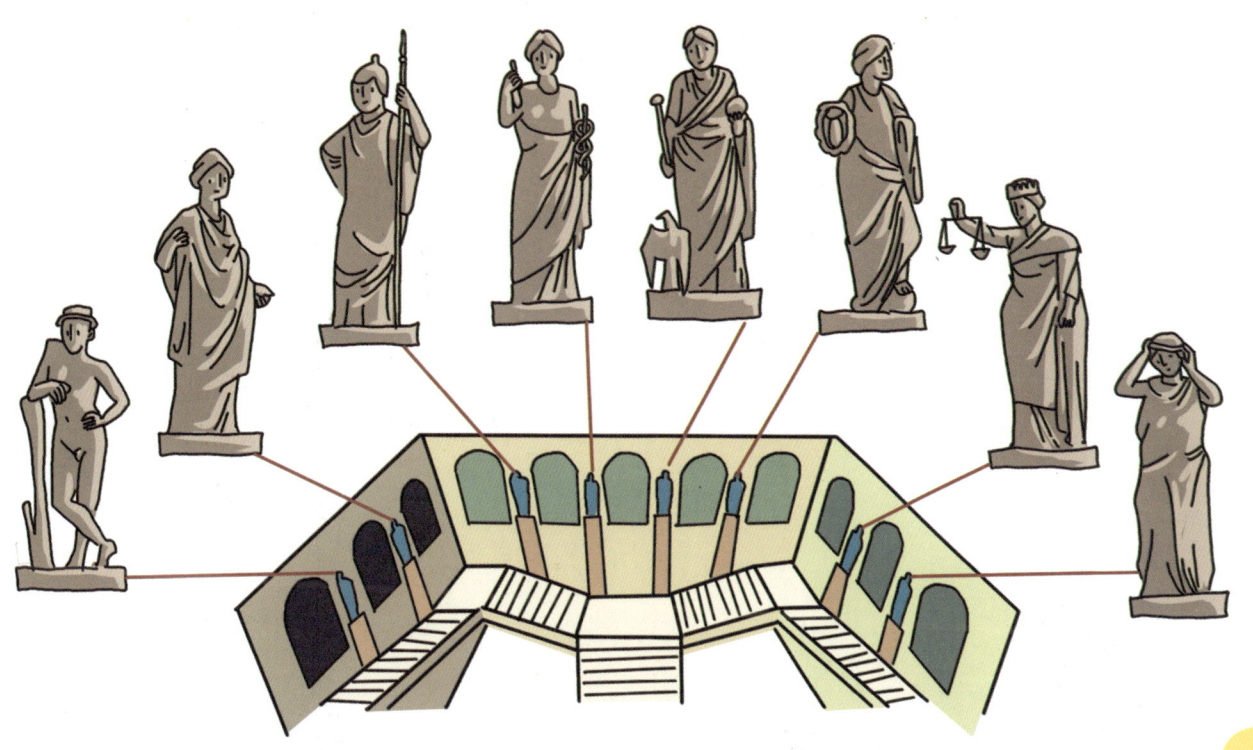

皇室建筑与生活

冬宫原本是历代沙皇的住所,这里的建筑具有极高的艺术性与观赏性,一起来欣赏这些建筑吧。

拉斐尔长廊

冬宫中拉斐尔长廊是梵蒂冈教皇宫殿画廊的复制品,是新艾尔米塔什最古老的装饰。整座走廊历经17年才全部完工,被誉为"冬宫最美长廊"。

长廊顶部是一个个连续的半穹顶,上面绘有52幅油画作品。

画廊由13个部分组成,分别用拱门将它们隔开,非常具有协调感和序列感。

墙壁上的装饰画叫作怪诞画,如双翼天使、狮鹫、栖息在花环上的猫头鹰、拴着链子的萨提、双翼马等,还有充满生机的大面具。半柱也有如上装饰,将支柱围在正中,形成呼应之势。

金色客厅

金色客厅是亚历山大二世还是皇太子时建造的，是皇太子妃的私人空间，整个大厅的墙面都贴满了金箔，非常耀眼。

孔雀石厅

孔雀石厅顾名思义，厅内的柱子、暖炉、家具等装饰都是用来自西伯利亚的孔雀石所制，据说当时大约用了2吨重的孔雀石。

彼得大帝的王座

彼得大帝的王座制作于1731年，华丽的王座上面镶嵌着皇冠和双头鹰。

皇后寝室

这是皇后的寝室，同时也是用来招待贵妇和亲友的会客室，房间的最深处摆放着床铺。

罗曼诺夫皇室瑰宝

罗曼诺夫王朝是俄罗斯历史上最强盛的王朝。在300多年的统治中，历代沙皇积累了无数的珍宝，这些珍宝被收藏在博物馆中，至今仍然散发着迷人的光彩。

孔雀钟

孔雀钟是波将金公爵送给叶卡捷琳娜二世的礼物。在西欧神话中，孔雀象征着众神之王朱庇特的妻子——朱诺，神圣又高贵。这件礼物表达了波将金公爵对叶卡捷琳娜二世的仰慕。

金光灿灿的孔雀站在一棵三米多高的橡树上，一侧是一只被关在笼子里的猫头鹰，另一侧是一只大公鸡，树下还有几朵蘑菇，其中一朵蘑菇上停着一只展翅欲飞的蜻蜓。

当孔雀钟上好发条后，每到整点，孔雀便会缓缓张开羽翼，并360度旋转一圈，它身边的动、植物也开始各种表演，与此同时，时钟还会发出清脆悦耳的报时声，整个场面令人惊叹叫绝。

60

陶框大钟

陶框大钟以土耳其蓝为主色调、颜色鲜艳多彩，它和各式家具组合搭配摆放在一起，非常抢眼。

三叉烛台

这件华丽的烛台是叶卡捷琳娜二世创建的皇家玻璃厂中最出色的作品，烛台上的绿玻璃装饰称为"泪滴"，精美而又独特。

牙骨雕花瓶

这件精美的花瓶由象牙雕刻而成，瓶身刻画着一年四季的风景，顶部的玫瑰花苞可以拆卸，做工十分精细。

斯基泰人的黄金宝藏

斯基泰人是世界上最古老的游牧民族之一,他们曾经活跃在俄罗斯的草原上,黑海北岸和库班河流域出土的大量文物记录着他们过往的生活。

金制鹿形牌饰

因为四肢弯曲折叠,所以这枚金制鹿形牌饰也被叫作"休憩的鹿"。鹿的眼睛炯炯有神,弯曲的鹿角从顶部长到尾部,奇特而又神秘。

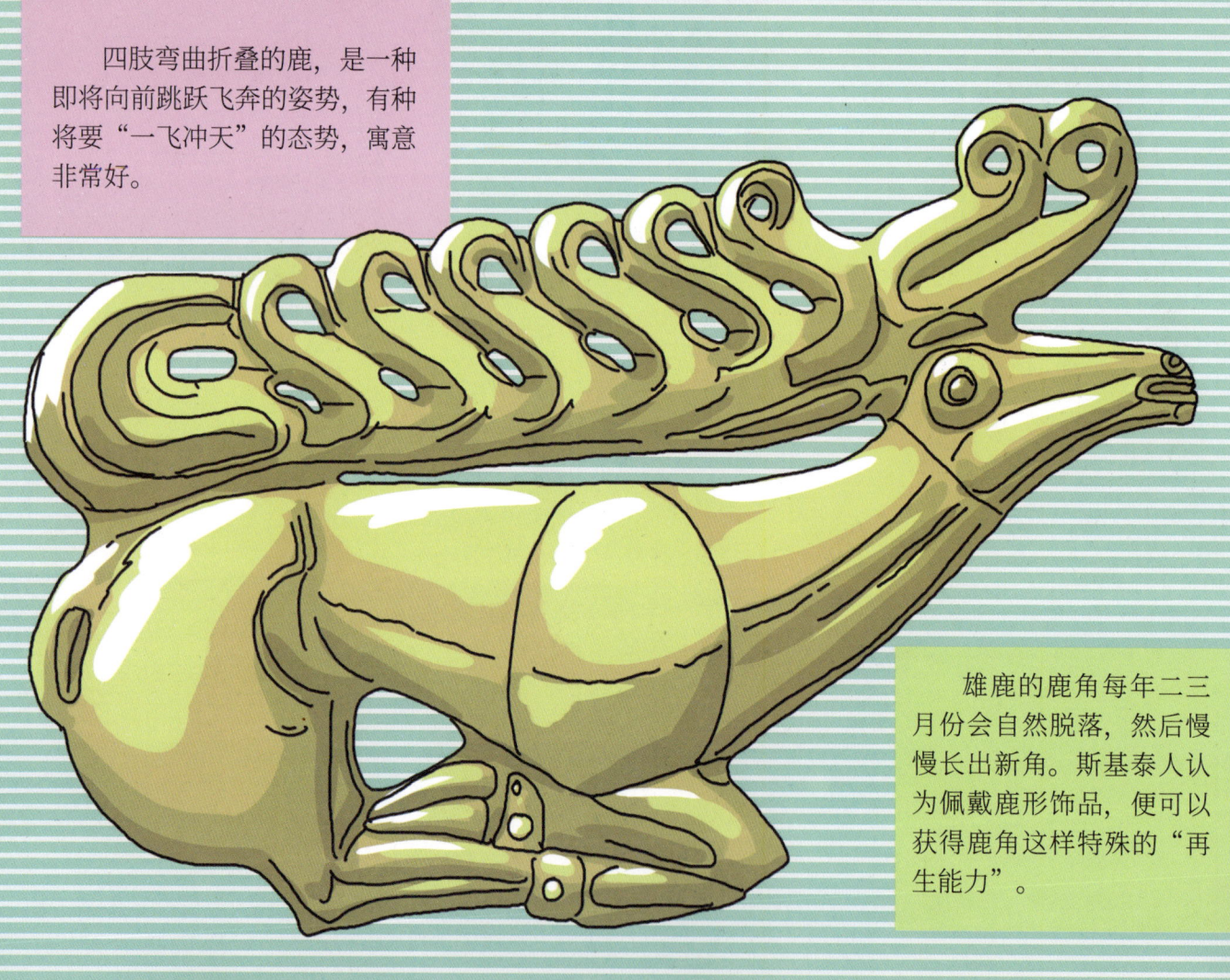

四肢弯曲折叠的鹿,是一种即将向前跳跃飞奔的姿势,有种将要"一飞冲天"的态势,寓意非常好。

雄鹿的鹿角每年二三月份会自然脱落,然后慢慢长出新角。斯基泰人认为佩戴鹿形饰品,便可以获得鹿角这样特殊的"再生能力"。

斯基泰人的各种以鹿为主题的作品。

衔鹿头的狮身鹰首兽

斯基泰人的男子喜欢戴这种装饰有狮身鹰首衔鹿头的头饰，象征着强悍与勇敢。

双耳瓶

这个银质双耳瓶外形呈希腊常见的瓶子样式，瓶身上部是正在撕咬鹿的狮身鹰首兽浮雕，主体部分则以生命之树的图案为设计重点。

黄金梳子

这把梳子是在一位斯基泰国王的墓中被发现的，梳子拥有19根整齐的梳齿，上面雕刻着士兵正在猎杀狮子的情形。

罗马国家博物馆

罗马国家博物馆位于意大利首都罗马,它成立于十九世纪后半叶,是著名的艺术博物馆。馆内主要收藏和展览1870年在罗马考古出土的古希腊、罗马时期文物,包括雕刻、铜像、镶嵌画等。

路德维希的大石棺

罗马国家博物馆收藏着一口巨大的石棺,它是迄今为止发现的尺寸最大的罗马石棺,石棺上刻满了栩栩如生的动态人物,令人惊叹不已。

石棺正面刻满了战斗的人群,以中央的战斗青年为顶点,恰好构成塔状。据推测,中央的青年可能就是石棺的主人。

据考古学家推测,中央的青年可能是罗马帝国德基乌斯皇帝的儿子赫伦尼乌斯,石棺正面展示的应该是阿伯里图斯战役,即罗马人大战哥特人的那场战役。

石棺的棺盖现在收藏于德国,棺盖上的女性可能是赫伦尼乌斯的母亲,因此,推测这口石棺是母亲为战死沙场的儿子打造的。

根据石雕上士兵穿着的宽松袍装,衬衣上套着的盔甲和披风可以判断出,他们便是罗马士兵。

路德维希宝座浮雕

这件作品是在拆除罗马皇帝路德维希的别墅时发现的，据推测是古希腊雕塑家卡拉美斯的作品，也是希腊古典雕刻中最杰出的作品之一。

王座背面雕刻着神话中的阿佛洛狄忒（维纳斯）从海洋中诞生的场景。

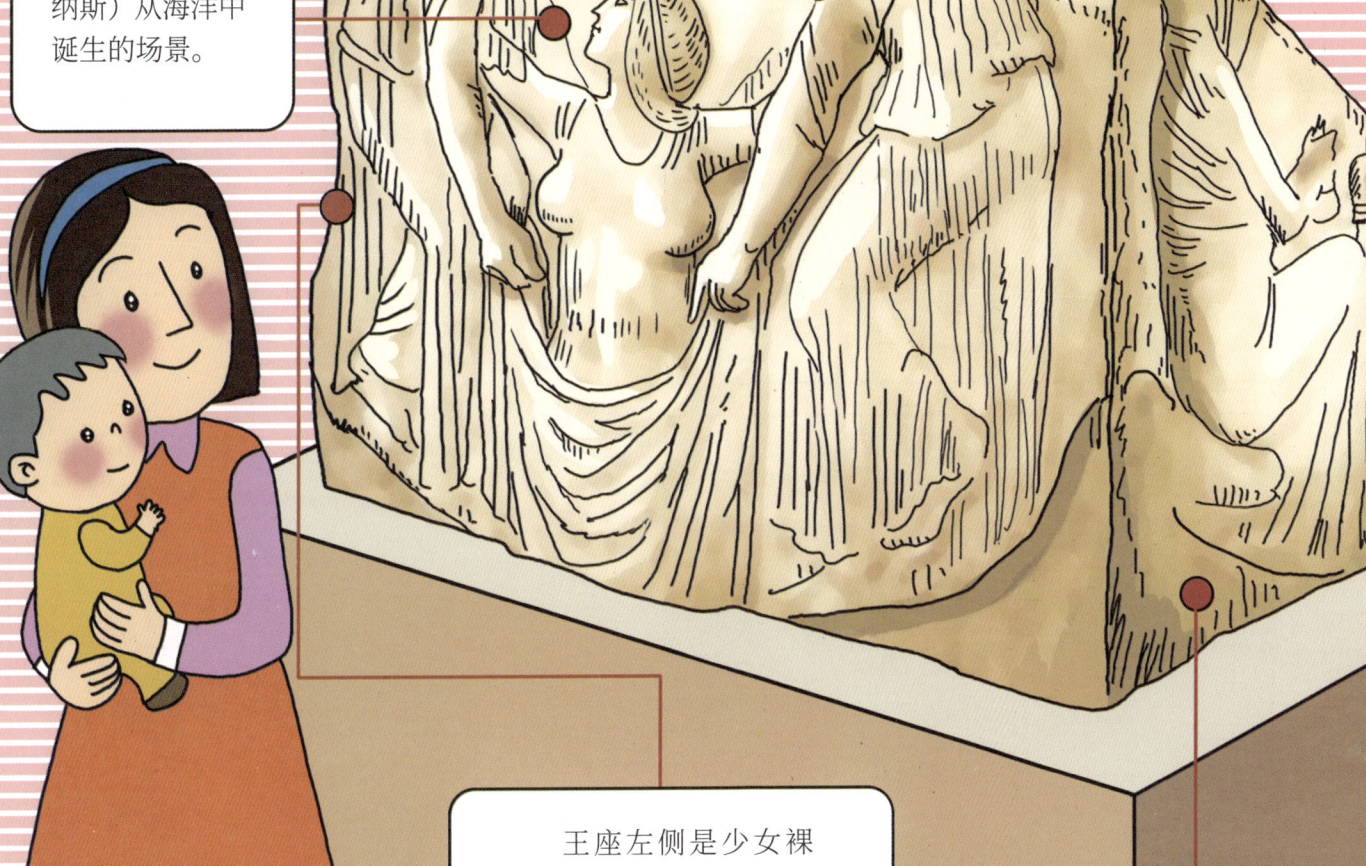

王座左侧是少女裸身吹着笛子的样子，饱含着对青春和美的赞颂。

王座右侧是正在焚香的少女，她与左侧的少女都是阿佛洛狄忒。

65

戴克里先浴场遗迹

古罗马人很喜欢沐浴，戴克里先浴场便是古罗马曾经最大的浴场，据说这里曾经有多达 2400 个浴槽，可以同时容纳将近 3000 人一起沐浴。

戴克里先浴场遗迹

戴克里先浴场复原图

罗马共和时期，公共浴场主要包括热水厅、温水厅、冷水厅三部分，较大的浴场还有休息厅、娱乐厅和运动场。

当时没有肥皂，人们将橄榄油抹在身上，搓掉污垢后进入浴槽洗热水澡，身体晾干之后再进入冷水浴池，他们坚信这样做可以增强体质。

古罗马人上浴场来，不仅仅是为了洗澡，他们还会在这里商量买卖，和解诉讼等。

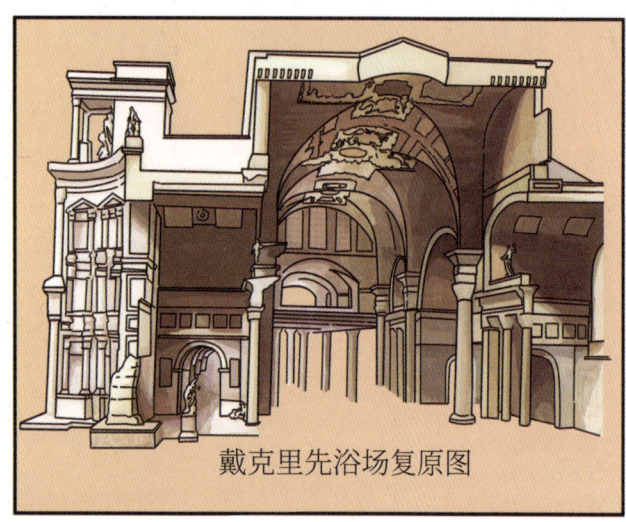

受伤的尼俄柏的女儿

这个作品大约在公元前 430 年制成，高 149 厘米，大理石材质。雕像表现的是人物中箭时的痛苦神态，几乎全裸的身体动势足以表明痛苦，但面部却很平静，这正是古希腊美学特征：不表明因痛苦而扭曲的面容，只表现美，体现出静穆的伟大。

拳击手

这是一座刚刚结束打斗的拳击手的青铜像。拳击手结实的肌肉、身体上的伤痕、扭转的颈部……作品细致逼真地刻画出了人体之美,非常打动人心。

人物虽然身体强壮,但略微弯下的脊背透露出了一股强烈的疲惫感。

铜像的身体上雕刻着许多被对手攻击后造成的伤痕,非常写实。

据推测,少女手中的大盘中放着的应该是月桂树枝、香炉等祭祀用品。

安齐奥的少女

少女神情高贵,束腰长袍精致而优美。这座雕像原本为彩色雕塑。

根据雕像的衣着和配饰,人们推测,这位少女可能是阿波罗的巫女或者女祭司。

雅典国立考古博物馆

雅典国立考古博物馆是雅典众多博物馆之中最大，也是世界上收藏古希腊文物艺术品最丰富的博物馆之一。这里收藏着希腊各地出土的各个时期价值极高的文物。现在，博物馆有大厅、陈列室等五十多个房间，收藏文物近两万件。

阿伽门农黄金面具

在希腊神话中，阿伽门农是特洛伊战争中的勇士，这副黄金面具的出土，证明了阿伽门农并非传说中的人物，而是一个真正存在的历史人物。

虽然这副面具早于阿伽门农时期，但由于其做工精巧细致，是一件具有很高研究价值的艺术品，所以它依旧被称作"阿伽门农面具"。

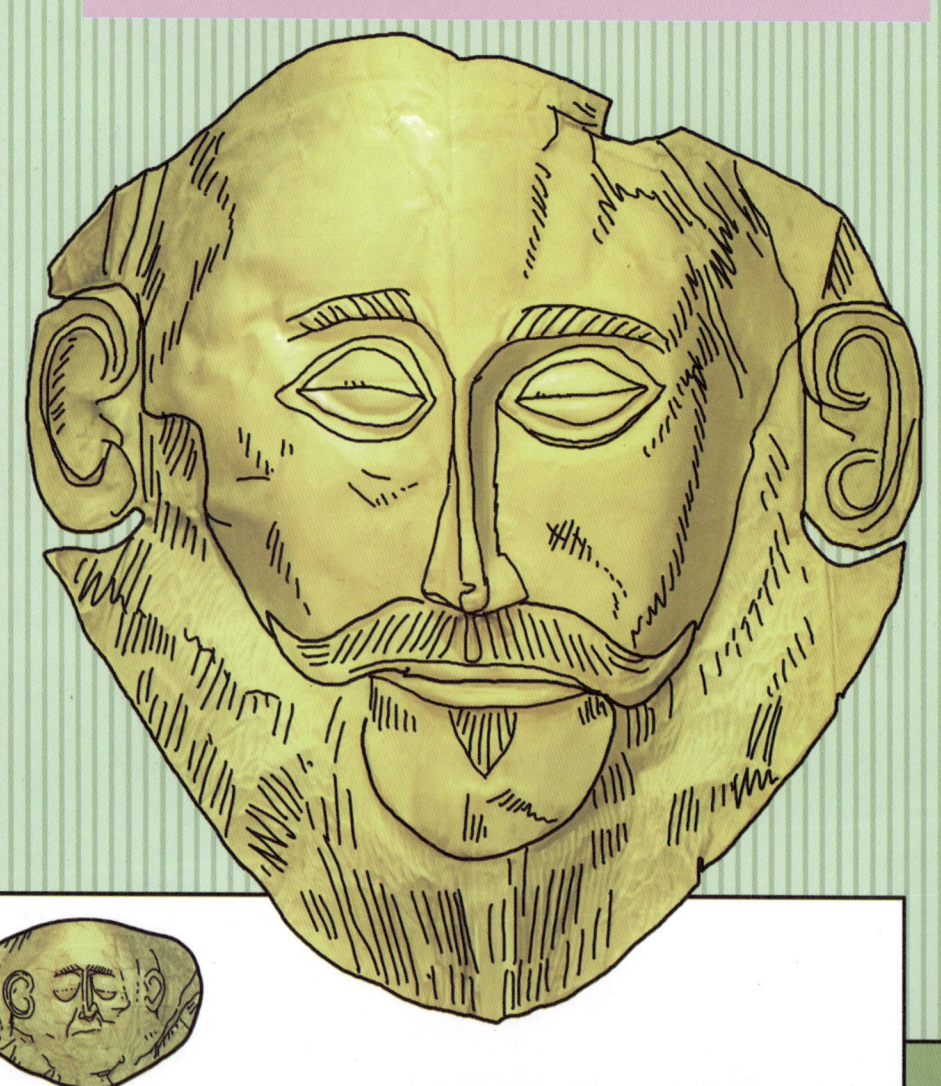

据说迈锡尼文明时期，人们有用黄金面具覆盖死者面孔的风俗，这副面具属于王室，但据考证，它其实并不是迈锡尼王阿伽门农的仪容面具。

同期出土的黄金面具共有5副，这副黄金面具与其他的不同，其鼻梁细长，嘴唇很薄，还刻有胡须，看起来威严无比。

瓦斐奥的金杯

这个金杯杯身上雕刻着公牛，是迈锡尼文明中出色的黄金工艺作品。

迈锡尼的黄金制品

迈锡尼文明是希腊青铜时代晚期的文明，《荷马史诗》中曾称迈锡尼为"黄金国度"，后人发掘出的各种黄金制品证实了这一时期的繁荣强盛。

狮头角状酒杯

狮子在迈锡尼文明中象征着绝对强大的力量，这种造型的酒杯在举行宗教仪式时使用。

牛头角状酒杯

这个酒杯是金、银、青铜制成，据说是在神圣的仪式中作为酒器使用的。据推测，拿着两边的牛角，从公牛嘴巴的流口处即可直接饮酒。

神话人物的雕像

在希腊文明中，神话是艺术创作最重要的素材之一。在雕刻家的手中，各种神话人物姿态各异，充满了独特的神秘之美。

这座雕像创作于希腊古典时期，尽管创作者不详，但其生动的形象，雕刻家精美的技艺使人惊叹，因此，仍被人们视为古典时期人体雕塑的最高水平。

宙斯青铜像

宙斯像目光深邃，表情严肃，但身体又充满了爆发力，生动地展现出了万神之王的庄严气势。

最早人们并不能确定这是天神宙斯还是海神波塞冬的铜像，但如果雕塑手中持着的是海神三叉戟这件武器，那么整座铜像便会失衡，由此推测出这座青铜像应该是手握闪电的宙斯像。

雕像线条流畅，身体健美，浑身没有一丝赘肉，希腊人理想的体型美在雕像的身上得到了实现。

宙斯左脚稳稳着地，右脚跟微微提起，向前投掷闪电的动作和奥运会投掷项目选手投掷时的动作非常相似。

70

法瓦凯恩的雅典娜

雅典卫城的帕提农神庙中供奉的是雅典娜女神，但神像原作早已遗失，这座雕像是按照帕提农神庙中雅典娜雕像1/2的尺寸仿制的，细致地反映了女神的神韵。

阿佛罗狄忒与潘

这尊《阿佛罗狄忒与潘》雕塑也是镇馆之宝，表达的是阿佛罗狄忒举起鞋子要打半人半兽的潘神，小爱神埃罗斯帮妈妈揪住潘神的羊角，在空中奋力将潘推开。这座雕塑是希腊化风格的典型代表，夸张活泼、生动有趣。

雅典娜手中立着的是胜利女神尼克的雕像，象征着女神是战无不胜的存在。据说雅典娜手中的盾牌上镶嵌着蛇发女妖美杜莎的首级，敌人看到便会被石化。

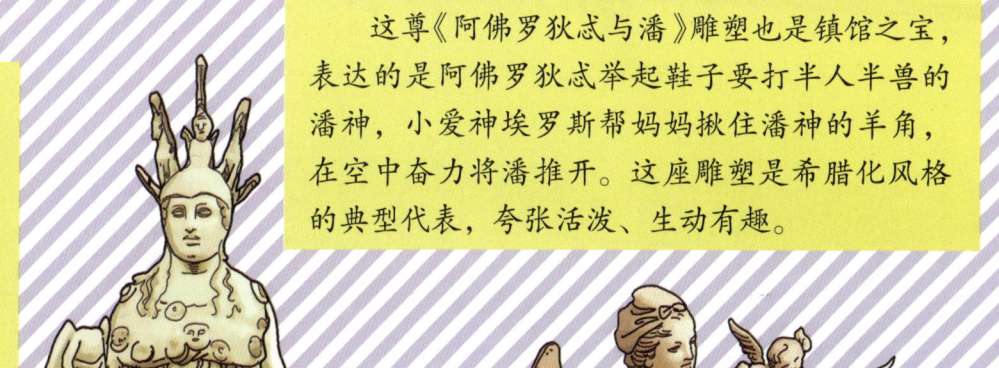

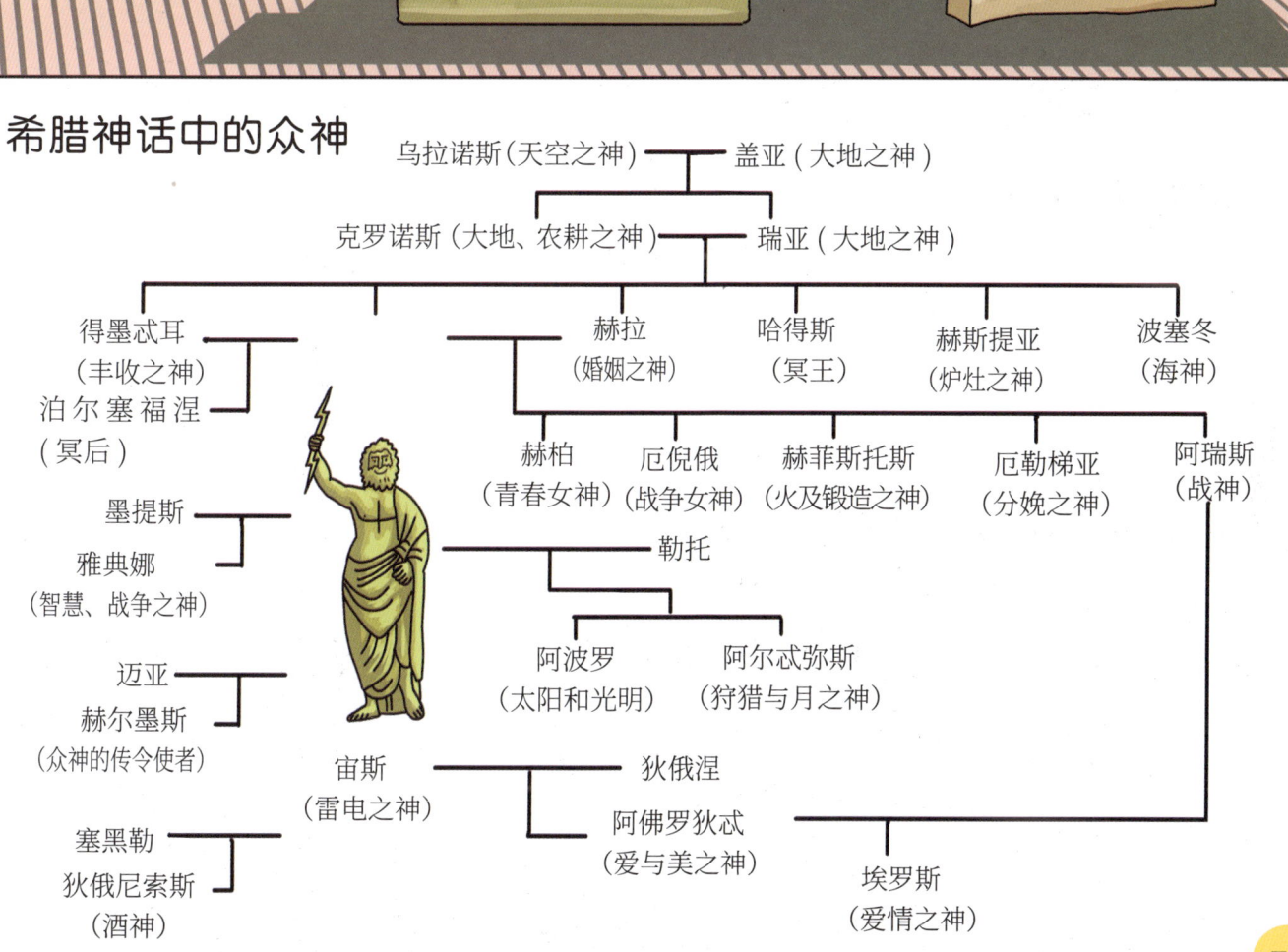

希腊神话中的众神

乌拉诺斯（天空之神）—— 盖亚（大地之神）

克罗诺斯（大地、农耕之神）—— 瑞亚（大地之神）

- 得墨忒耳（丰收之神）
- 泊尔塞福涅（冥后）
- 墨提斯
- 雅典娜（智慧、战争之神）
- 迈亚
- 赫尔墨斯（众神的传令使者）
- 塞黑勒
- 狄俄尼索斯（酒神）
- 宙斯（雷电之神）
- 赫拉（婚姻之神）
- 赫柏（青春女神）
- 厄倪俄（战争女神）
- 哈得斯（冥王）
- 赫菲斯托斯（火及锻造之神）
- 赫斯提亚（炉灶之神）
- 厄勒梯亚（分娩之神）
- 波塞冬（海神）
- 阿瑞斯（战神）
- 勒托
- 阿波罗（太阳和光明）
- 阿尔忒弥斯（狩猎与月之神）
- 狄俄涅
- 阿佛罗狄忒（爱与美之神）
- 埃罗斯（爱情之神）

伊斯坦布尔考古博物馆

伊斯坦布尔考古博物馆的兴建和十九世纪一次重要的考古发现有很大的关系。一位牧羊人在现今叙利亚境内的一个皇家墓园挖井时，发现了许多石棺，于是当时的鄂图曼皇家博物馆馆长立刻前往，运回了这批宝贵的考古发现，并建了这座考古博物馆，这批石棺也就成了这座考古博物馆的镇馆之宝，考古博物馆因此也有"古棺博物馆"的称号。

哀伤女子石棺

哀伤女子石棺的四周雕刻有十八名表情哀伤、姿态各异的女子。这具石棺把古希腊雕刻技术展露无遗，每个女子的哀伤都不一样，她们到底在哀伤什么？为谁哀伤？棺材的主人是谁呢？很可惜，我们无从查证。

塔伯尼特石棺

这是一座用黑色的闪光岩制成的人形石棺，也是西顿王国的石棺中最古老的一具。石棺上刻着象形文字和腓尼基文字，里面是塔伯尼特王的木乃伊和黄金陪葬品。

吕基亚石棺

这座石棺出土于吕基亚地区（今土耳其安塔利亚省境内），石棺四面都有浮雕，两侧是猎人猎山猪和狮子的情景，前后则是神话故事半马人与拉庇泰人征战的场面。

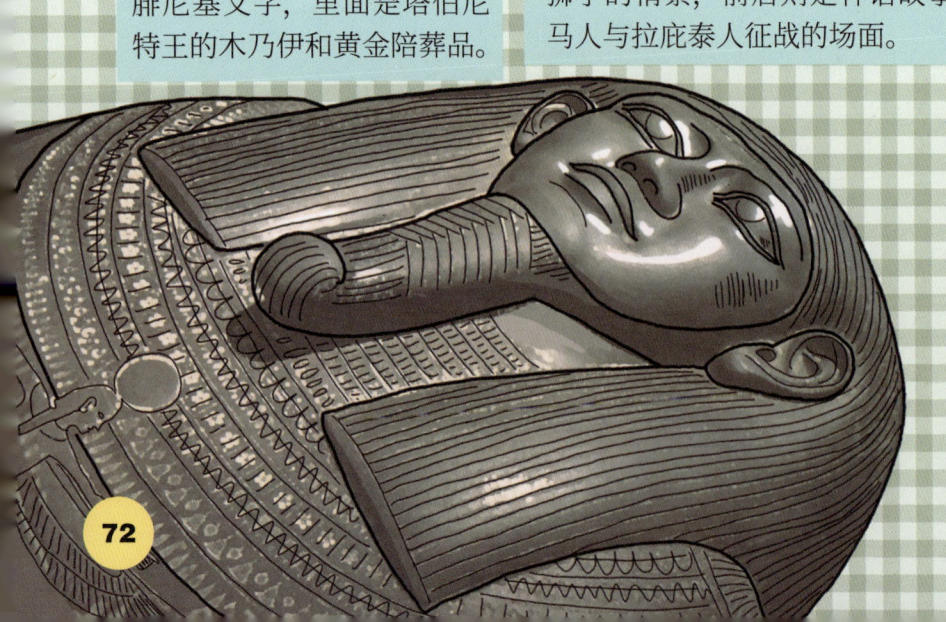

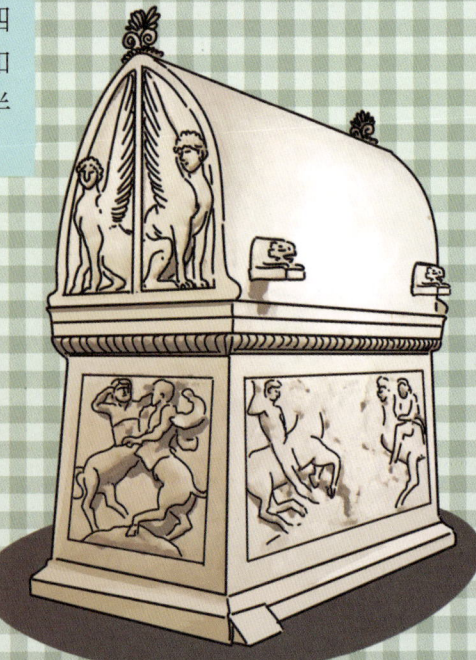

地下墓室

这是博物馆模拟重建的地下墓室，方框中的每一个区块都是一座墓，每一个区块都刻有雕像，这些雕像表情严肃，目视前方。这便是当时的墓葬方式。

淮德拉与希波吕托斯的石棺

淮德拉和希波吕托斯都是希腊神话故事中的人物，石棺正面的浮雕便雕刻了他们的故事，底座和棺盖刻着复杂的花纹，这样的组合使石棺看起来更加华美。

亚历山大大帝石棺

这是传说中的亚历山大大帝的石棺，周围和盖顶刻满了亚历山大和波斯军队大决战时的场景。在石棺的最左侧能看到头戴金狮盔，策马杀敌的亚历山大。这具石棺雕刻得非常精美，令人叹为观止。

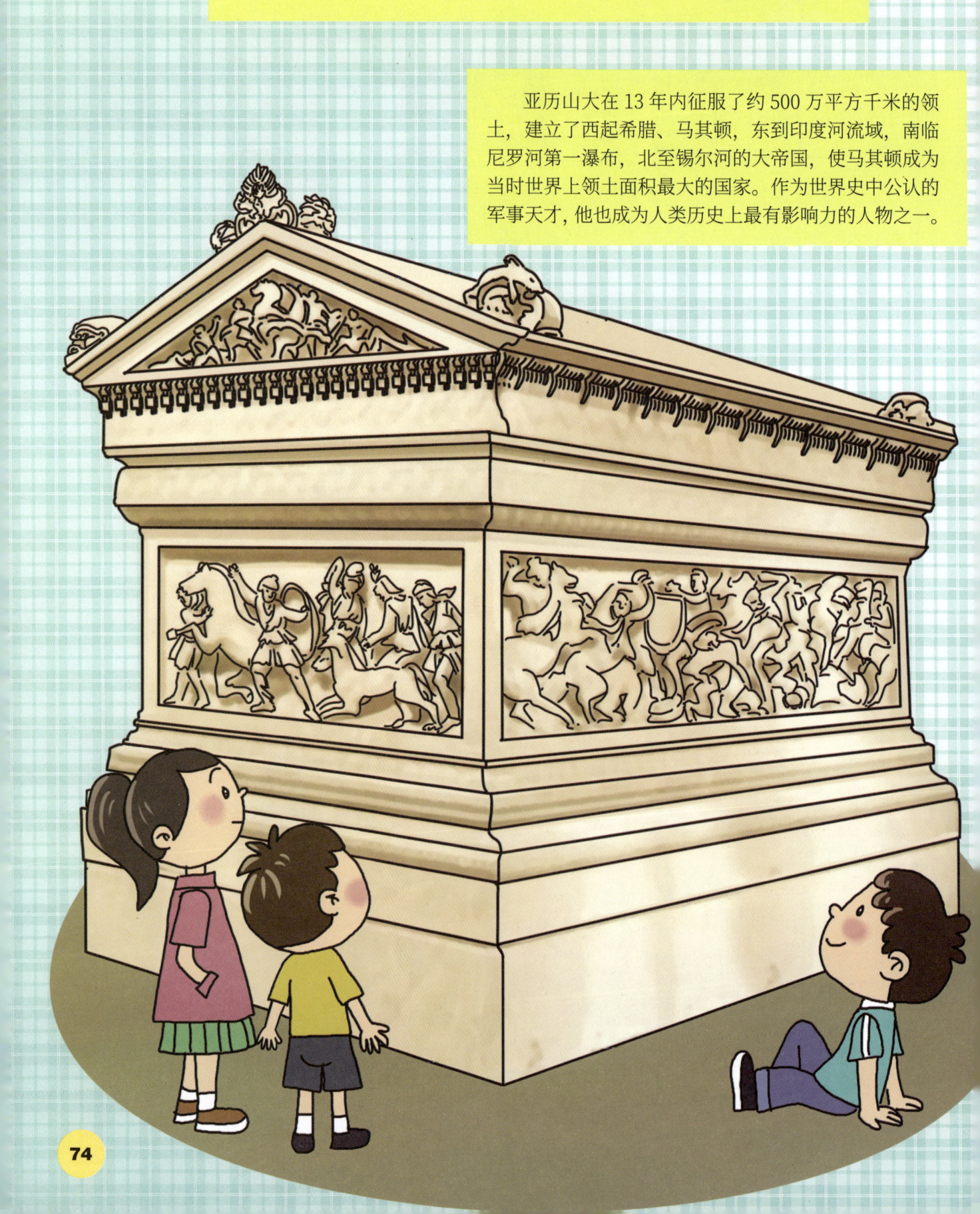

亚历山大在 13 年内征服了约 500 万平方千米的领土，建立了西起希腊、马其顿，东到印度河流域，南临尼罗河第一瀑布，北至锡尔河的大帝国，使马其顿成为当时世界上领土面积最大的国家。作为世界史中公认的军事天才，他也成为人类历史上最有影响力的人物之一。

石棺上的浮雕

伊苏战争

雕刻着希腊的马其顿军队打败波斯军队的场景。

- 亚历山大大帝
- 穿着短衫的马其顿士兵
- 全副武装的波斯士兵

猎狮图

这是希腊人和波斯人正在同心协力猎杀狮子时的场景。

- 亚历山大大帝
- 阿巴达洛尼摩斯

猎豹图

这个浮雕雕刻着波斯人捕猎豹子时的场景。

加萨战役

这是加萨战役中，希腊人和波斯人战斗时的场景，阿巴达洛尼摩斯便死于这场战斗。

75

安纳托利亚的雕刻

公元前八世纪左右,希腊人移居到了安纳托利亚半岛,很快在这里建立起了繁华的城市,雕刻技艺得以流传与发扬。之后,这里又涌入了许多希腊雕刻家和石匠,雕刻技术到达了顶峰。

艾菲贝少年像

这座披着斗篷的大理石少年像一开始被误认为是牧羊少年的石像,随着考古学家们的深入研究才发现,这是一件罗马时期仿希腊化时代的雕像,据猜测,这位少年刚刚参加完竞赛或运动,正披着斗篷倚靠在柱子上休息。

少年有着一双大大的眼睛,微微含笑的嘴唇,虽然身体健壮,但明显稚气未脱,充满了小少年的天真感。

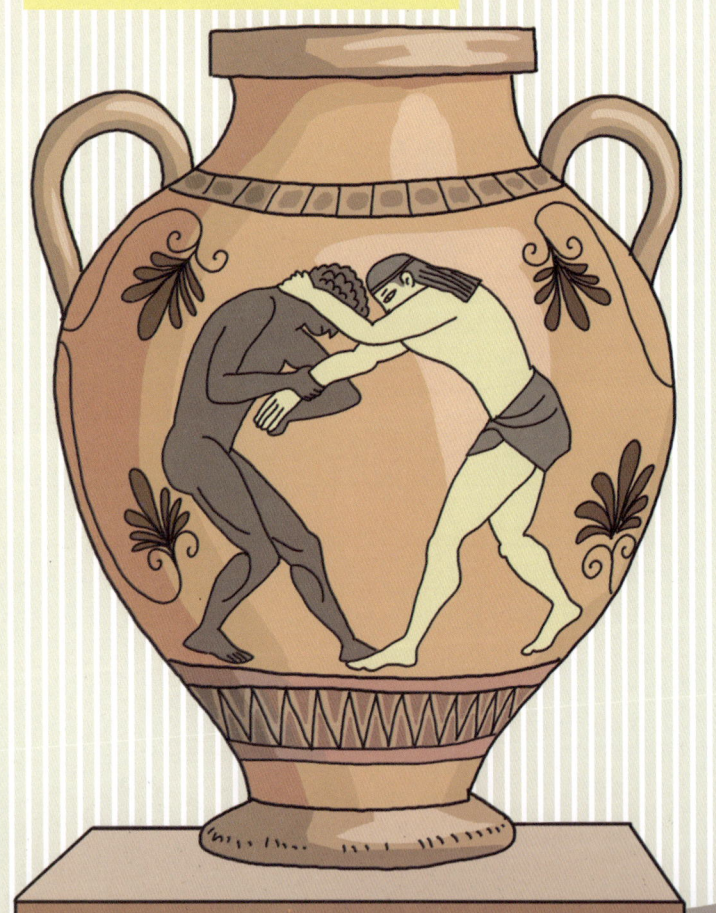

"艾菲贝"在希腊语中有"青春期的青年"之意。古希腊时期,人们通常会让青少年在体育馆进行训练,期望他们日后能成为顶天立地的好男儿。瓶上画着的正是青少年训练的场景。

少年的脚部已经遗失,但据研究,他应该是穿着一双凉鞋,发达的小腿肌肉可以看出,少年是经历过很多训练的。

雕像面部微扬，浑身充满了力量感，显现出无限英勇的气概。

亚历山大大帝雕像

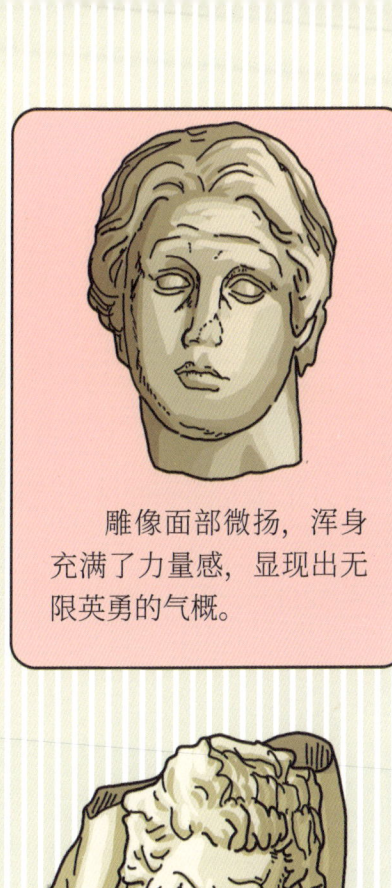

马西亚斯雕像

马西亚斯是希腊神话中长着羊角和羊蹄的半人半兽。在神话中，他敢于向被尊为太阳神与艺术之神的阿波罗发起挑战，比试谁的奏乐技巧更胜一筹，结果落败，被吊在树上受刑。这座雕像双臂向上拉伸，面部痛苦，正是其受刑时的情景。

阿波罗像

这是一座弹着竖琴的阿波罗石像，据说石像的腿短是因为仿制原作时失误所致的。

东方文明遗产

土耳其横跨欧亚两洲，这里不但出土了代表西方文明的文物，还出土了一些古代东方文明遗产，尽管为数不多，但它们都是珍贵无比的宝物。

《卡迭什合约》

这是世界上最古老的和平合约，目前仅存两块残碑，大的残碑上有45行楔形文字，小的残碑上有28行楔形文字，埃及帝国和赫梯帝国之间的卡迭什战争便终结于这块石碑。公元前十三世纪，埃及帝国与赫梯帝国因为叙利亚这块富庶之地的控制权发生了战争，埃及法老拉美西斯二世与赫梯皇帝穆瓦塔里率军在叙利亚西部的卡迭什交战，这场战争持续了16年之久，双方共投入了4万多兵力，可战争直到结束仍未分出胜负。后来，双方缔结合约，终于为长久的敌对关系画下了休止符。《卡迭什合约》便记载了这一事件。

卡迭什战役浮雕复原图

拉美西斯二世率领先行部队中计，被赫梯大军围攻，危急时刻，埃及援军赶到，战争陷入了胶着。坐在战车上弯弓射箭的便是拉美西斯二世。

最古老的情诗

这块石碑上刻着苏美尔国王舒辛的新娘吟咏的诗句。诗句开始时说："情郎啊，我的心上人。"

普祖尔-伊什塔尔像

普祖尔-伊什塔尔是马里的统治者，这是他的雕像。雕像刻着带流苏的披风和弯曲的胡须，具有明显的古巴比伦时期特征。

伊什塔尔城门浮雕

这座城门用鲜艳的青砖砌筑,并饰有龙、狮子和公牛等浮雕图案,浮雕是白色或金黄色的,轮廓分明,装饰性很强。

这是亚述王阿淑尔纳西尔帕二世的宫殿中用于装饰墙面的浮雕,浮雕中有翅膀的精灵可能与期盼丰收有关。

维也纳艺术史博物馆

维也纳艺术史博物馆是全世界第四大艺术博物馆，这里珍藏着哈布斯堡王朝数百年来收集的欧洲珍品，是一座专为展示艺术品而建造的"美之殿堂"。

《草地上的圣母子》是画家拉斐尔·桑西于1505年—1506年绘制的作品。奥地利大公费迪南德·卡尔和托斯卡纳大公科西莫二世·德·美第奇之女安娜·德·美第奇联姻后，为奥地利因斯布鲁克行宫带来了许多意大利十六、十七世纪的名画，其中最具盛名的便是拉斐尔·桑西的这幅《草地上的圣母子》。《草地上的圣母子》表现出了现实与理想相结合的完美女性的形象，以歌颂人性中的至善、至美，画面中的人物描绘得让人赞叹不已，母亲俯视着两个孩子，表情使人难以忘怀，这幅画十八世纪后被博物馆收藏。

鲁本斯用明快的色调刻意去表现童稚的美感，让4个孩子坐在有红色织物和兽皮铺着的野地高坡上。4个孩子天真无邪、健康稚拙。

1563年的油画《巴别塔》是画家勃鲁盖尔最著名的作品。画家用细密画的技巧，描绘了众多有情节性的人物活动，借以揭示人战胜大自然的力量。勃鲁盖尔创作了两幅这个题材的画作，这是大的那一幅，收藏在维也纳艺术史博物馆。另外那幅小的收藏在荷兰。

约翰内斯·维米尔《绘画艺术》

约翰内斯·维米尔是荷兰黄金时代的绘画大师，他存世的作品并不多，这幅是他晚年的代表作之一。

皇帝的套装

除了皇冠之外，能够代表神圣罗马帝国皇帝地位的还有皇帝宝球和十字架，还有加冕仪式上使用过的披肩和手套，它们都是皇帝的专属套装。

加冕披肩

这个披肩原本是为西西里国王制作的，后来同家族的腓特烈二世登基为神圣罗马帝国皇帝时使用过后，便一直被列为帝国之宝。

中间的图案象征着生命之树（枣椰树）。

披肩上的图案是狮子攻击骆驼的场景。

哇！好华丽啊！

皇帝的十字架

这枚十字架的外部以黄金、珍珠、宝石装饰，内部中空。

帝王之球

十字架代表国王统治国家的权力，球体代表物质世界，手握此球象征着掌握世界大权。

加冕手套

这只缀满珠宝的手套据说是专为腓特烈二世的加冕仪式制作的。

鲁道夫二世的皇冠

1576年，鲁道夫二世加冕为神圣罗马帝国皇帝，他加冕时的皇冠以黄金为骨架，红宝石、钻石、珍珠镶嵌于四周，皇冠顶部有一颗蓝宝石，冠上的珍珠代表着纯洁。

这是与皇冠成套的宝球和权杖，权杖的握柄用独角兽（独角鲸）的角制成，象征着无穷无尽的力量。

神圣罗马帝国皇冠

哈布斯堡王朝是欧洲历史上最强大、统治领域最广的王室之一，在漫长的统治期间，王室留下了很多珍宝，神圣罗马帝国皇冠便是其中最具有代表性的一件。

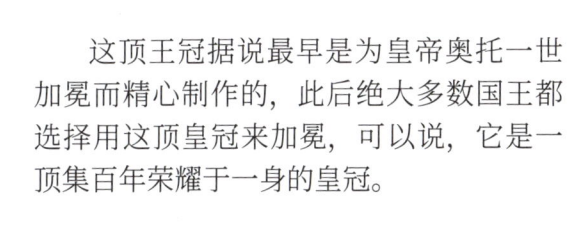

这顶王冠据说最早是为皇帝奥托一世加冕而精心制作的，此后绝大多数国王都选择用这顶皇冠来加冕，可以说，它是一顶集百年荣耀于一身的皇冠。

馆藏艺术精品

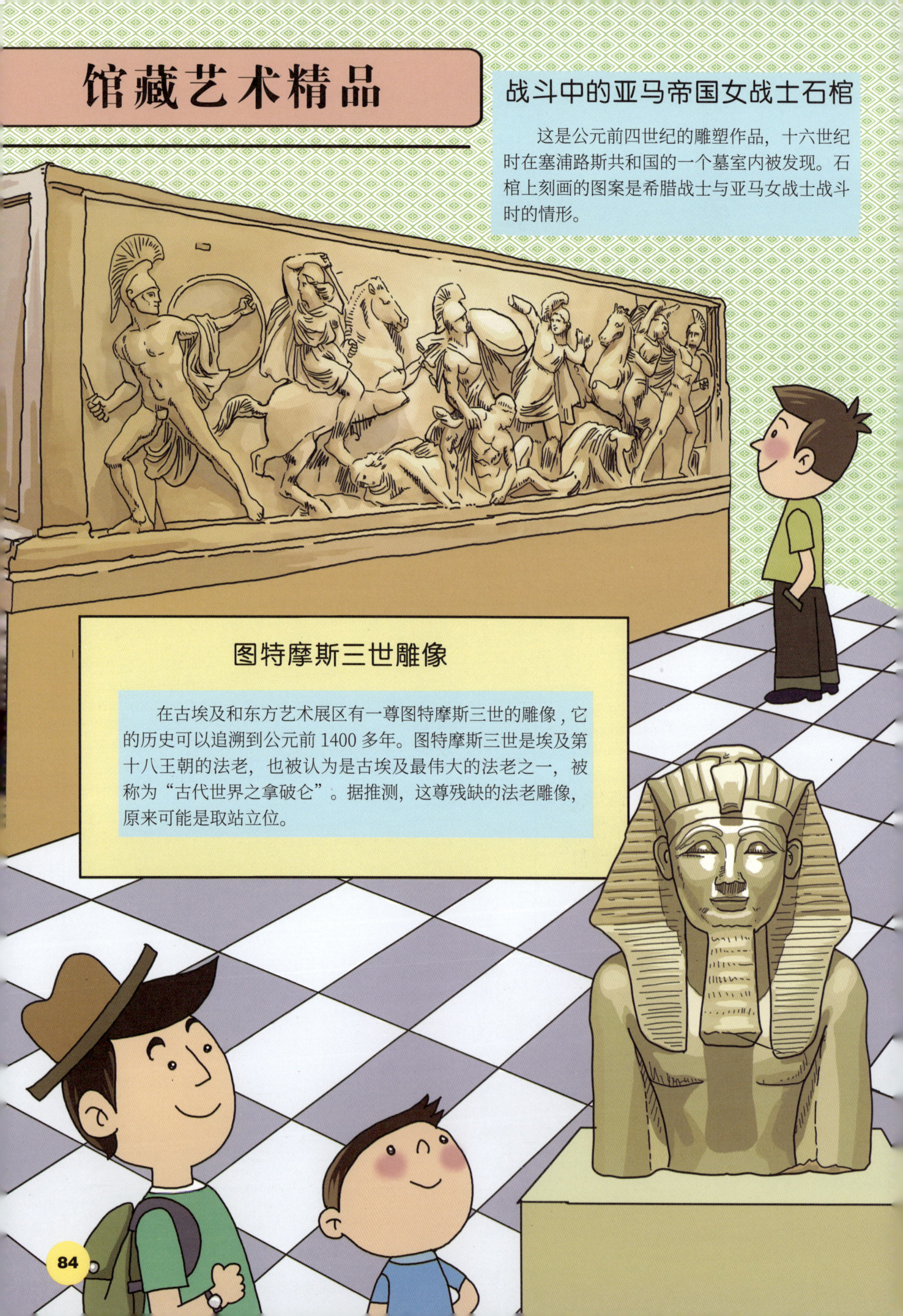

战斗中的亚马帝国女战士石棺

这是公元前四世纪的雕塑作品，十六世纪时在塞浦路斯共和国的一个墓室内被发现。石棺上刻画的图案是希腊战士与亚马女战士战斗时的情形。

图特摩斯三世雕像

在古埃及和东方艺术展区有一尊图特摩斯三世的雕像，它的历史可以追溯到公元前1400多年。图特摩斯三世是埃及第十八王朝的法老，也被认为是古埃及最伟大的法老之一，被称为"古代世界之拿破仑"。据推测，这尊残缺的法老雕像，原来可能是取站立位。

金饰雕塑盐碟

见到这个盐盒的人,都会被它奢华而又精美独特的造型迷住,很难想象,这个做工精致细腻的工艺品只是餐桌上的一件器具。

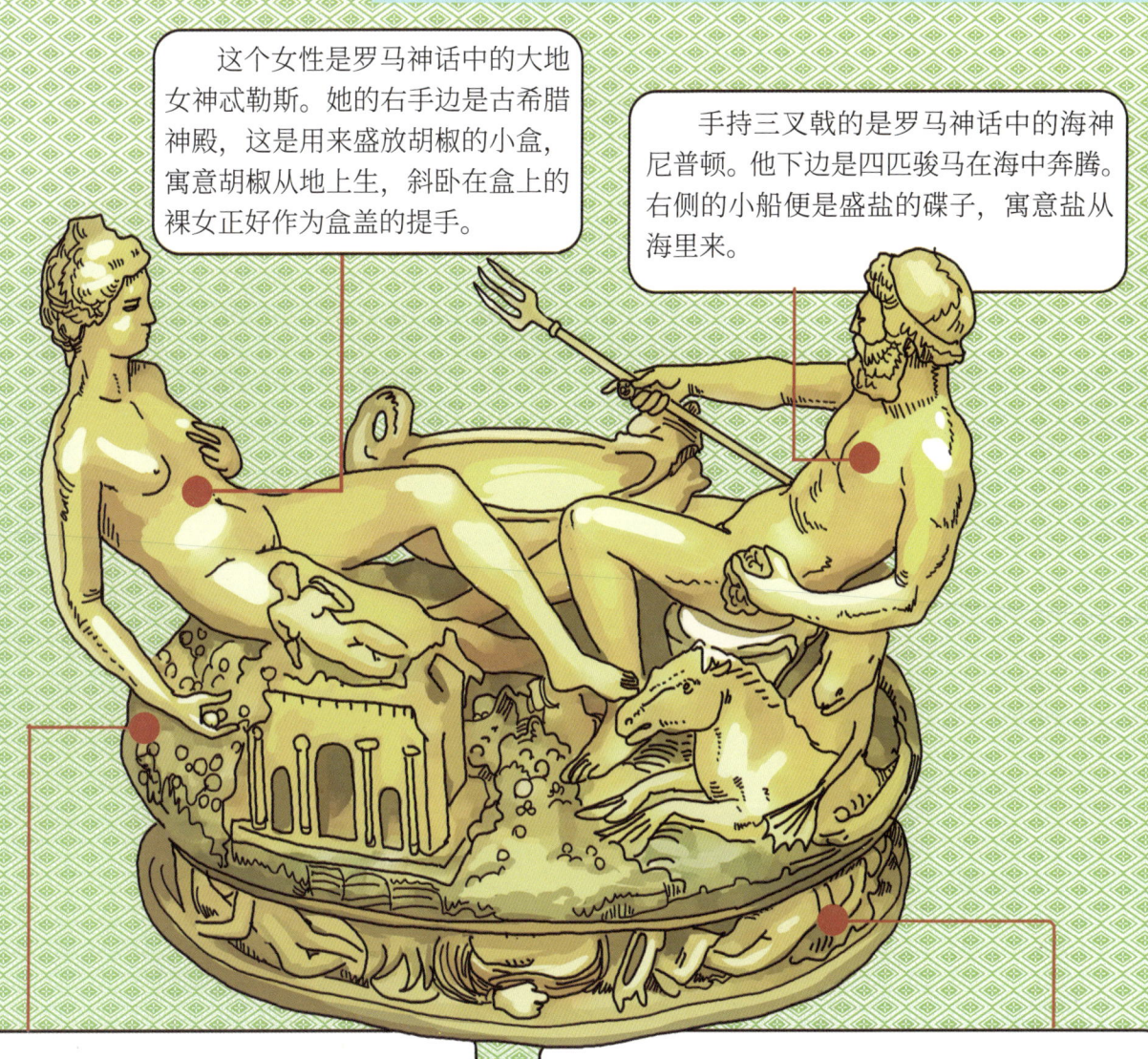

这个女性是罗马神话中的大地女神忒勒斯。她的右手边是古希腊神殿,这是用来盛放胡椒的小盒,寓意胡椒从地上生,斜卧在盒上的裸女正好作为盒盖的提手。

手持三叉戟的是罗马神话中的海神尼普顿。他下边是四匹骏马在海中奔腾。右侧的小船便是盛盐的碟子,寓意盐从海里来。

忒勒斯的下方雕刻了一头白象,是本韦努托·切利尼用来感谢国王对自己的重用而设计的。

盐盒的底座上刻有寓意为四季和四时的图案,分别代表"黑夜""白日""暮色""黎明",据说这是本韦努托·切利尼在向著名雕刻家米开朗琪罗致敬。

黄金盐盒的来历

1535年,法国国王弗朗索瓦一世花了1000银币的高价,向意大利金工艺艺术家本韦努托·切利尼定制了这款黄金盐碟。据说当国王收到这个精美的盐盒时欣喜万分,欣赏了很久。1557年,黄金盐盒被当作奥地利大公斐迪南的新婚贺礼送出,后来它便被珍藏在了维也纳艺术史博物馆中。

本韦努托·切利尼

本韦努托·切利尼在金工艺上有着不输绘画与雕塑大师的悟性,因此,他在当时备受轻视的环境下,能将自己的工艺品提升至艺术层面,弗朗索瓦一世还给予他"御用金工家与雕塑家"的荣誉称号。

85

王室的典藏

除了各类极致奢华的金制工艺品外，哈布斯堡王朝的其他奇珍异品也让人惊叹不已。

祖母绿宝器

这是世界上最大的祖母绿工艺品，是鲁道夫二世下令制作的。

玛丽亚·特丽莎的小提琴

这是十八世纪女大公玛丽亚·特丽莎的小提琴，琴身用玳瑁打造，不适合演奏，仅供鉴赏。

雪酪专用的贝壳碗摆设

架上挂着的小贝壳碗是查理六世和家人们品尝雪酪的器具，架子顶端的贝壳浮雕上是查理六世和家人们的肖像。

金羊毛骑士团的徽章项链

这条项链由16枚金片连接组成，象征着骑士们团结一致的精神。

奇趣博物馆

美洲

智慧鸟 ◎ 著

吉林科学技术出版社

图书在版编目（CIP）数据

奇趣博物馆.美洲/智慧鸟著. —长春：吉林科学技术出版社，2024.1
ISBN 978-7-5744-1051-0

Ⅰ.①奇… Ⅱ.①智… Ⅲ.①博物馆—美洲—青少年读物 Ⅳ.①G269.1-49

中国版本图书馆CIP数据核字(2023)第253779号

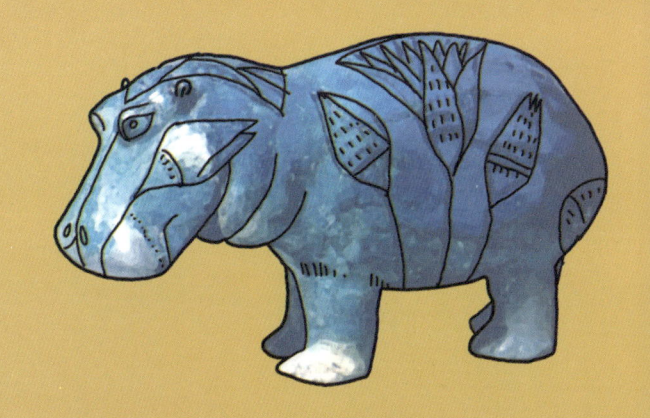

奇趣博物馆·美洲
QIQU BOWUGUAN · MEIZHOU

著	智慧鸟
出 版 人	宛 霞
策划编辑	穆思蒙　王聪会
责任编辑	张 超
内文设计	纸上魔方
封面设计	智慧鸟
幅面尺寸	210 mm×285 mm
开 本	16
字 数	300千字(全四册)
印 张	24(全四册)
印 数	1-6 000册
版 次	2024年3月第1版
印 次	2024年3月第1次印刷
出 版	吉林科学技术出版社
发 行	吉林科学技术出版社
地 址	长春市福祉大路5788号出版集团A座
邮 编	130118

发行部电话/传真　0431-81629529　81629530　81629531
　　　　　　　　　81629532　81629533　81629534
储运部电话　0431-86059116
编辑部电话　0431-81629380

印 刷	长春人民印业有限公司
书 号	ISBN 978-7-5744-1051-0
定 价	198.00元(全四册)

如有印装错误　请寄出版社调换
版权所有　侵权必究　举报电话：0431-81629380

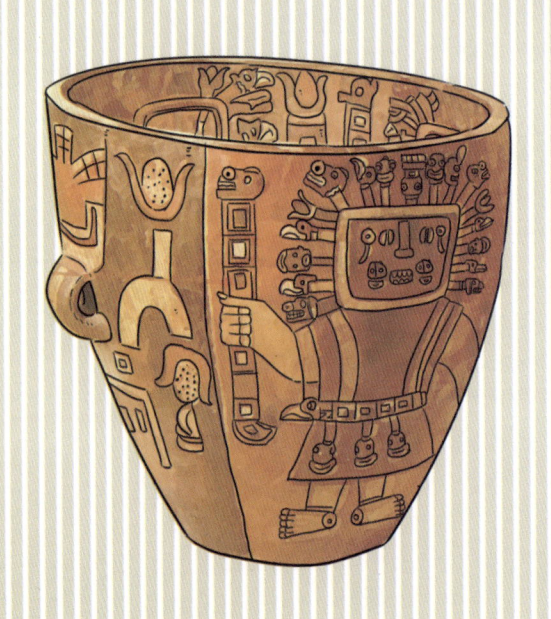

走入历史的长河，追寻前人足迹……

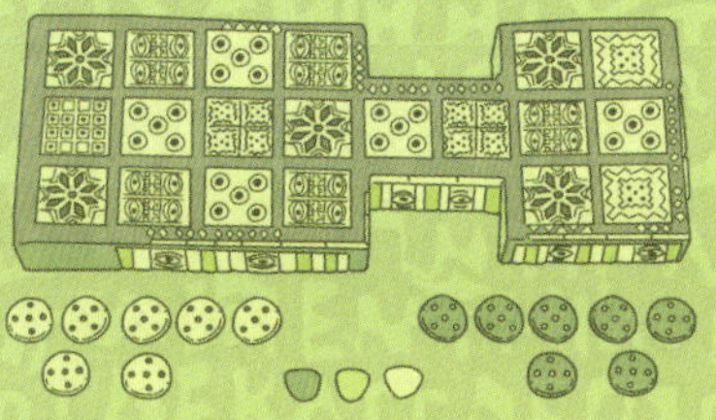
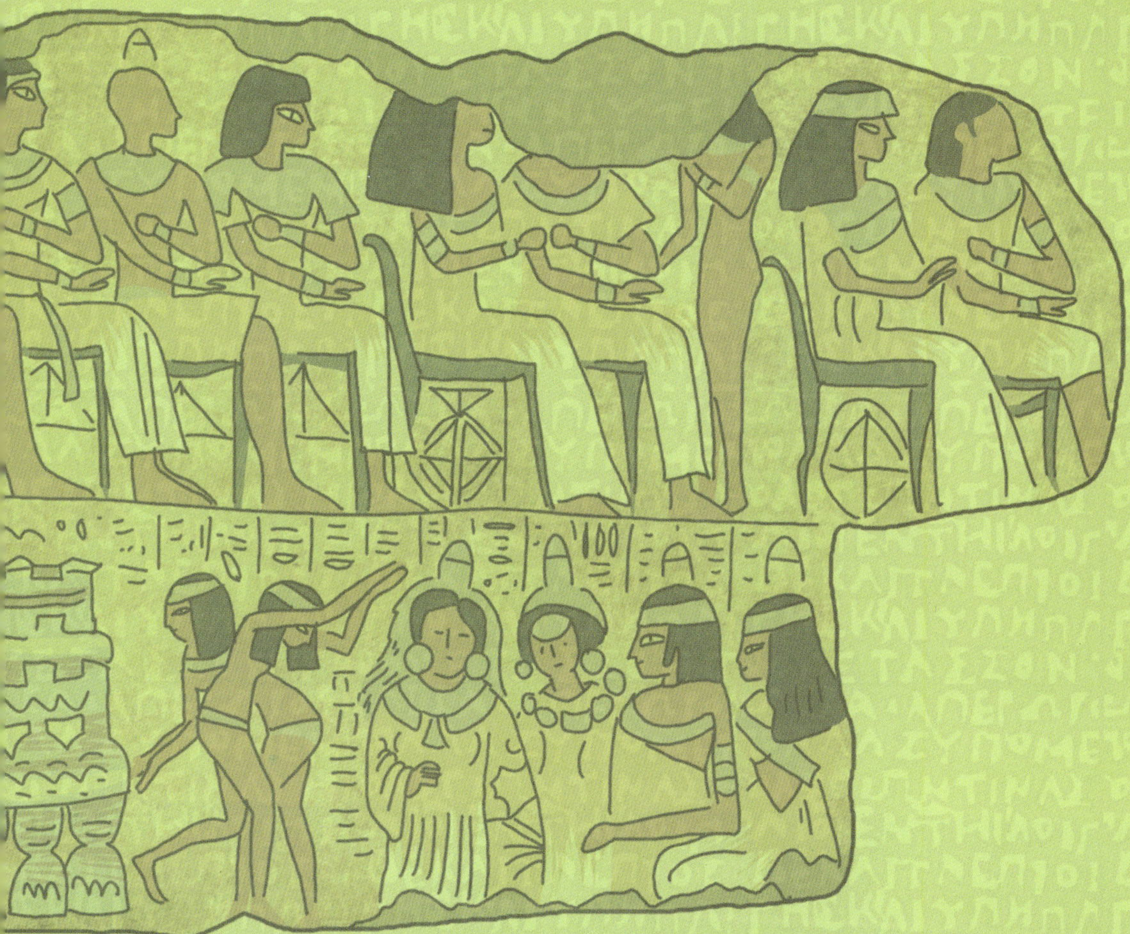
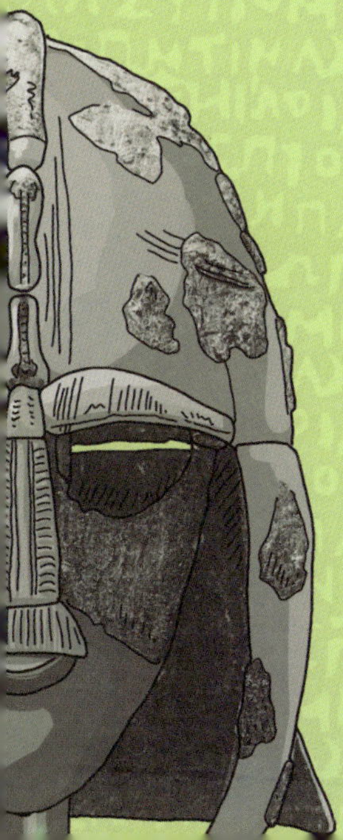
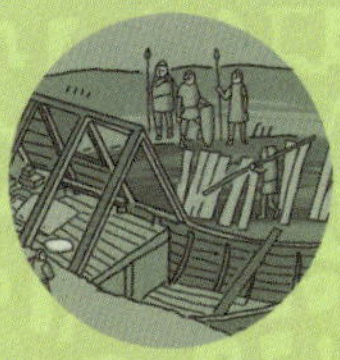
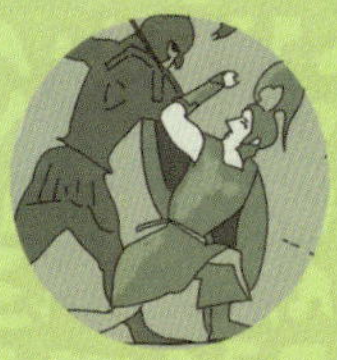
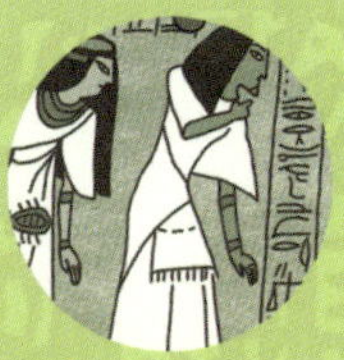

前言

　　博物馆是人类历史和文明的见证者、保管者。如果能在博物馆里逛上一天，不但能饱览各个时期的文化和艺术瑰宝，还能极大地丰富我们的历史知识，开阔我们的眼界。如果能逛遍全球所有著名的博物馆该多好啊！可惜，极少有人能有条件做到这一点。不过，也许我们可以在"奇趣博物馆"这套书中实现这个愿望。

　　"奇趣博物馆"系列分为《欧洲》《亚洲》《美洲》《非洲与大洋洲》四册。每册都选取了该区域最有名的博物馆及其藏品进行介绍。图文并茂的形式极其贴合儿童的阅读习惯。不仅如此，全书还特地对各博物馆的独特之处进行了介绍。让博物馆本身也变成了孩子知识储备中独特的"收藏品"之一。

目录

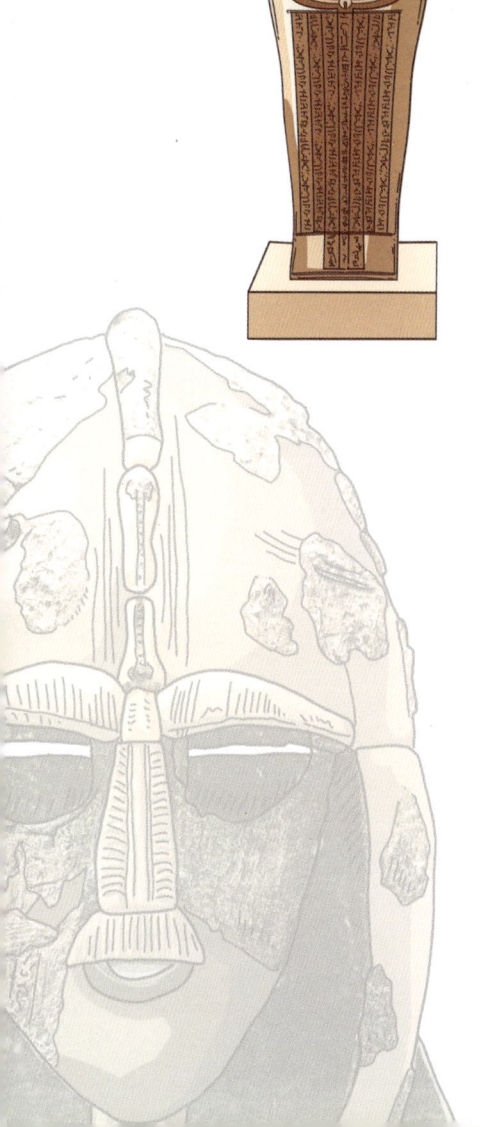

大都会艺术博物馆 …………………… 2

古埃及王国艺术品 ………………… 6
恢弘的希腊、罗马雕塑 …………… 10
举世闻名的伊斯兰艺术品 ………… 14
骑士们的盔甲和武器 ……………… 18
名画的殿堂 ………………………… 20

加拿大皇家泰瑞尔古生物博物馆 … 24

白垩纪的"黑美人" ……………… 26
肉食性恐龙化石 …………………… 28
植食性恐龙化石 …………………… 32
头冠各异的赖氏龙 ………………… 34

史密森尼国家自然博物馆 …………… 36

璀璨的矿物和钻石 ………………… 38
世界第一蓝钻——希望之钻 ……… 40
动物标本与化石 …………………… 44
探秘人类的祖先 …………………… 46

墨西哥国立人类学博物馆 …………… 48

托尔特克文明 ……………………… 54
玛雅文明 …………………………… 56

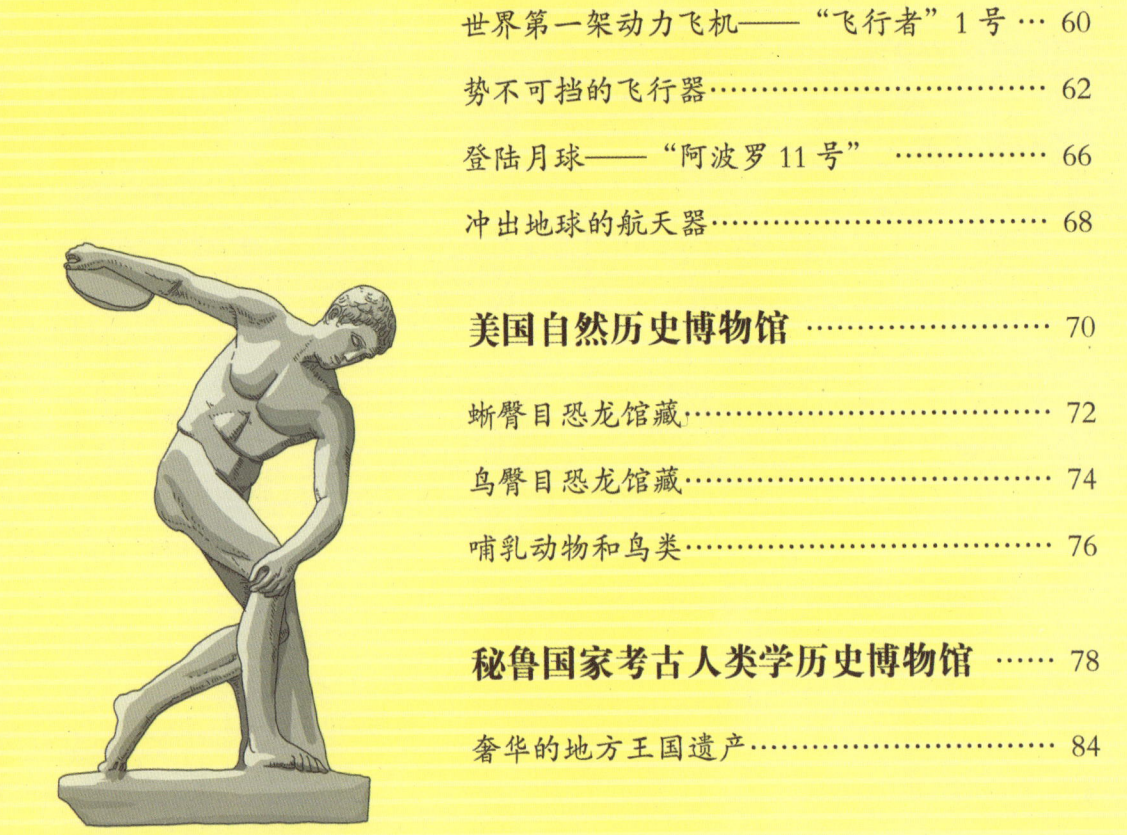

美国国家航空航天博物馆……58

世界第一架动力飞机——"飞行者"1号…60
势不可挡的飞行器…………………62
登陆月球——"阿波罗11号"…………66
冲出地球的航天器…………………68

美国自然历史博物馆……70

蜥臀目恐龙馆藏……………………72
鸟臀目恐龙馆藏……………………74
哺乳动物和鸟类……………………76

秘鲁国家考古人类学历史博物馆……78

奢华的地方王国遗产…………………84

大都会艺术博物馆

　　大都会艺术博物馆与英国的大英博物馆、法国的卢浮宫博物馆、俄罗斯的艾尔米塔什博物馆是西方媒体评选的世界四大博物馆。大都会艺术博物馆中共藏有300多万件展品，展现着各个时期、各个地域、各种文化的艺术风貌。

展品来源

　　大都会艺术博物馆的大多数展品来自个人的捐赠或遗赠，第一批捐赠品是博物馆的第一任总裁所捐赠的170多幅画作。

建馆理念

服务教育　服务市民

　　大都会艺术博物馆是由一群银行家、商人和艺术家自发倡导建立的，其建馆理念是"服务教育，服务市民"。

门票收费模式

大多数博物馆都是公益免费的，但大都会艺术博物馆是以捐赠为形式的自由门票模式。

展品丰富多样

大都会艺术博物馆既有古希腊时期的雕像，又有美国的抽象派油画；既有中世纪的武士铠甲，又有香奈儿的华丽礼服；既有西班牙的修道院，又有中国的苏州园林……展品十分多样。

展品领域广泛

除了展示视觉艺术品外，大都会艺术博物馆也展示世界各地的乐器、服装、饰品、武器、家居风格等一切和艺术相关的事物。

丹铎神庙——一座完整的埃及神殿

萨克勒厅是大都会艺术博物馆中最具创意的一个展厅，展厅里立着一座完整的埃及神殿——典德尔神殿，它是埃及境外最大的、也是西半球唯一一座完整的古埃及神殿。

解救被淹没的神殿

因为阿斯旺高坝的修建，有着约2000年历史的典德尔神殿面临着被淹没的危机，无力抢救神庙的埃及人只好将神庙送给了美国人。美国人把神庙拆成每块6.5吨左右的石块，一批一批地运回了美国。

精美的柱头

典德尔神殿入口的柱头有纸草、莲花、棕榈等植物元素，这些是伊西斯（古埃及神话中的生命女神）神庙的常见装饰。传说这位女神曾经复活了奥西里斯神，人们推测，建造这座神庙也是旨在向伊西斯女神祈求复活重生。

独特的萨克勒厅

萨克勒厅专为典德尔神殿而建，它拥有一个宽阔的水池和一面巨大的落地玻璃窗，当阳光照进神殿和照在水面上时，观众们仿佛站在尼罗河畔，可以感受到千年前的神秘。

神秘的浮雕

典德尔神殿是罗马皇帝奥古斯都为了献给伊西斯而建的。这幅浮雕的人物左起分别为奥古斯都、奥西里斯神（埃及神话中的冥王）、伊西斯女神和荷鲁斯神（法老的守护神），描绘了奥古斯都向诸神献祭的场景。

古埃及王国艺术品

1906年，大都会艺术博物馆建立了古埃及艺术馆，同时，美国人开始在埃及进行大量的考古工作，在将近30年的考古工作中，考古学家们发掘出了很多古埃及文物，古埃及艺术馆馆藏也变得丰富了起来。

阿蒙涅姆赫特二世巨型雕像

阿蒙涅姆赫特二世是古埃及中王国时期第十二王朝的第三任法老，他在位期间，埃及的贸易和国内经济得到了飞速发展。这座雕像被安放在展厅入口处。

法老立像

这座雕像头戴下埃及王冠，手持权杖。据推测可能是阿蒙涅姆赫特二世或者森乌赛特二世法老。

哈特舍普苏特女王坐像

哈特舍普苏特是埃及历史上第一位女王，她的雕像身着法老服饰，威严无比。宝座的两侧刻着"太阳神之女""两国的女主人"，两国即上埃及和下埃及。

哈特舍普苏特女王像

这位女法老平时的一贯装束为：下颌戴假胡须、身着男装、束胸宽衣、手执权杖。

图特摩斯三世狮身人面像

图特摩斯三世是古埃及第十八王朝法老，他在位期间发动了大规模的扩张战争，征服了地中海东岸的迦南和叙利亚的卡赫美什，被誉为"古埃及最伟大的法老"之一。

搬运贡品的女性像

这尊木像出土于古埃及高官麦克特瑞墓中,她是配送货物的使者,人们希望麦克特瑞在死后也能享受到和生前一样的生活。

雕像头顶的容器里装着面包、蔬菜和肉块等当地特产。

这尊女使者木像大眼、低鼻梁、面带微笑,雕刻得惟妙惟肖。

搬运物品的彩绘木雕

麦克特瑞墓中还出土了其他的彩绘木雕,可以看出,古埃及人运送东西都是靠头顶着。

她的右手中拎着一只鸭子。

雕像左脚向前,是埃及雕塑的传统姿势。

船模型

古埃及人认为船是死者下一世生活的必需品,因此,麦克特瑞便有一艘装饰华丽的木制大船陪葬。雕刻中,麦克特瑞坐在船舱之中,外面是水手、歌手和竖琴师。

彩瓷河马

这头彩瓷河马昵称"威廉",它身上绘满花纹,出土时只有三只脚(后将第四只脚修复),这是因为古埃及人认为河马非常危险,为了防止它伤害墓主,陪葬时,它的腿会被破坏。

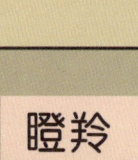

瞪羚

这是一座由象牙雕刻而成的瞪羚小像,非常可爱。

猫形化妆品容器

这是古埃及现存的最古老的猫形立体作品之一,猫的眼球镶嵌着水晶,眼部周围还以铜勾边,制作得非常精细。

公羊头护身符

在努比亚时期,羊代表着阿蒙神的化身,这个黄金护身符很可能是某位法老曾佩戴过的项链坠饰。

9

恢弘的希腊、罗马雕塑

在大都会艺术博物馆一个精美的展厅里，陈列着许多古希腊、古罗马时期的雕塑作品，它们足足占据了2层楼，让这个展厅里充满了古典艺术的气息。

库罗斯像

库罗斯（古希腊语中指年轻男性）像是一尊裸体年轻男性的直立像，它位于希腊陈列室的中央。这尊库罗斯像与人等高，除双腿之外没有任何支撑，在早期的工艺中，非常难得。

从人像到神像

和库罗斯像相对应的是科雷（年轻女性）像。最开始，这些雕像艺术品是以古希腊人为原型的直立雕像。后来，直立不动的男女雕像开始渐渐有了表情、动作，变得活泼生动起来。雕塑家们在人像的启发下，雕刻出来的神像也被赋予了更多感情，它们有的站立，有的侧卧，这些巧夺天工的艺术品，令人惊叹。

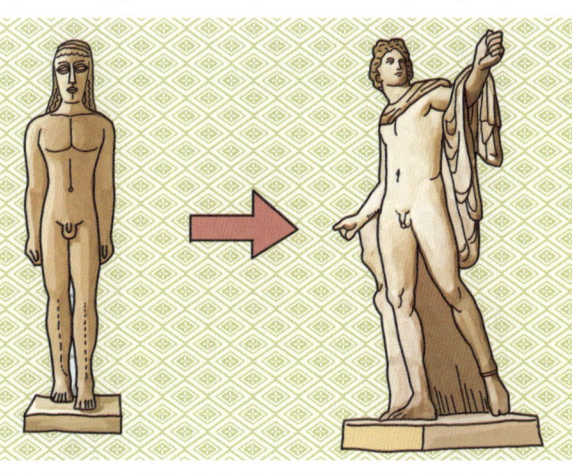

从姿势单一的库罗斯像到体态完美的阿波罗像（梵蒂冈博物馆馆藏）。

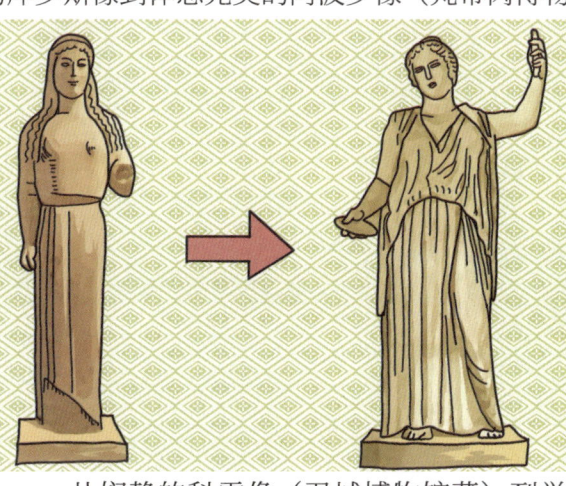

从娴静的科雷像（卫城博物馆馆藏）到举手投足充满独特神韵的德墨忒尔女神像（罗马卡皮托里尼博物馆馆藏）。

美惠三女神

美惠三女神是希腊神话中的光辉女神阿格莱亚、激励女神塔利亚和欢乐女神欧佛洛绪涅,她们象征着世间一切美好的东西,虽然雕像残缺,但依旧体现出一种极致的美感。

> 这尊雕像是古希腊著名雕塑家克雷西拉斯创作的青铜雕塑的仿品,受伤的士兵头盔歪斜,神情沮丧,非常生动。

伤兵像

受伤的亚马孙女战士

亚马孙是古希腊神话中的女性部落,所有成员都是骁勇善战的女战士。这座大理石雕塑是罗马时期的复制品,原件是古希腊的青铜雕塑。这个失去武器的女战士轻轻地靠在身旁的支柱上,右臂优雅地放在头顶,这个姿势通常用来表示睡眠或是死亡。

爱奥尼柱

这根精美的爱奥尼柱来自阿尔忒弥斯神庙，柱身装饰着花纹和旋涡，底座装饰也很精致。

阿尔忒弥斯神庙想象复原图

阿尔忒弥斯神庙位据说修建时间前后长达120年，比雅典卫城的帕提农神庙还要宏伟，可惜已经被摧毁，只剩下这根精美的柱子。

四季的石棺

这口石棺四周雕刻着众多人物,浮雕正面中心处是骑着豹子的酒神狄奥尼索斯,他的两边立着四位青年,他们分别代表"春、夏、秋、冬",表示石棺的主人是跨越时间的存在。

狄奥尼索斯与女祭司

身材高大的狄奥尼索斯与娇小的女祭司并列而立,实心的女祭司支撑着双腿分开的狄奥尼索斯,结构稳定,造型美观。

竖琴演奏者

这是一座罕见的男性演奏者雕像,制作于尝试用雕塑表现各种人体的初期,可以清楚看到演奏者鼓起的肌肉。

13

举世闻名的伊斯兰艺术品

大都会博物馆藏有 12000 余件伊斯兰艺术品，平时展出的只有 1200 余件。这些文物制造的时间从七世纪跨越到十九世纪，包括陶器和纺织品，甚至还有依原样重建的伊斯兰风格的房屋。

奥斯曼帝国

奥斯曼帝国（1299 —1922 年）是历史上一个横跨欧非亚三洲的庞大封建神权帝国，大马士革曾被并入奥斯曼帝国。这间大马士革房间与伊斯兰世界的风俗相符，是主人的冬季接待室，面积之大、内部装潢之华丽，都说明它属于当时一户声名显赫的贵族家庭。

香炉

这是一件青铜雕刻的猫科动物香炉，香气会从动物的颈部和身体上的回纹镂空处散溢出来，身上还刻有委托人姓名和工匠的姓名，非常珍贵。

水壶

这件水壶的镶嵌工艺华丽典雅，壶身周围嵌着鸟身女妖，还刻有祝福文字，体现了当时高超的金工技术。

凤凰纹瓷砖

这是当时一座宫殿中使用的瓷砖，瓷砖背景是云和牡丹花，美丽的凤凰穿梭其中，是文化交流的象征。

大马士革房间

这间展厅前厅的大理石地板上有一座喷泉，屋内装饰着奢华的百叶窗和橱柜门，上面雕刻着各种阿拉伯文字和花纹，并装有彩绘的玻璃窗，非常华丽。

彩绘的玻璃窗兼具观赏性与实用性。

屋主豪华的酒柜。

巡逻的骑士

这队重骑兵位于展厅门口，它们是欧洲著名盔甲工匠昆茨·洛克纳的作品。这些骑士和坐骑的盔甲是用蚀刻钢、皮革、铜合金、纺织品等制造而成的，其中骑士盔甲重25千克，坐骑盔甲重42千克。

兵器盔甲展区正面，天花板上悬挂着欧洲著名骑士团的旗帜。

坐骑的盔甲，做工精致细腻，宛如艺术品。

骑士

在册封仪式上，女王或者领主会用刀横拍骑士肩部，并送上祝福。

最初骑士指受过正式军事训练的骑兵，他们在领主的军队中服役，获取军功后便可得到封地。在骑士文学中，骑士往往是勇敢、忠诚的象征，也是英雄的化身。

皇家盔甲

在兵器和盔甲展厅中，最引人注目的便是中世纪欧洲各国国王和贵族们的盔甲了，它们有的威武霸气，有的装饰精美，是王权的象征。

法国国王亨利二世的盔甲

这副盔甲用钢材、黄金、白银及织物制作而成，高约188厘米，重约24千克，是现存最精细、最完整的法国阅兵盔甲之一。

本来这副盔甲是国王阅兵时穿的，但是国王却穿着这副盔甲参加了实战，结果被对手伤到了眼睛，并因此丧命。

英国国王亨利八世的盔甲

这是一套组合盔甲，盔甲全身镀金，高约185厘米，重约28.5千克。这种盔甲由一系列可置换和加固的部件组成，可以根据战场和比武大赛的不同用途进行调整。

这是亨利八世的最后一套盔甲，由于当时亨利八世处于晚年，他的身体较胖，因此这套盔甲看起来很大。

骑士们的盔甲和武器

欧洲骑士们服役时，往往需要自备武器和马匹，不同身份地位的骑士，他们的盔甲和武器也各不相同。

中世纪骑士盔甲

中世纪时期，骑士作战时用于保护身体的铁甲叫甲胄，整套的铁甲称为全身甲胄。十五世纪以后，骑士们的甲胄大多由薄的金属板制成，精致得甚至看不到接合处，并且上面常常有装饰性的镶嵌。这种盔甲不仅防御力好，而且比早期的盔甲更加轻便，所以很受欢迎。

重骑兵盔甲和马匹护面甲

这套盔甲大约制作于 1600 年，是用蚀刻钢、金、皮革和部分纺织品制作的，重约 35 千克。它保留了原有的黄色丝质头盔衬里和用金属线缝制的红色皮革背带，与之配套的是一个马头护具。

士兵们的盔甲

左侧是枪兵的盔甲,大约制作于 1620-1630 年,产自英国的格林尼治或者伦敦,盔甲用黑钢片和黄铜制造,重 8.618 千克。

中间是火绳枪兵佩德罗 II 型护甲,大约制作于 1683 年,产自英国伦敦,护甲使用钢、金、皮革和一些纺织品制造,表面有雕刻、烤蓝、镀金等工艺,重 15.38 千克。

右侧是胸甲骑兵的盔甲,盔甲大约制作于 1610-1630 年,产自意大利的米伦或布雷西亚,盔甲用钢、金、皮革、纺织品制造,重 39.24 千克。

王子的长剑

这柄长剑制作于 1881 年,据说是某位王子的佩剑。长剑的手柄头是百合皇冠,手柄是镀金的圣母玛利亚全身雕像,非常精美。

长剑

这些长剑的刃长约 70~80 厘米,柄长 20~25 厘米,是一种轻薄、长短适中,无论单手还是双手使用都很方便的武器,以切削、突刺为主要攻击方式。

盔甲和骑枪

盔甲负责防御,而骑枪则是进攻的武器。这些各式各样的骑枪是古代欧洲骑士专用的马战长兵器。骑士们手持骑枪冲向敌人,临接近时将骑枪水平或近乎水平指向敌人,利用冲锋加速刺杀敌人。

名画的殿堂

大都会艺术博物馆中收藏着许多世界级绘画大师的作品,在这里,人们可以饱览世界各国绘画大师的佳作,堪称"世界名画殿堂"。

《舞蹈教室》德加(法国印象派画家)

《舞蹈教室》是法国画家德加的油画作品,画中的少女表情各异、姿态各不相同,每个人的瞬间都被捕捉得很好,仿佛是用相机拍摄的一般。

《麦田与柏树》文森特·凡高(荷兰后印象派画家)

《麦田与柏树》是凡高于1889年创作的一幅风景油画。凡高是这样描述这幅画的:"我开始在画布上画柏树,上面还有一些麦穗,蓝天就像一块苏格兰花布,所以这些都用厚颜料画成……那麦田沐浴在阳光下,显得特别热忱与厚实。"凡高觉得这幅洒满了阳光的风景画是他所有描绘夏季的作品中最优秀的。

《我们朝拜马利亚》保罗·高更(法国后印象派画家)

这幅画中所有的人物都是按照大洋洲的塔希提妇女的样貌绘制的,画家保罗·高更用这些人物展现了人与天使向圣母玛利亚祈祷的场面,颜色明亮,极具原始气息,是画家心中的理想世界。

1776年12月25日，乔治·华盛顿率2400名士兵强渡特拉华河，向驻扎在特伦顿的受大英帝国雇用的黑森兵发起进攻，大获全胜，极大地鼓舞了北军的士气，成为南北战争的一个转折点，此画便是华盛顿横渡特拉华河的场景。

《华盛顿横渡特拉华河》埃玛纽埃尔·洛伊茨（德国艺术家）

《高鲁特夫人》约翰·辛格·萨金特（美国印象派画家）

《持水壶的女人》约翰内斯·维米尔（荷兰黄金时代绘画大师）

高鲁特夫人是一位银行家的妻子，画面中的她穿着一件黑色晚礼服，头向一边偏着，带光泽的白净皮肤在画上散发出一种奇特的光感，优雅动人。

《持水壶的女人》创作于1662年，画面中央有一名年轻女子，她用右手打开窗户，左手拿着一个水壶，在半透明的亚麻头饰下，女人的脸平淡而安详，整个画面宁静而又温馨。

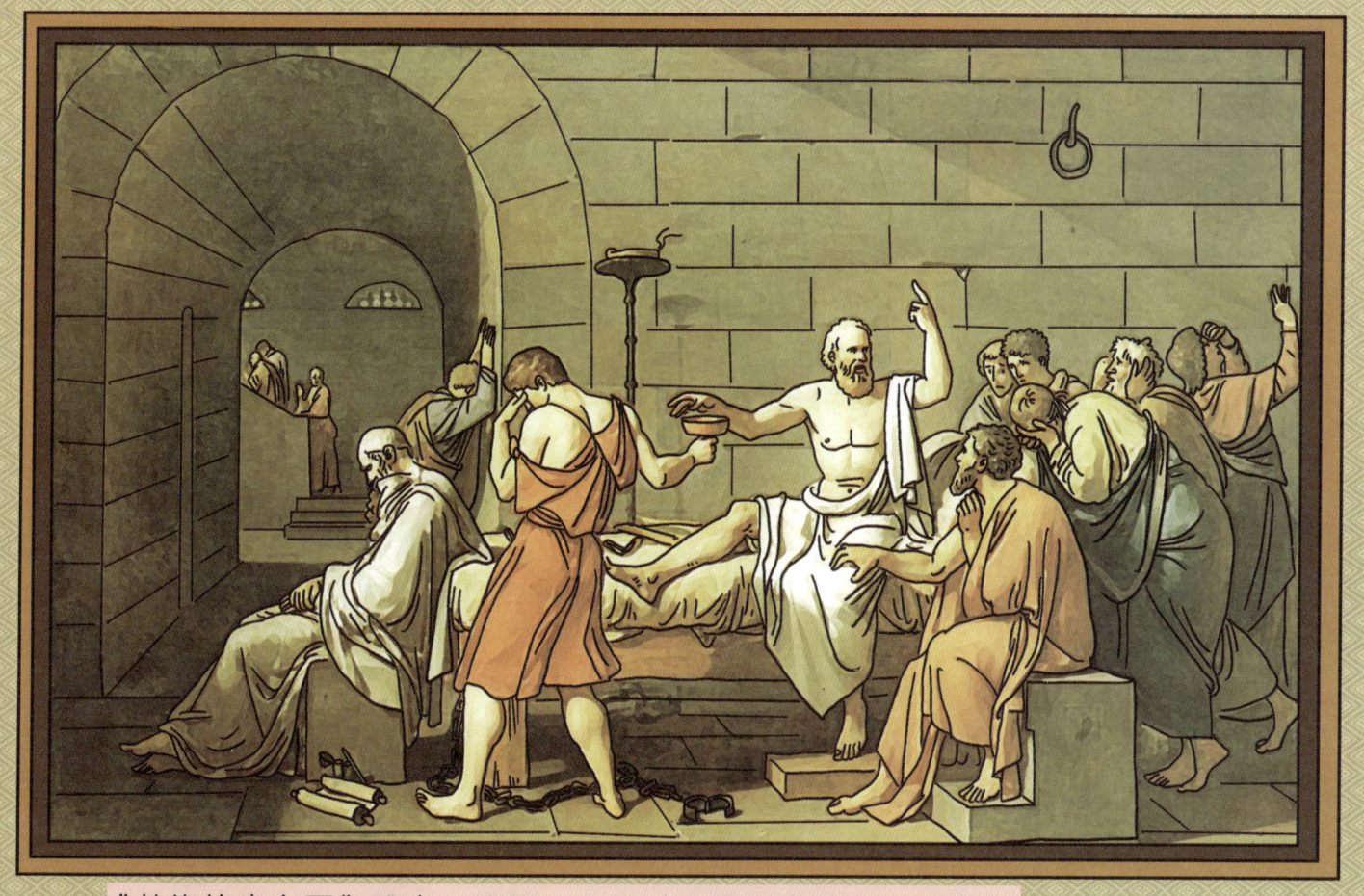

《苏格拉底之死》雅克·路易·大卫（法国新古典主义画家）

　　这幅作品描绘了哲学家苏格拉底死时的情景。被囚于狱中的苏格拉底面临两个选择：要么放弃自己的信仰，要么喝下毒酒。苏格拉底镇定自若，左手高举，表明信仰不变。大卫用新古典主义的手法，使画面呈现出了凝重、刚毅、冷峻的艺术效果。

　　1866年，莫奈在勒阿弗尔的海边开始创作《圣阿德雷斯的露台》。风和日丽的一天，岸边平台上姹紫嫣红，几位绅士和淑女享受着海风和阳光，远处海面上船帆点点，平台上旗帜飘扬，画面明快而又诗意满满。

《圣阿德雷斯的露台》
奥斯卡·克劳德·莫奈
（法国印象派画家）

22

《暴风雨》皮耶·奥古斯特·考特（法国学院艺术画家）

考特的《暴风雨》完成于 1880 年，在这幅作品里，背景是暗的，前景是亮的；男性色彩是暗的，女性色彩是亮的；男性身体是粗犷的线条，女体身体是柔细的线条，男性人物和女性人物在光线和色彩中得到了鲜明的对比和相互衬托，这种绘画风格在 19 世纪非常流行。

《神奈川冲浪里》葛饰北斋（日本浮世绘画家）

《神奈川冲浪里》是日本浮世绘画家葛饰北斋代表作品《富岳三十六景》中的一幅。画面描绘了英勇的船工们在惊涛巨浪中前行的一幕，以此象征搏击风浪的精神和气节。

朵拉·玛尔是毕加索的模特，也是毕加索人生中的重要人物。这幅肖像画是毕加索晚年的代表作，他用蓝色、紫色、绿色和复合颜色，以及粗犷的线条勾勒出朵拉·玛尔的形象，抽象而又生动。

《扶手椅上的朵拉·玛尔》巴勃罗·毕加索（西班牙现代派画家）

加拿大皇家泰瑞尔古生物博物馆

加拿大皇家泰瑞尔古生物博物馆位于艾伯塔省中部德兰赫勒市，它是全世界最大和最全面的古生物博物馆之一，这里集中展示着众多的恐龙化石，每年都吸引着上百万的游客前来参观。

博物馆地处位置

加拿大皇家泰瑞尔古生物博物馆位于一片杳无人烟的劣地（由红鹿河和冰河侵蚀而成的荒野），但在白垩纪时期，这里曾是恐龙遍地、气候潮湿的河畔平原。

恐龙化石的发现

1889年，地质学家蒂勒尔在园区内首先发现了食肉恐龙的头盖骨。此后，古生物学家们在这里发现了超过500具恐龙骨骼。

保存完好的恐龙化石

博物馆中有保存完好的霸王龙、戟龙、奎龙、尖角龙、厚鼻龙、伤齿龙等恐龙的骨架化石，它们在全世界多家博物馆中展示过。

发现化石怎么办

加拿大政府规定，所有在艾伯塔省发现的化石，必须向皇家泰瑞尔古生物博物馆提交，检测是否有考古学或生物学的研究价值，之后才可以由公司或个人收藏或出售。

恐龙之道

博物馆外有一条全长60千米的恐龙之道，人们可以亲身参与挖掘恐龙化石的工作。

博物馆中的高科技

博物馆除了展出恐龙骨骼外，还运用先进的声、光、电技术，模拟出了白垩纪时期的现实场景，非常有趣。

白垩纪的"黑美人"

在肉食性恐龙馆藏中，陈列着一副黑色的骨骼，它就是白垩纪时期大名鼎鼎的霸王龙骨骼化石。

由于化石呈黑色，因此，它被人们称为"黑美人"。

虽然被称作"黑美人"，但是其实它的性别并未被确定，12米的体长在霸王龙中算是身材比较娇小的，猜猜看，它究竟是男生还是女生呢？

一般的化石骨骼都会独立展出，而"黑美人"却是以被发掘出来的姿态，也就是死亡时的姿态展示的，这样的姿势被称为"死亡之姿"。

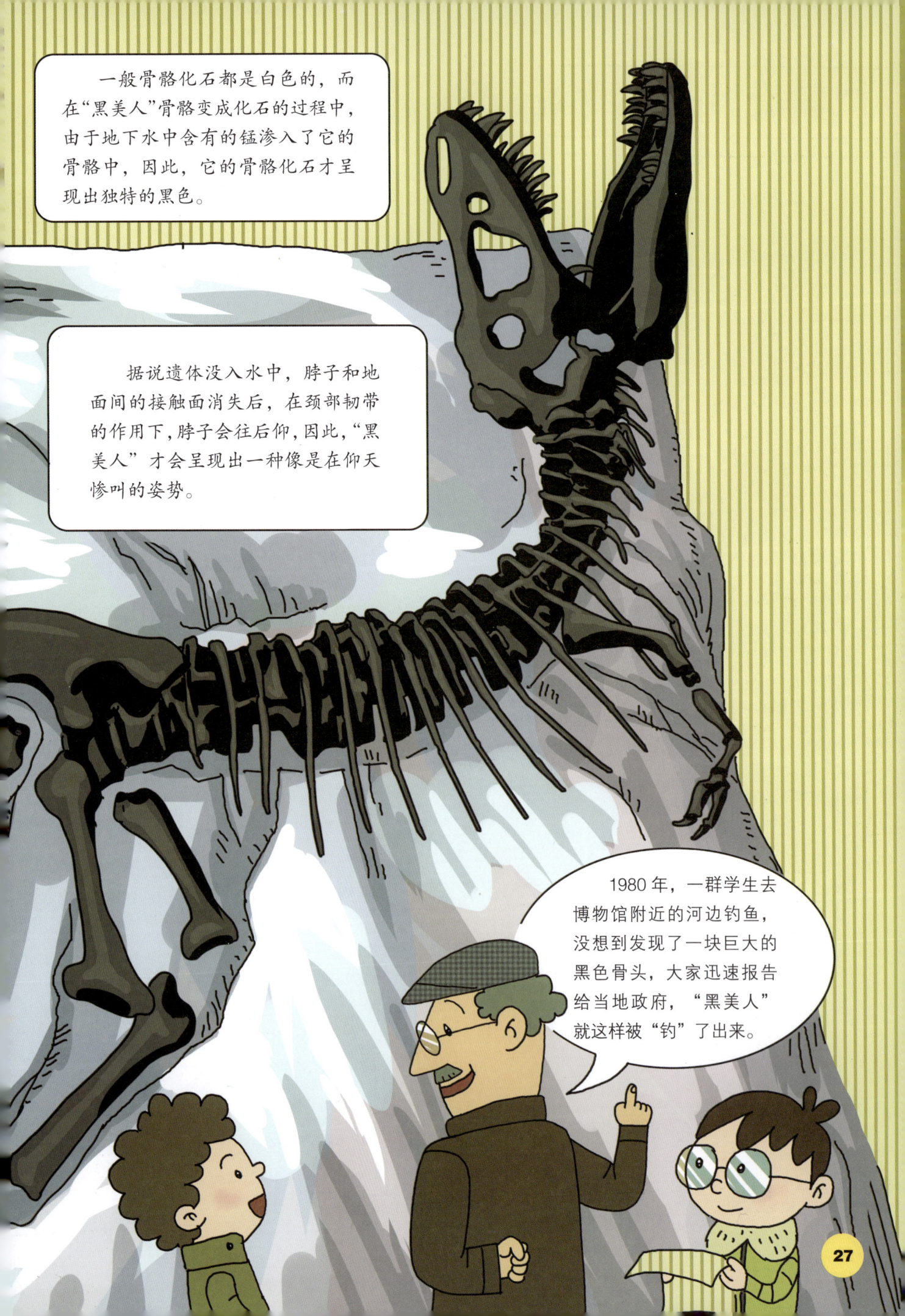

一般骨骼化石都是白色的，而在"黑美人"骨骼变成化石的过程中，由于地下水中含有的锰渗入了它的骨骼中，因此，它的骨骼化石才呈现出独特的黑色。

据说遗体没入水中，脖子和地面间的接触面消失后，在颈部韧带的作用下，脖子会往后仰，因此，"黑美人"才会呈现出一种像是在仰天惨叫的姿势。

1980年，一群学生去博物馆附近的河边钓鱼，没想到发现了一块巨大的黑色骨头，大家迅速报告给当地政府，"黑美人"就这样被"钓"了出来。

肉食性恐龙化石

霸王龙

霸王龙的化石一般分布在北美洲的美国和加拿大，它们是最晚灭绝的恐龙之一。这具霸王龙骨骼体长 10.8 米，它的族群曾是地球陆地上出现过的最大的肉食动物之一，重量超过大象。

在白垩纪时期，整个大陆都是恐龙的天下，尤其是肉食性恐龙，它们位于食物链的顶端，几乎没有对手。仅仅通过劣地出土的这些肉食性恐龙骨骼，我们便能想象到肉食性恐龙的巨大和凶残。

霸王龙粗壮的颈部是弯曲的"S"形，这样有利于支撑它沉重的脑袋。

霸王龙的前肢很短小，但可以用来抓紧并杀死猎物，也有人认为它的前肢可以用来帮助身体保持平衡。

霸王龙的牙齿上覆盖着坚硬的牙釉质，牙齿的边缘呈锯齿状，像锋利的锯子。

艾伯塔龙

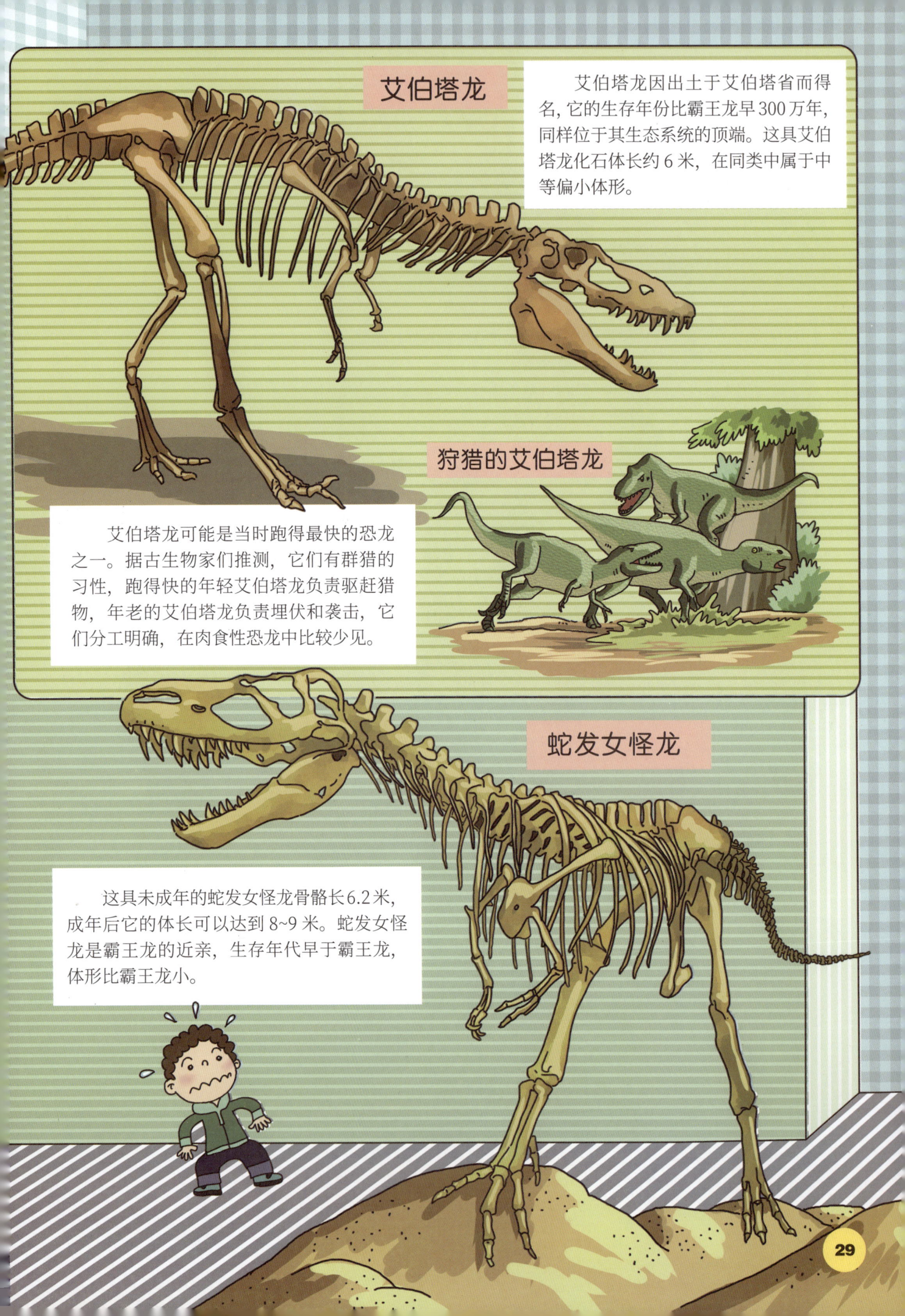

艾伯塔龙因出土于艾伯塔省而得名，它的生存年份比霸王龙早300万年，同样位于其生态系统的顶端。这具艾伯塔龙化石体长约6米，在同类中属于中等偏小体形。

狩猎的艾伯塔龙

艾伯塔龙可能是当时跑得最快的恐龙之一。据古生物家们推测，它们有群猎的习性，跑得快的年轻艾伯塔龙负责驱赶猎物，年老的艾伯塔龙负责埋伏和袭击，它们分工明确，在肉食性恐龙中比较少见。

蛇发女怪龙

这具未成年的蛇发女怪龙骨骼长6.2米，成年后它的体长可以达到8~9米。蛇发女怪龙是霸王龙的近亲，生存年代早于霸王龙，体形比霸王龙小。

似鸟龙

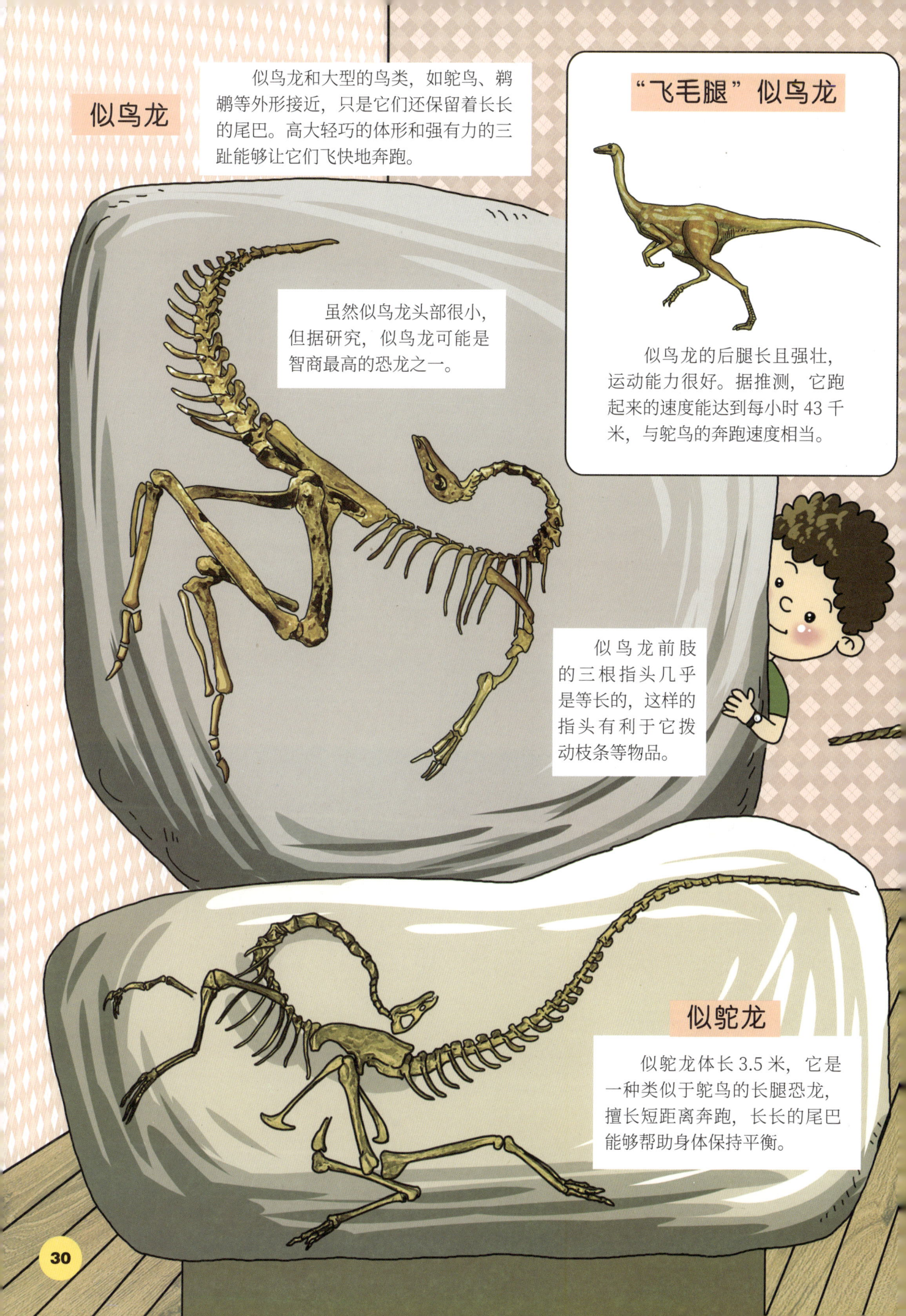

似鸟龙和大型的鸟类，如鸵鸟、鸸鹋等外形接近，只是它们还保留着长长的尾巴。高大轻巧的体形和强有力的三趾能够让它们飞快地奔跑。

"飞毛腿"似鸟龙

似鸟龙的后腿长且强壮，运动能力很好。据推测，它跑起来的速度能达到每小时43千米，与鸵鸟的奔跑速度相当。

虽然似鸟龙头部很小，但据研究，似鸟龙可能是智商最高的恐龙之一。

似鸟龙前肢的三根指头几乎是等长的，这样的指头有利于它拨动枝条等物品。

似鸵龙

似鸵龙体长3.5米，它是一种类似于鸵鸟的长腿恐龙，擅长短距离奔跑，长长的尾巴能够帮助身体保持平衡。

进击的伤齿龙

古生物学家在恐龙公园中发现了大量的伤齿龙牙齿及似鸟龙幼体骨骼，也许在它们在死亡之时，伤齿龙正在攻击似鸟龙的巢穴，还抓走了似鸟龙宝宝。

伤齿龙因为其独特的牙齿而得名，从目前发现的化石来看，伤齿龙的大脑是恐龙中最大的，而且它的感觉器官非常发达，因此，伤齿龙被认为是最聪明的恐龙之一。

奔龙

奔龙又名驰龙，意思是"快捷的蜥蜴"，这具骨骼化石长2米，修长健壮的腿骨和锋利的勾爪证明了它是一位优秀的猎手。

植食性恐龙化石

亚冠龙背上有很长的神经棘。

亚冠龙

亚冠龙生活在白垩纪晚期，它属于有冠的鸭嘴龙科恐龙。亚冠龙是植食性恐龙，可能会以双足或四足的方式行走，以多种植物为食。

亚冠龙头上长着形状特殊的头冠，因此，它们很容易辨识。亚冠龙的头冠是空心的，可能是作为视觉上的性征或种征，亦可以作为发声的共鸣室。

亚冠龙有数百颗备用牙齿，会不断地替换牙齿，所以在啃食植物的时候，只有很少一部分牙齿会在同一时间被使用。

亚冠龙巢穴化石

据研究，亚冠龙会在巢穴下方铺一些植物，植物腐烂时产生的热量有利于保温。

格里芬龙

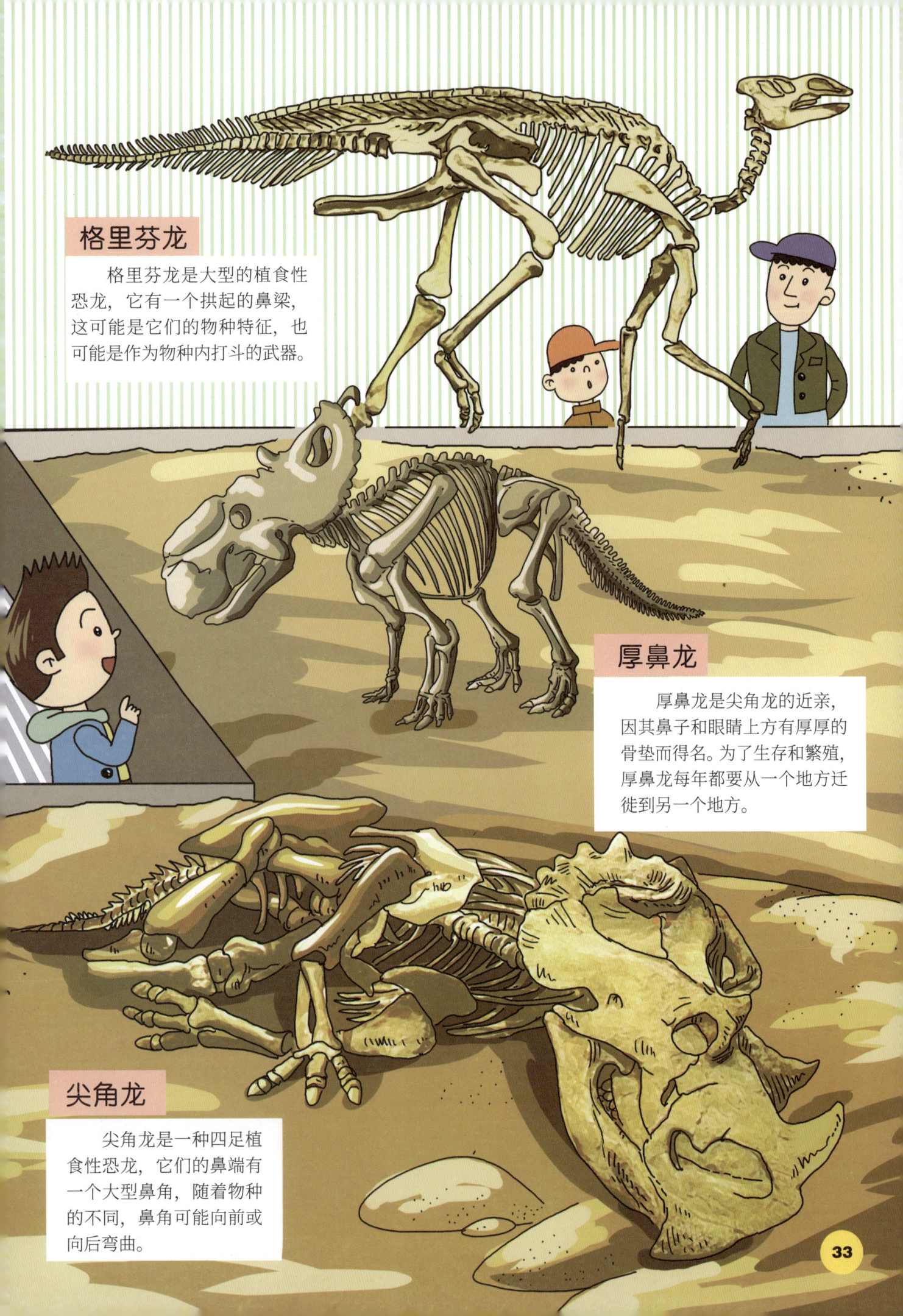

格里芬龙是大型的植食性恐龙，它有一个拱起的鼻梁，这可能是它们的物种特征，也可能是作为物种内打斗的武器。

厚鼻龙

厚鼻龙是尖角龙的近亲，因其鼻子和眼睛上方有厚厚的骨垫而得名。为了生存和繁殖，厚鼻龙每年都要从一个地方迁徙到另一个地方。

尖角龙

尖角龙是一种四足植食性恐龙，它们的鼻端有一个大型鼻角，随着物种的不同，鼻角可能向前或向后弯曲。

头冠各异的赖氏龙

赖氏龙生存于白垩纪晚期的北美洲，它是植食性恐龙。赖氏龙最独有的特征是像斧头一样的冠饰，它又高又扁，指向前方，并且会随着年龄的增长呈现出不同的形状，非常奇特。

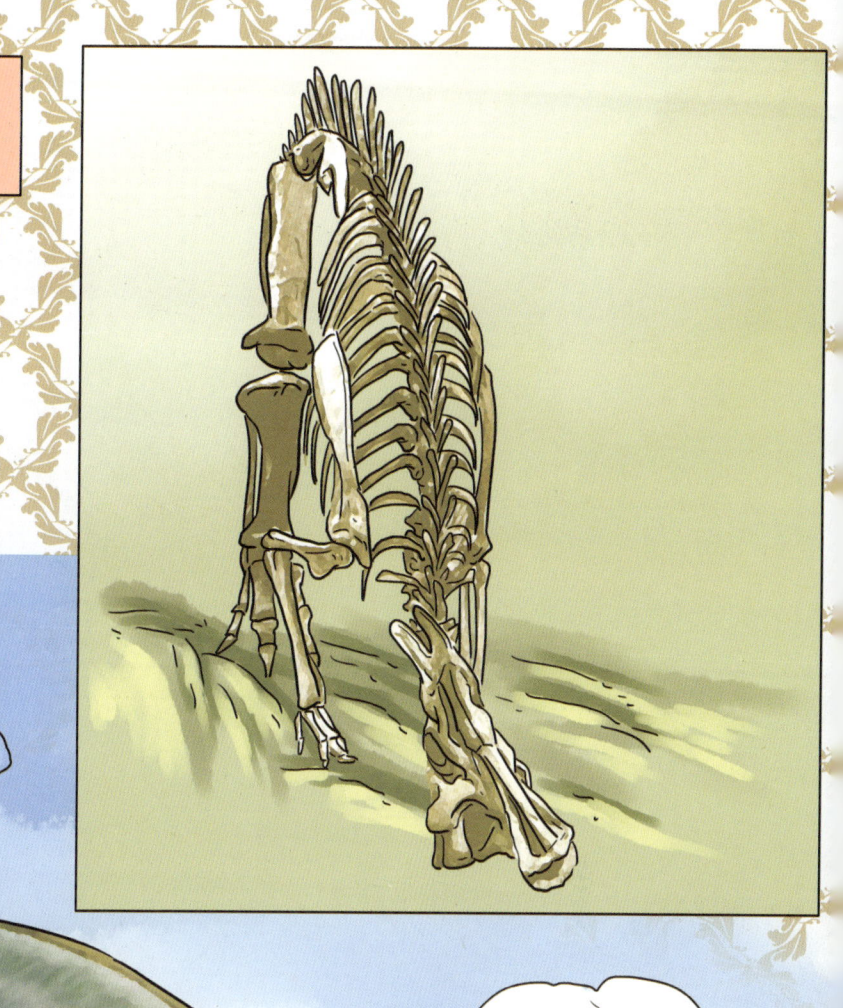

细节一

赖氏龙的头冠是由骨头形成的，但即使是同一种类的赖氏龙，它们的头冠也会有所差别，有的是扁平的大头冠，后方还有小头冠；有的是又小又圆的头冠。

细节二

赖氏龙的头冠为什么会不同呢？目前最常见的说法是因为性别不同，造成它们的头冠不同。正确与否，还有待考证。

细节三

从赖氏龙的骨骼可以看出，只有成年体的赖氏龙头部才有头冠，而幼生体的头部是没有头冠的。

细节四

生物学家对出土的赖氏龙骨骼做了详细记录，结果显示：不同地层中出土的不同时期的赖氏龙，头冠也是各不相同的，这就说明随着时间的推移，赖氏龙的头冠也在不停改变。

细节五

赖氏龙是喜欢群居生活的恐龙。据研究，相同群体的赖氏龙，它们的头冠是一样的，同样的头冠更有利于分辨谁是同伴。

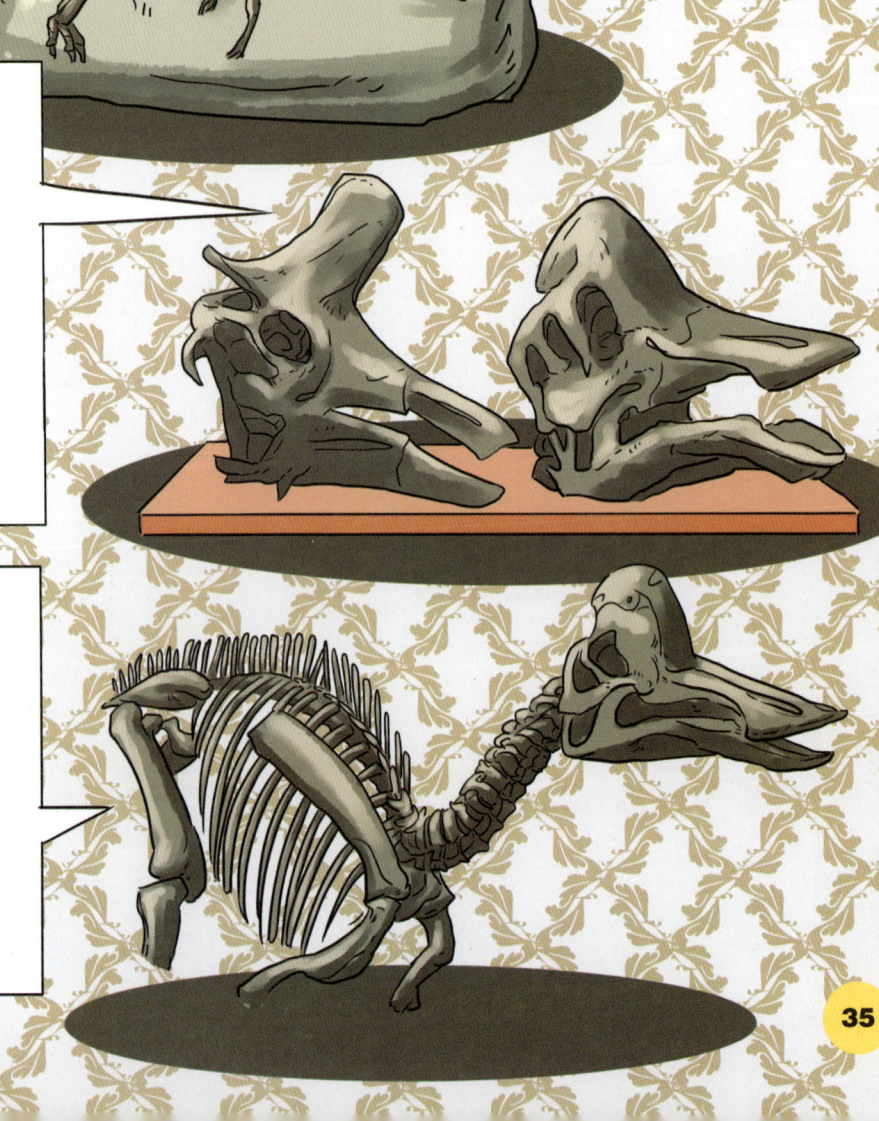

35

史密森尼国家自然博物馆

史密森尼国家自然博物馆位于美国首都华盛顿。这座博物馆有化石、矿物等超过 1 亿件馆藏品,以"地球 46 亿年历史"为主题,吸引着世界各地的游客。目前,它是世界上访问量最大的自然博物馆。

广泛的标本藏品

史密森尼国家自然博物馆收藏范围相当广泛,其中矿物和宝石的馆藏居于全球领先地位,各国研究者都喜欢在这里借用标本。

丰富的展品

博物馆中大约收藏有 1.45 亿件展品,包括植物、动物、化石、矿物、岩石、陨石、人体及手工制品标本。

博物馆的所有者

博物馆属于史密森尼学会，史密森尼学会最初是由英国化学家和矿物学家詹姆斯·史密森尼捐款设立的，而他却是一位从未到过美国的人。

参观者的福音

美国免费的博物馆非常少，而史密森尼学会下属的免费博物馆是参观者的福音，这些博物馆中最著名的便是史密森尼国家自然博物馆。

电影的取景地

史密森尼国家自然博物馆是电影《博物馆奇妙夜2》的取景地之一。

璀璨的矿物和钻石

无论是奇特的矿物，还是耀眼的钻石，它们都是地球给人类的宝物，博物馆中的每一件藏品都是难得一见的珍品，其中有的矿物资源已经枯竭，很难再见，也只有在博物馆中，才能见到它们的身影。

什么是矿物

当火山、水或者大气流动进行地质活动后，有些化学元素受到高压和高热的作用，便会形成一些天然的固定物质，这些物质就是矿物。有的矿物造型极美，令人惊艳。

锂电气石

这块锂电气石发现于美国的圣地亚哥，它被昵称为"蒸汽船"，它属于电气石家族，这个家族最出名的是宝石"碧玺"。

锂电气石是六角形的柱状结晶，在成长时，它的颜色会因为微量元素的变化而改变。

常见的锂电气石有红色、绿色、黄色、蓝色，以及白色等颜色，也有透明色的，透明色的常被制作成宝石饰品。

锂电气石下方的结晶是石英，它像是巨大的船体，而锂电气石则像船的烟囱，这就是其为什么被称"蒸汽船"。

银禧蛋白石

蛋白石一般为蛋白色，如果有其他元素混入，就可以形成蓝色、绿色、黄色等颜色，黑色的蛋白石是最稀有的品种。

石英

石英是水晶的矿物名称，这块亮眼的石英周围有一圈小型结晶集结成的粉晶，因此，被称为"粉红蓬蓬裙"。

黄铁矿

这是由黄铁矿立方体结晶重叠而成的标本，黄铁矿的颜色与黄金相似，所以它常常被误认为是黄金，因此，获得别称"愚人金"。

菱锰矿

菱锰矿别称"印加玫瑰"，通常晶粒大、透明色美者可作宝石；而颗粒细小、半透明的集合体则被用来做玉雕材料。

世界第一蓝钻——希望之钻

希望之钻是目前世界上最大的蓝钻石，它被陈列在博物馆的二楼，在灯光的照耀下，钻石有时是郁黑色的，有时是群青色的，非常迷人。

希望之钻小档案

希望之钻的座台上镶着340颗钻石，象征着"怀抱希望"。有的钻石被紫外线照射之后会放射出蓝光，而希望之钻却能发出璀璨的红光。

40

厄运是真是假

由于希望之钻的主人不断发生不幸,因此它也被称为"厄运之钻"。

事件一

传说法国钻石商人塔维奈尔曾经偷盗过希望之钻,所以他最后被野狗咬死了。但事实上钻石是塔维奈尔收购的,并且他活到了84岁,并没有发生意外。

事件二

法国国王路易十四曾从塔维奈尔手中购入钻石,并将它切割成重为67.125克拉(1克拉=0.2克)的心形钻石,最终,他的曾孙死于天花,他的侄子路易十六和妻子玛丽皇后被送上断头台。但其实玛丽皇后根本就没有见过希望之钻。

事件三

希望之钻在法国大革命期间被盗,之后再次现身英国,由银行家霍普收藏,可霍普家族四代却代代衰败。霍普家最后一任女主人是位美国演员,她拍摄了关于希望之钻诅咒的电影,夸大了厄运之钻的传说。

事件四

美国富豪麦克林夫妇曾是希望之钻的拥有者,但他们的长子因交通事故死亡,麦克林先生在精神病院去世,女儿也意外死亡。不过麦克林太太到死都不相信希望之钻是"厄运之钻"。

事件五

希望之钻在纽约宝石商人哈利·温斯顿手中长达10年之久,在此期间,他遭遇了4次车祸,最后破产了。1958年,他以邮寄的方式将"希望之钻"捐赠给了博物馆,此后的几十年,收藏钻石的博物馆并未发生任何灾难。

玛丽·路易丝的王冠与钻石项链

　　这顶王冠是拿破仑一世在1810年送给第二任妻子玛丽·路易丝的结婚礼物。王冠制作时镶嵌着祖母绿宝石，后来被换成了绿松石，整顶王冠镶嵌着79颗绿松石和1000多颗钻石。

　　这条项链也是拿破仑一世送给玛丽·路易丝的礼物，整个钻石项链由234颗钻石组成，项链钻石总重量263克拉，当中最大的一颗重10.4克拉。

卡门·露西亚红宝石

　　卡门·露西亚红宝石重23.1克拉，它镶嵌在一个由碎钻做点缀的白金戒指上，是世界上屈指可数的巨型红宝石。

土邦王妃猫眼石

　　这块猫眼石产自斯里兰卡，它的大小、色泽、反射光都是猫眼石中最高等级的。

亚洲之星

　　这是世界上最大的星彩蓝宝石，因为宝石中含有针状的金红石，因此，可以散发出星状的光芒。

宗教裁判所项链

这条项链由钻石和祖母绿组成，中央最大的祖母绿有45克拉，色调深邃且透明度高，是世界上顶级的祖母绿。

胡克祖母绿胸针

胡克祖母绿胸针是慈善家胡克女士捐赠给博物馆的第一件珠宝，它曾是奥斯曼帝国的皇家珠宝。胸针中央的祖母绿台面大、纯净度高，周围围绕着109粒钻石，非常珍贵。

玛丽·安托瓦内特耳环

这对梨形的钻石耳环是法国国王路易十六送给妻子玛丽·安托瓦内特的首饰。据说，王后非常喜爱这对耳环，在法国大革命期间逃离时仍戴着。

玛丽·安托瓦内特

玛丽·安托瓦内特是法国国王路易十六的王后，在法国大革命时被送上了断头台，因为极度奢靡，也被称作"赤字夫人"。

动物标本与化石

博物馆中收藏并展出了许多千姿百态又极其珍贵的动物标本,其中,逼真还原的哺乳动物标本和神秘的古海洋生物标本最令人惊叹。

威风凛凛的非洲野象标本

这头非洲野象标本位于一楼大厅正中央,它的体重足有8000千克,据说是目前为止捕获的最大的非洲野象剥制标本,被视为史密森尼国家自然历史博物馆的标志。

细节二

象牙非常珍贵,所以大象们往往因此命丧狩猎者之手。由于这头非洲野象原本的象牙太重,难以支撑,因此被换掉了,现在的象牙是用玻璃纤维制成的。

细节三

这头非洲野象是于1955年被匈牙利猎人捕获的,从二十世纪初期至今,由于栖息地锐减及盗猎象牙者太多等原因,非洲野象面临着巨大的生存危机。

细节一

这头非洲野象脚下是模拟非洲大地的基座,它站在上面,俯瞰着参观者,非常霸气。

孟加拉虎

这只霸气的孟加拉虎标本来自印度,它正打算一跃而起,扑杀猎物。

猎豹和瞪羚

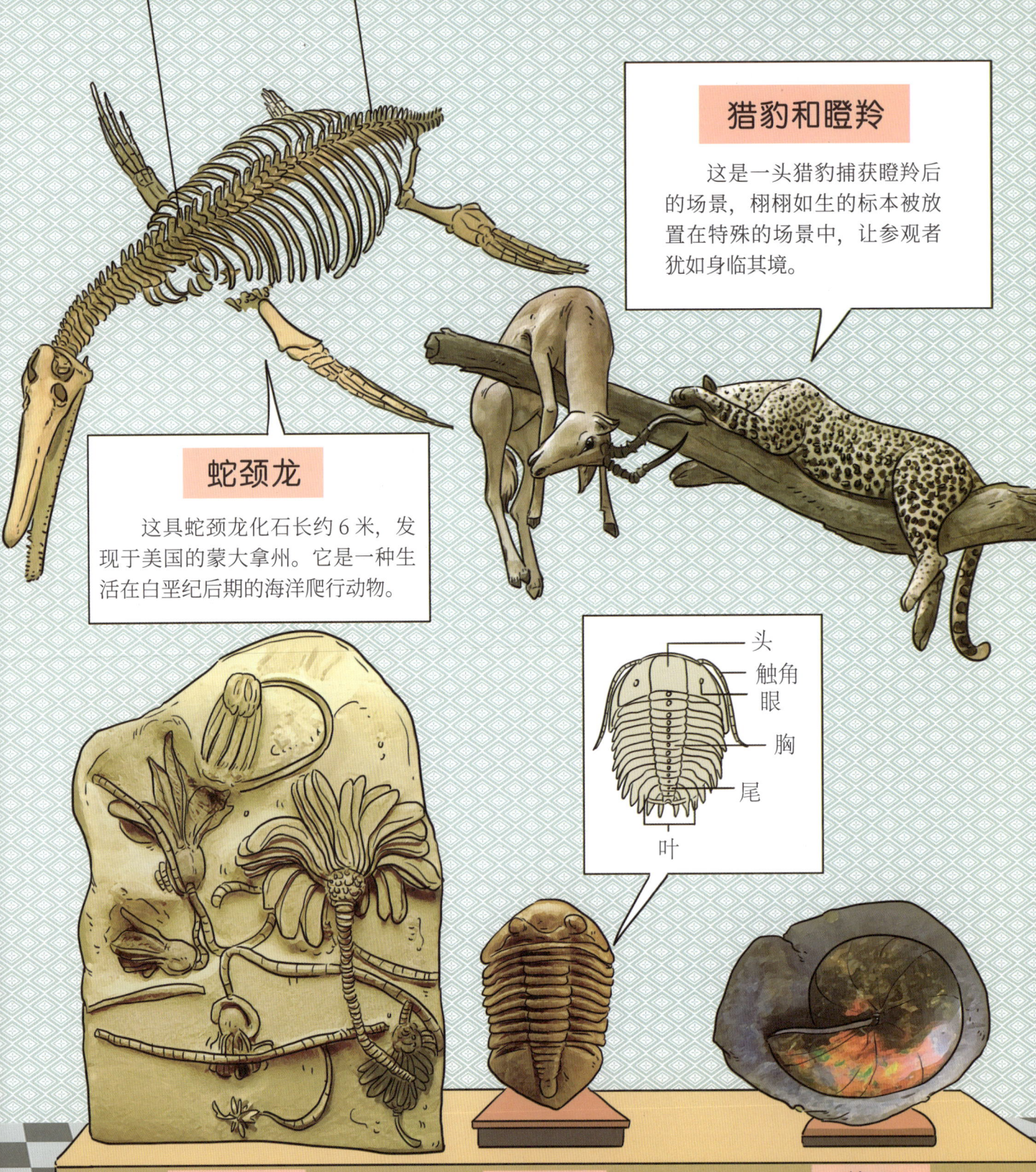

这是一头猎豹捕获瞪羚后的场景，栩栩如生的标本被放置在特殊的场景中，让参观者犹如身临其境。

蛇颈龙

这具蛇颈龙化石长约6米，发现于美国的蒙大拿州。它是一种生活在白垩纪后期的海洋爬行动物。

头
触角
眼
胸
尾
叶

海百合

这块完整的海百合化石发现于美国中部，它因外形像百合花而得名，但其实它是棘皮动物。

海百合的腕足漂亮又灵活，能够捕食水中的浮游生物。

三叶虫

这个三叶虫化石长约4.8厘米，发现于俄罗斯圣彼得堡。它生活在海洋中，是古生代最具代表性的节肢动物，灭绝于二叠纪末期。

菊石

菊石是生活在古生代和新生代的海洋生物，灭绝于白垩纪。这个菊石化石发现于美国南达科他州，它有一层由碳酸钙形成的壳，十分有光泽。

探秘人类的祖先

在博物馆里的人类起源馆中，我们可以看到古老的人类骨骼化石，它们有的是极其珍贵的真品，有的是高度还原的仿制品。同时，还展陈着一些早期人类使用过的物品，古老而又充满神秘感。

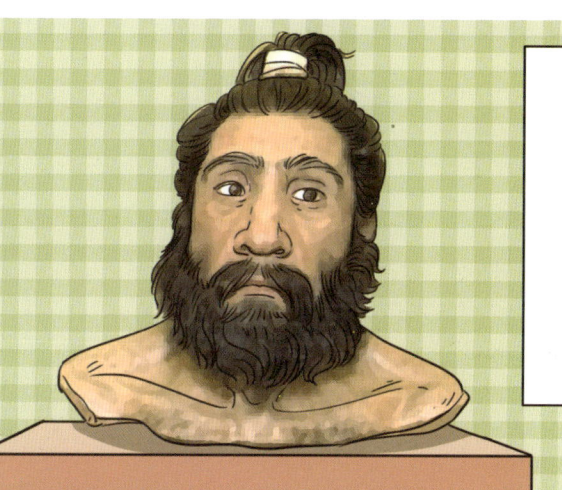

细节一

出土时，它是破碎的，有130块骨头及细小的碎片，克服重重困难，人们才将这具骨骼组合还原。

细节二

沙尼达尔3号左侧第九根肋骨上有个很深的致命伤口，是被锐器刺伤的，他有可能是迄今为止发现的人类最古老的被害人。

尼安德特男性复原蜡像

尼安德特人骨骼

据推测，尼安德特人生存于20万年前。这具骨骼于1856年在德国杜塞尔多夫尼安德特河谷附近的一个小洞里被发现，它被称为沙尼达尔3号，博物馆中展陈的便是不折不扣的真品化石。

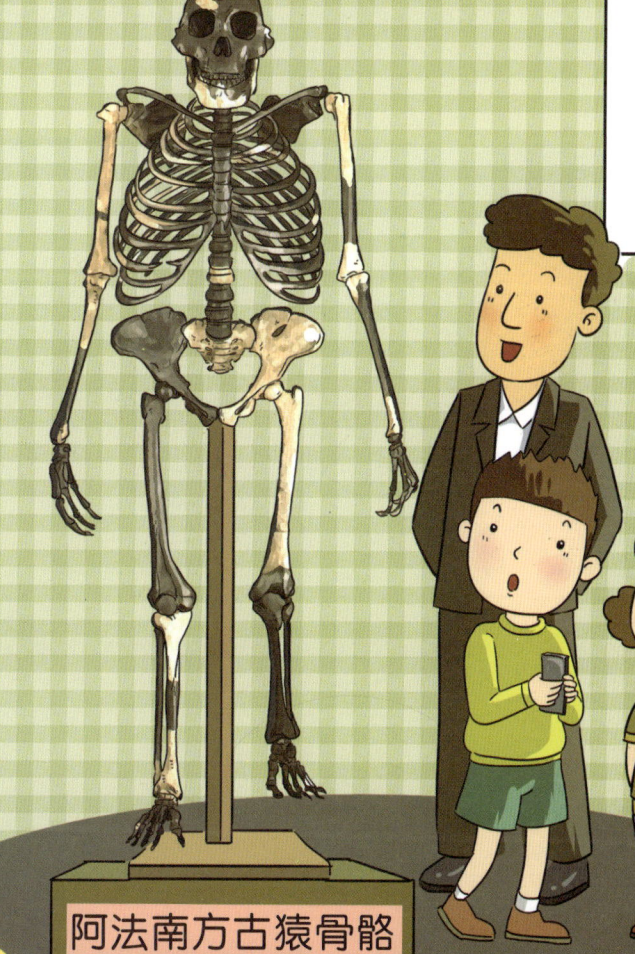

阿法南方古猿骨骼

阿法南方古猿修复还原图

46

克罗马农人狩猎场景图

象牙笛

这是由猛犸象牙制成的象牙笛，发现于德国盖森克洛斯特勒洞穴，是 35000 多年前克罗马农人制作的笛子。

石锤

人类大约在 260 万年前开始使用石器，石锤可以帮助人类敲开石材，得到尖锐的石片。这个石锤发现于中国河北省，制作时间大约在 166 万年前。

石器

这是发现于科尼亚洛卡拉雷的石器，据推测，这些碎石块和尖锐的石片都是由石锤敲击石材形成的。尖锐的石片可以用来剥取动物的皮。

墨西哥国立人类学博物馆

墨西哥国立人类学博物馆位于墨西哥城查普尔特佩克公园内，馆内收藏和展出的主要是印第安文明遗存。这里设有人类学入门、美洲大陆起源、墨西哥印第安文化等展区，极具民族特色。

MUSEO NACIONAL DE ANTROPOLOGIA

博物馆概况

博物馆建于 1964 年，前身是 1808 年的墨西哥大学古物委员会。博物馆占地面积 15.5 万平方米，建筑面积 4.4 万平方米，是墨西哥城最著名的博物馆之一。

印第安文化缩影

博物馆一层的展厅中，主要展示特奥蒂瓦坎、托尔特克、墨西卡、瓦哈卡、墨西哥湾、玛雅、北部和西部 8 种墨西哥印第安文化，它们是 4000 年来古印第安各族人民文化遗产的缩影。

体现美洲早期文明

博物馆中的藏品不仅反映了墨西哥文明，也反映了整个美洲早期文明的进程，这些展品色调鲜艳，丰富多彩，让人印象深刻。

雨神和雨泉

博物馆门口有一座用整块大石雕成的"雨神"特拉洛克石像，院内还立有一根刻有太阳神、雨神、羽蛇神等图腾的大铜柱，柱子顶上有一个巨大的蘑菇顶可以蓄水，向四周喷洒，像一个"雨泉"。由此可见，水在墨西哥文化中有着极其重要的寓意。

独特的图案和雕塑

阿兹特克文明是中美洲古老印第安文明的一部分。相传，如果看见一只鹰叼着蛇站在仙人掌上，那么在这个地方居住，一定会使民族得到兴旺发展。墨西哥国立人类学博物馆门口独特的图案和雕塑也由此而来。

49

第五太阳石

阿兹特克文明是墨西哥古代阿兹特克人所创造的印第安文明，是美洲古代三大文明之一。它形成于十四世纪初，1521年被西班牙人毁灭。这块第五太阳石则是阿兹特克文明的象征。

太阳石来自哪里

这是特诺奇蒂特兰城的想象复原图，它曾经建立在一座小岛上，全盛时期有30万人在此生活。

曾经的特诺奇蒂特兰早已消失，只剩下位于墨西哥城市中心的大神殿的遗址。

太阳石原本是阿兹特克首都特诺奇蒂特兰中心广场的装饰壁雕，可能制作于阿兹特克帝国第六代国王阿哈雅卡特尔统治期间。石板中央是太阳神托纳帝乌，周围则是历法及宇宙所经历的4个时代，通称"阿兹特克历法"。

太阳石与4个太阳纪

这件浮雕出土于墨西哥城大广场的地下，据推测，它的年代比土器出现的时间还要早。太阳石是墨西哥人献给太阳神的一块纪念碑，它本来装饰在诺提特兰神殿的墙上，西班牙人破坏了神殿，而太阳石却奇迹般地留存了下来。

太阳神四周分布着4个"太阳"，在阿兹特克神话中，它们代表着人类已经过了4个"太阳纪"，世界经过了4次灭亡与重生。

第一个太阳纪：美洲豹的太阳

此时人们的生活方式较为原始，靠着采集果实等方式为生，后来被美洲豹吞噬而灭亡。

第二个太阳纪：风的太阳

在这个时期，飓风摧毁了世界，太阳神将人类变成4只脚的猿猴，避免被风卷走。

第三个太阳纪：火雨的太阳

人类遭遇火山大爆发的危机，太阳神将人类变成了小鸟，帮助人类逃过一劫。

第四个太阳纪：洪水的太阳

世界被大洪水淹没，太阳神将人类变成了鱼，人类才保住了性命。

石盘中央的太阳表示第五个太阳纪——地震的太阳，神话预测人类会在2012年12月21日或23日因为地震而灭亡。事实上，2012年并未发生让人类灭绝的灾难，预言只是个预言而已。

阿兹特克石雕

作为墨西哥的压轴古文明，阿兹特克人自称"墨西加"，这也是"墨西哥"国名的由来。在遗留的众多文物中，阿兹特克的石雕最令人惊叹。

夸特里姑石像

这尊夸特里姑石像制作于1325—1521年之间，夸特里姑是指"穿蛇裙之女"。在神话故事中，她是大地女神，这座雕像可与太阳历石媲美，是公认的展现阿兹特克宗教观的最佳作品。

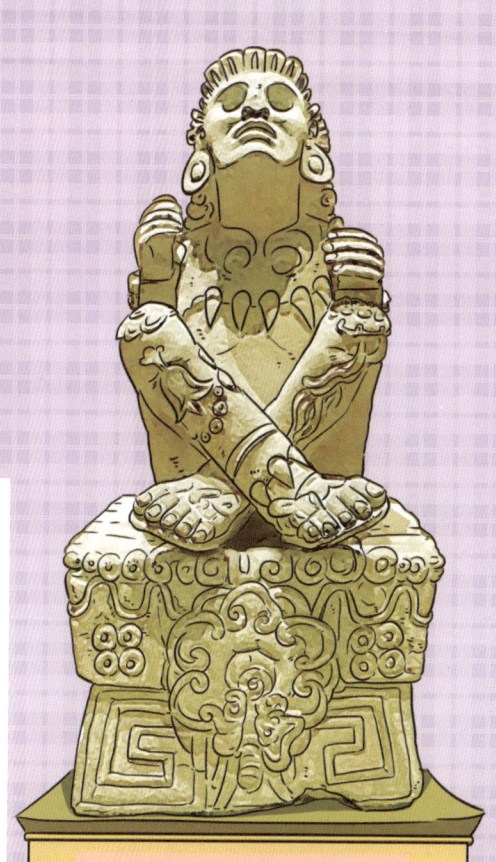

休奇皮里雕像

这尊象征着"花之王子"的休奇皮里神祇雕像大约制作于1325—1521年，休奇皮里掌管着青春、爱情、舞蹈和诗歌，是人们最喜爱的神祇之一。

雄鹰战士

这是一件高约2米的陶土战士塑像。战士头戴鹰形头盔、身披羽翼服饰，在阿兹特克帝国，这样的战士是众人敬仰的存在。

黑曜石容器

这尊黑曜石容器外部装饰着墨西哥热带雨林中的蜘蛛猴，其雕工细腻，展示了阿兹特克人精湛的石刻技术。

特奥蒂瓦坎的文明

特奥蒂瓦坎文明诞生于墨西哥中部地带,它早于阿兹特克文明,目前没有可靠的文献记载,只有一些极其壮观的遗迹,如大名鼎鼎的羽蛇神殿。

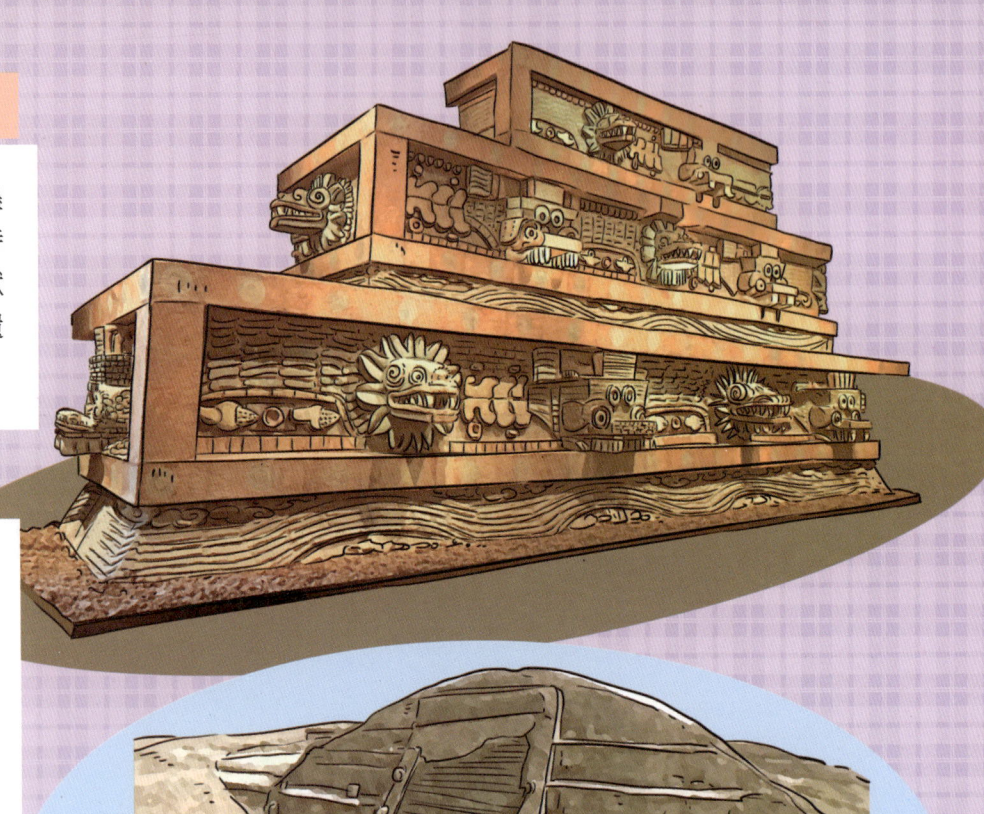

羽蛇神殿(局部)

博物馆中的神殿按照特奥蒂瓦坎的基座原始尺寸仿制而成,神殿的墙面上装饰着露出尖牙的羽蛇神头像和两眼圆滚滚的雨神特拉洛克像,在神话中,羽蛇神代表着死亡和重生,是祭司们的保护神。

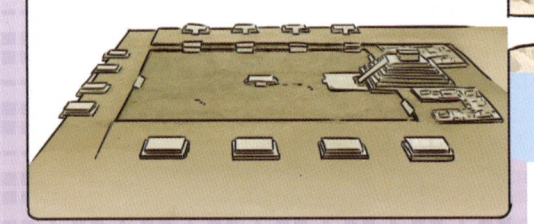

羽蛇神殿遗址

羽蛇神殿遗址位于特奥蒂瓦坎遗址南部的建筑群中,它发现于1921年,在发现之初,被泥土掩埋的神殿正面还残留着鲜艳的色彩。

羽蛇神殿复原模型

雨神雕像

这尊雨神雕像出土于特奥蒂瓦坎的月亮神庙,在阿兹特克神话中,雨神特拉洛克主宰着雨季和旱季,也能带来洪水、冰雹或风暴等灾难。

骷髅太阳石盘

这个残缺的石盘出土于特奥蒂瓦坎太阳金字塔,用骷髅形象装饰的石盘象征着太阳之死。

53

托尔特克文明

托尔特克人原是居住在墨西哥北部的一支游牧民族,在特奥蒂瓦坎文明消失后,他们开始统治墨西哥的中部地区。托尔特克文化以建筑和手工艺品闻名,托尔特克人被称为"伟大的工匠"。人们在图拉城中发现了大量的遗迹。

武士像

这幅壁画出土于图拉城中的武士庙,壁画被整面墙搬进了博物馆中,目前依旧色彩鲜艳。

图拉城遗址

图拉城复原图

图拉城是托尔特克文明中的一个重要文化遗址,该遗址分布在一个边长约 120 米的四方形广场的周围。它的北面有一个神庙,是托尔特克人祭祀金星的神庙所在。另外,还有太阳神庙、烧焦的宫殿、球场、祭坛和起居室等。

郊狼头饰的人头像

据推测，这是戴着郊狼头饰的托尔特克战士，他与阿兹特克的雄鹰战士一样，都是受人崇拜的战士。头饰用黏土制成，上面贴满了贝壳。

战士像

这座托尔特克战士像一手持刀、一手掷矛，与支撑神庙入口的石柱合为一体，美观而又实用。

玛雅美洲虎武士像锅

这是一个出土于图拉的陶制锅，托尔特克人喜欢制作各式各样的动物像、人像陶器。这件陶锅的下部塑造了一个半人半兽的美洲虎武士，两条前腿既有装饰作用，又可以支撑锅体，造型非常独特。

玛雅文明

玛雅文明因印第安玛雅人而得名，它是世界上唯一一个诞生于热带丛林的古代文明，它的发展和消失充满了神秘色彩，人们只能从那些被遗弃的城市遗址中探索神秘的玛雅文明。

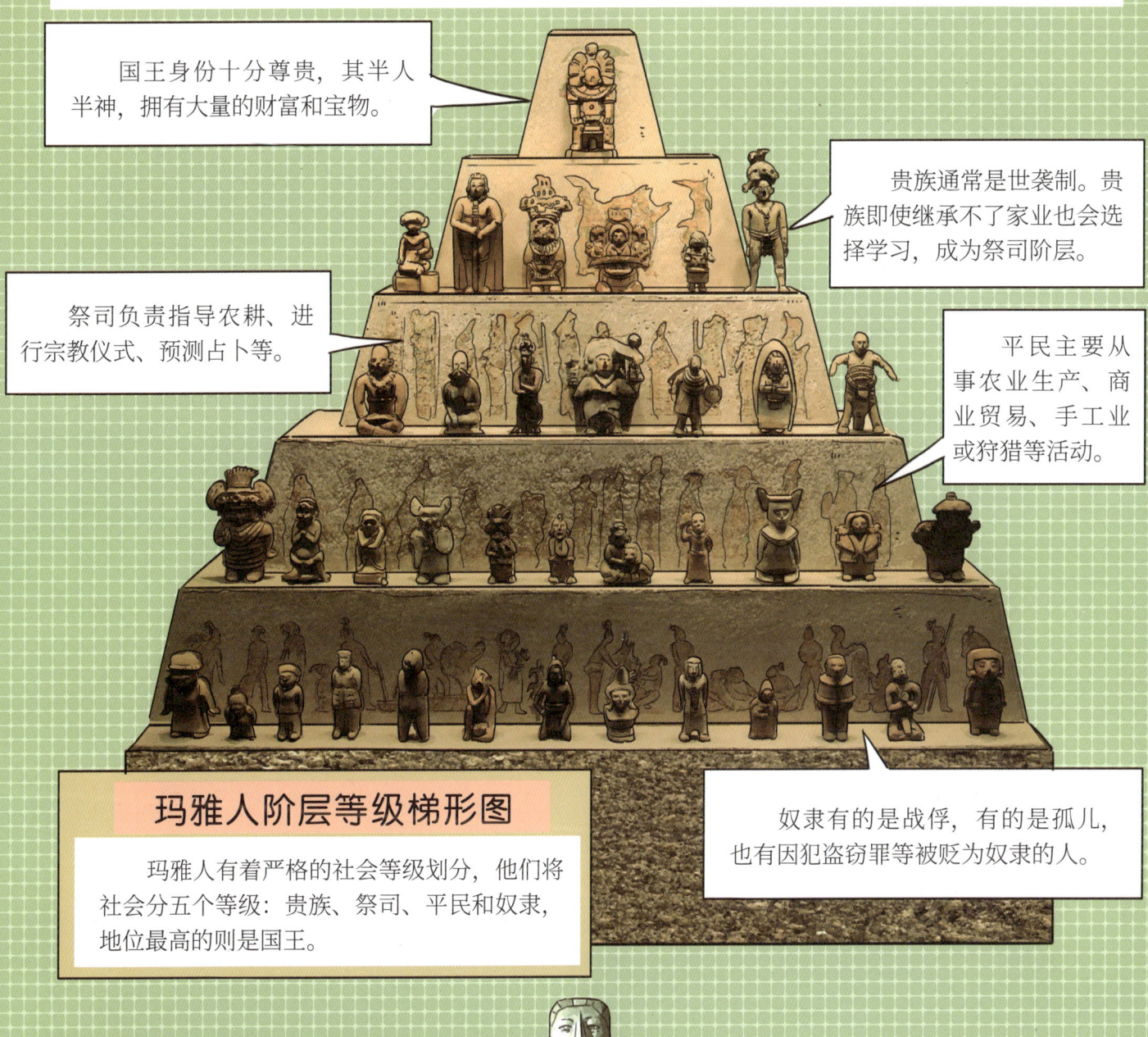

国王身份十分尊贵，其半人半神，拥有大量的财富和宝物。

贵族通常是世袭制。贵族即使继承不了家业也会选择学习，成为祭司阶层。

祭司负责指导农耕、进行宗教仪式、预测占卜等。

平民主要从事农业生产、商业贸易、手工业或狩猎等活动。

玛雅人阶层等级梯形图

玛雅人有着严格的社会等级划分，他们将社会分五个等级：贵族、祭司、平民和奴隶，地位最高的则是国王。

奴隶有的是战俘，有的是孤儿，也有因犯盗窃罪等被贬为奴隶的人。

翡翠面具

翡翠面具出土于帕伦克王墓，由200多块玉片镶制而成，被发现时，它覆盖在巴加尔国王的遗体上。

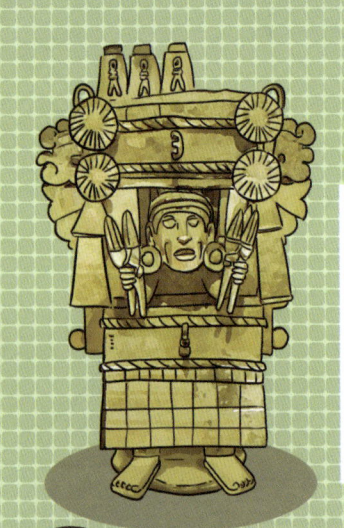

玉米神

玉米神是玛雅文明中掌管玉米等五谷和森林的神祇。它的雕像通常以玉米为头饰，手持玉米代表着富饶与丰收。

青年像

据推测，这尊精致的青年像可能是羽蛇神的雕像，也可能是供奉羽蛇神的祭礼，它的身上刻满了象形文字和符号，背上还背着一尊小雕像。

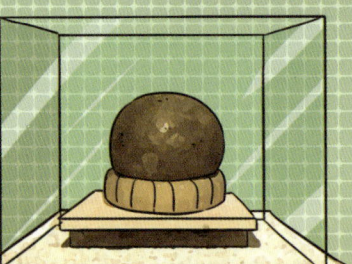

足球

这是玛雅人的足球，它是一个实心橡胶球，1～1.5 千克重。

玛雅竖石碑

石碑上的图案是三世纪时期的玛雅文字，上面记载着某项仪式的过程。

石环

石环镶嵌在球场的墙壁上，石环中间有一个圆洞，球进入圆洞则代表得分。

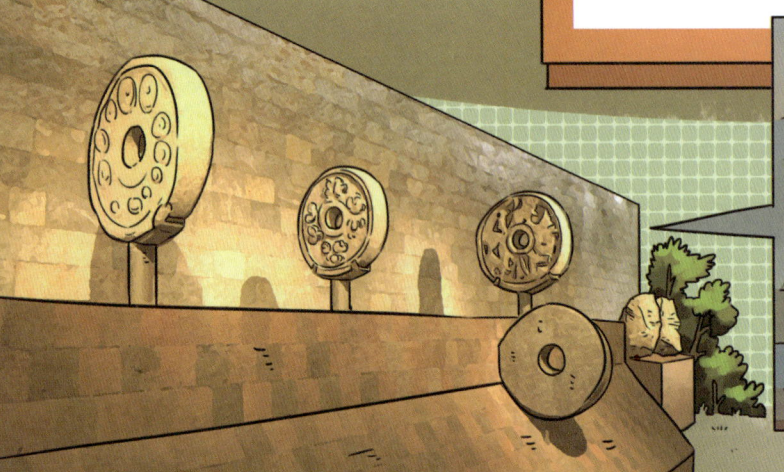

生死球赛

在玛雅时期，球赛是一种宗教仪式，赛前祭司会先算上一卦，卦上可能会显示：如果甲队赢，今年就会风调雨顺，否则就是个灾年。比赛前，双方队员都不知道卦上的内容，他们在球场上拼命搏斗。如果最后乙队赢了，可怜的甲队和乙队的队长都要献上他们的人头，以平息神怒。

57

美国国家航空航天博物馆

美国国家航空航天博物馆位于美国首都华盛顿，它是目前世界上最大的、有关飞行的专题博物馆。这里大多数展品都是珍贵的原件或备用的实物，游客们不仅可以随意拍摄，还可以登上一些航天器近距离感受飞行员的生活，非常受人欢迎。

形形色色的飞行器

博物馆的正厅名为"飞行里程碑"，这里展陈着各个时期形形色色的飞行器，有的悬吊在天花板上，有的停放在大厅里，非常震撼。

真正的飞机

博物馆中一共展出各种类型的飞机实物265架，包括莱特兄弟的第一架飞机和X—15实验型高速火箭动力实验机。

各种航天器物

馆内陈列着具有重要意义的各类飞机、火箭、导弹、宇宙飞船及宇航员们用过的物品等。

栩栩如生的蜡像

展厅中还陈列着许多与真人同等大小、栩栩如生的王牌飞行员的蜡像，包括他们当时的照片、资料，以及曾经用过的物品。

可以触摸的"天外来客"

人们可以在这里触摸到真正的"天外来客"——一片从月球表面采来的三角形月亮石。

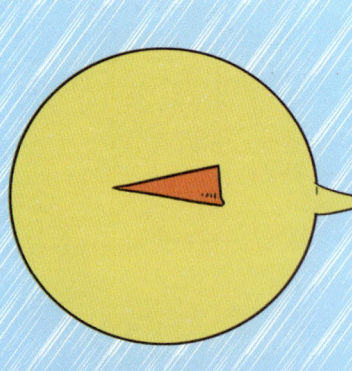

巨大的电影院

博物馆中的洛克希德马丁IMAX剧院是世界上最大的立体环幕电影院，银幕高5层楼、宽33米，可容纳500人同时观影。

世界第一架动力飞机——"飞行者"1号

1903年12月17日，美国的自行车制造商莱特兄弟成功试飞了一架结构单薄、模样奇特的双翼飞机——"飞行者"1号。这是人类历史上第一架能够自由飞行，并且完全可以操纵的动力飞机，1903年12月17日也成了飞机诞生之日。

莱特兄弟究竟有什么过人之处呢？为什么他们发明的"飞行者"1号能成功起飞呢？来看看他们成功的奥秘吧！

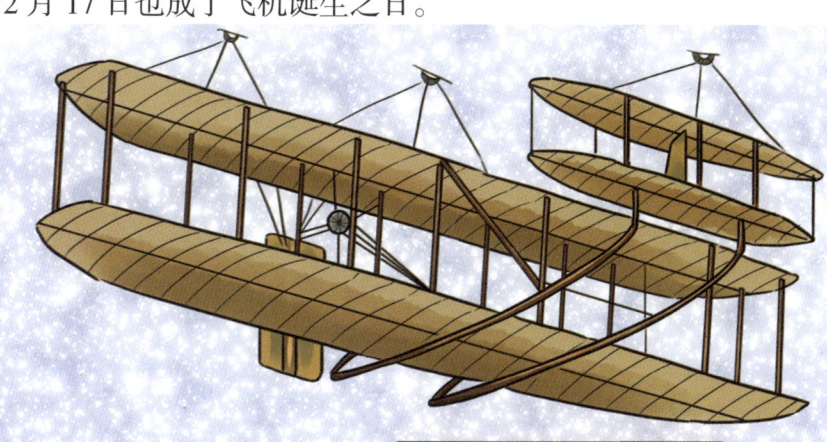

李林达尔的滑翔机模型

1. 源自修理自行车的经验

这架飞机能够成功升空，并在飞行12秒、大约36米后安全着陆，与发明者莱特兄弟长时间经营自行车店密切相关。兄弟俩的灵感都是由修理或者组装自行车的经验积累而来的，因为这些经验，他们才成功地发明出了飞机。

2. 稳定飞行的重要性

在研究飞机的时代，很多专家只注重研究如何让飞机飞起来，而莱特兄弟早早便意识到稳定飞行的重要性，尤其在著名的飞行研究者李林达尔飞行事故发生后，他们更加着重于研究飞行的"稳定性"。

一辆专门在博物馆展出的"莱特牌"自行车

60

3. 反复的试验

1900—1903 年期间，莱特兄弟制造了 3 架滑翔机，进行了 1000 多次滑翔飞行，还自制了 200 多个不同的机翼进行了上千次的风洞实验，实验过程中修正了当时一些错误的飞行数据。他们在飞行器的制造上取得了重大突破，为最后的成功打下了坚实的基础。

4. 卓越的"操纵技术"

为了减小飞行时的阻力，驾驶员需要趴着驾驶。莱特兄弟花了 3 年时间进行飞行试验，最终练就了一身卓越的"操纵技术"，这也是他们成功的一大要素。

5. 最合适的地点

基蒂霍克的海边长期吹着强风，并且拥有适合滑行的缓坡丘陵和减轻着陆冲击力的沙地，因此，莱特兄弟选择在这里首飞，最终获得了成功。

势不可挡的飞行器

莱特兄弟的动力飞行器首飞成功后,人类征服天空的想法也逐渐开始实现,各种类型的飞行器相继被发明,天空中开始出现了各式各样的"钢铁飞鸟"。

波音 747

波音 747 是全世界生产出的首款宽体民用飞机,它于 1970 年 1 月首次投入航线运营。它是一款半双层四发动机飞机,具有载客、载货、军事等用途,曾经还被作为美国总统的指挥专机和空军司令部。

波音 747 机头驾驶舱内部

在博物馆里,游客们可以排队参观波音 747 的机头驾驶舱。

圣路易精神号

"圣路易精神号"是一架单引擎单座单翼飞机。1927年，美国空军飞行员查尔斯·林德伯格驾驶它，完成了单人不着陆跨越大西洋的挑战，飞行用了33.5小时。

由于承载了过多的燃油，导致机身太重，所以不得不将机翼拉长。

道格拉斯 DC-3

这架飞机全长19.7米，机身是引人注目的杜拉铝金属色。它在1935年进行首飞，由于飞行速度快和飞行距离长，使它成为二战期间最重要的运输飞机之一。现在这类飞机仍在飞行，它们平时作为客机使用。

洛克希德·维加号

这架飞机是由洛克希德公司于1927年建造的六乘座高翼单翼飞机。1930年，被誉为"空中女王"的传奇女飞行员阿米莉亚·埃尔哈特驾驶它成功飞越大西洋，这也使她成为第一个独自飞越大西洋的女性。

派珀 J-2 小熊越野飞机

这是一架双座轻型飞机，机翼编号 NC 20137，它制造于二十世纪三十年代，是当时最著名的轻型飞机。其设计简单，重量轻，在远离公路、铁路、机场的偏远地区也可以起降，深受越野飞行爱好者的喜爱。

鲁坦 76 型旅行者

鲁坦 76 型旅行者用复合材料制成。1986 年，它由两位飞行员驾驶，完成了 9 天不着陆、不加油环球飞行的壮举。

德国信天翁 D 双翼战斗机

这架飞机是第一次世界大战期间德国空军的战斗机。信天翁 D 系列的战斗机火力强大，并具有流畅而优雅的外观，因此，有人将它们称为"野兽中的美女"。

波音 B-29 "艾诺拉·盖号"

这架飞机由马丁工厂于1945年制作，全长30.2米。轰炸机的命名则源自机长母亲的名字。

意大利 MC-202 雷电战斗机

这架战斗机最大功率达1175马力，最高时速595千米，航程765千米，最大升限11350米，是意大利在二战初期最好的战斗机之一。

X-45 无人作战飞机

它是美国研制的一种先进的无人作战机，其研究的目的是能够更快、更高效地应对二十一世纪的突发事件。

登陆月球——"阿波罗 11 号"

对人类而言,"阿波罗 11 号"具有跨时代的重大意义,它于 1969 年带领人类第一次登陆月球,让人类从地球走向了太空,完成了探索太空的第一步。至今,这个意义非凡的指挥舱和登月舱仍然陈列在博物馆大厅中,接受着来自世界各地游客投来的崇拜目光。

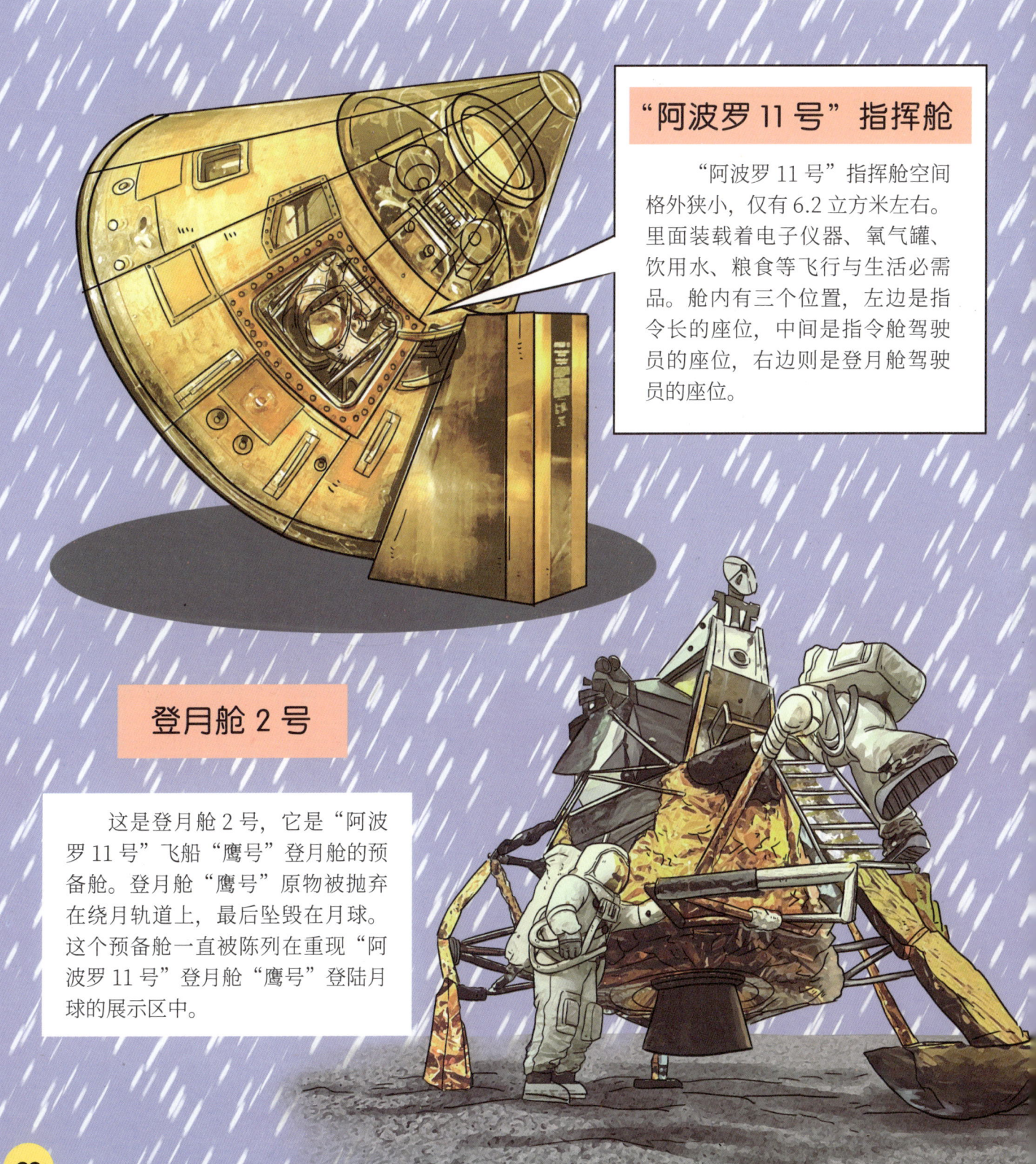

"阿波罗 11 号"指挥舱

"阿波罗 11 号"指挥舱空间格外狭小,仅有 6.2 立方米左右。里面装载着电子仪器、氧气罐、饮用水、粮食等飞行与生活必需品。舱内有三个位置,左边是指令长的座位,中间是指令舱驾驶员的座位,右边则是登月舱驾驶员的座位。

登月舱 2 号

这是登月舱 2 号,它是"阿波罗 11 号"飞船"鹰号"登月舱的预备舱。登月舱"鹰号"原物被抛弃在绕月轨道上,最后坠毁在月球。这个预备舱一直被陈列在重现"阿波罗 11 号"登月舱"鹰号"登陆月球的展示区中。

"阿波罗11号"的任务

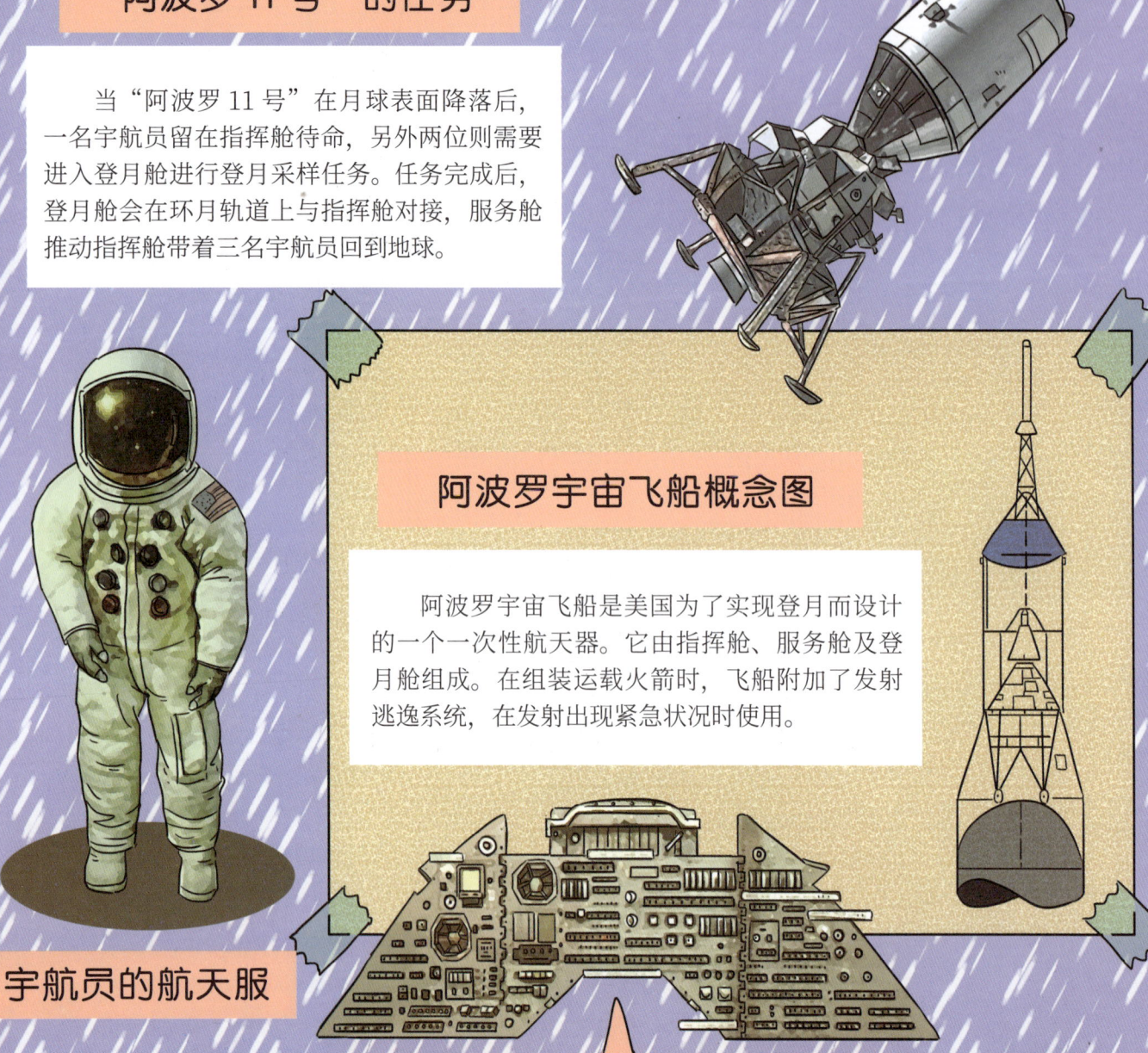

当"阿波罗11号"在月球表面降落后，一名宇航员留在指挥舱待命，另外两位则需要进入登月舱进行登月采样任务。任务完成后，登月舱会在环月轨道上与指挥舱对接，服务舱推动指挥舱带着三名宇航员回到地球。

阿波罗宇宙飞船概念图

阿波罗宇宙飞船是美国为了实现登月而设计的一个一次性航天器。它由指挥舱、服务舱及登月舱组成。在组装运载火箭时，飞船附加了发射逃逸系统，在发射出现紧急状况时使用。

宇航员的航天服

"阿波罗11号"指挥舱仪表盘

宇航员阿姆斯特朗登月时说："对一个人来说，这是一小步。对人类来说，这是巨大的一步。"

冲出地球的航天器

航天器也被称作空间飞行器、太空飞行器，它是用来执行探索、开发、利用太空和天体等特定任务的各类飞行器。博物馆中便收藏着许多冲出过地球的航天器和模型。

哈勃空间望远镜

这是一座 1:1 的哈勃空间望远镜模型。实物长 13.3 米，直径 4.3 米，重 11.6 吨，造价近 30 亿美元。哈勃空间望远镜于 1990 年发射，至今仍在大气层之上为人们工作。

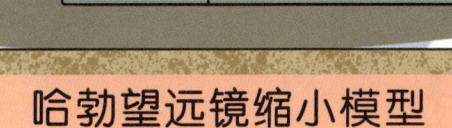

哈勃望远镜缩小模型

这是一架缩小到 1/20 的哈勃望远镜模型，它的两侧是张开的太阳能电池帆板，前端的镜头盖打开，模拟望远镜的工作场景。

哈勃望远镜所拍星系照片

这是哈勃望远镜第一代和第二代广角行星相机拍摄的河外星系照片，由于哈勃望远镜的工作位置在大气层之外，因此，拍摄的影像不会受到大气干扰，清晰度是地面天文光学望远镜的 10 倍以上。

"水星友谊 7 号"载人飞船

这艘飞船于 1962 年发射，它在地球轨道上绕地球三圈，宇航员约翰·格伦是首个进入地球轨道的美国宇航员。

"海盗 1 号"火星登陆车

这是 1976 年成功登上火星表面的"海盗 1 号"着陆器的模型，登陆车的原物还在火星上。

"阿波罗－联盟号"对接模型

这件庞然大物是阿波罗飞船和苏联联盟号宇宙飞船在地球轨道上对接的模型。绿色部分是联盟宇宙号飞船，中间是对接组件，是阿波罗指挥舱与服务舱。

"东方"号飞船

"东方"号飞船是苏联最早的载人飞船，也是世界上第一个载人进入外层空间的航天器。它于 1961 年载着宇航员 YU.A. 加加林进入太空，围绕地球进行了 108 分钟的飞行。博物馆中展陈的是飞船的模型。

69

美国自然历史博物馆

美国自然历史博物馆是世界上规模最大的自然历史博物馆之一，它创建于1869年，收藏了文物标本1.8亿件，其古生物和人类学的收藏在世界博物馆中占据首位，是全世界知名的科学、教育、文化机构。

罗斯福雕像

博物馆门口是罗斯福骑马的雕像，他在任职期间开辟了大量的自然资源保护区，这座雕像就是为了纪念他对博物馆的支持而建立的。

电影的取景地

著名电影《博物馆奇妙夜》便是在此处取景的，影片中追逐主角的霸王龙骨骼便是博物馆中展陈的那具。

巨大的蓝鲸标本

博物馆的海洋馆中悬挂着一个长约28米、重约150吨的蓝鲸模型，非常震撼。

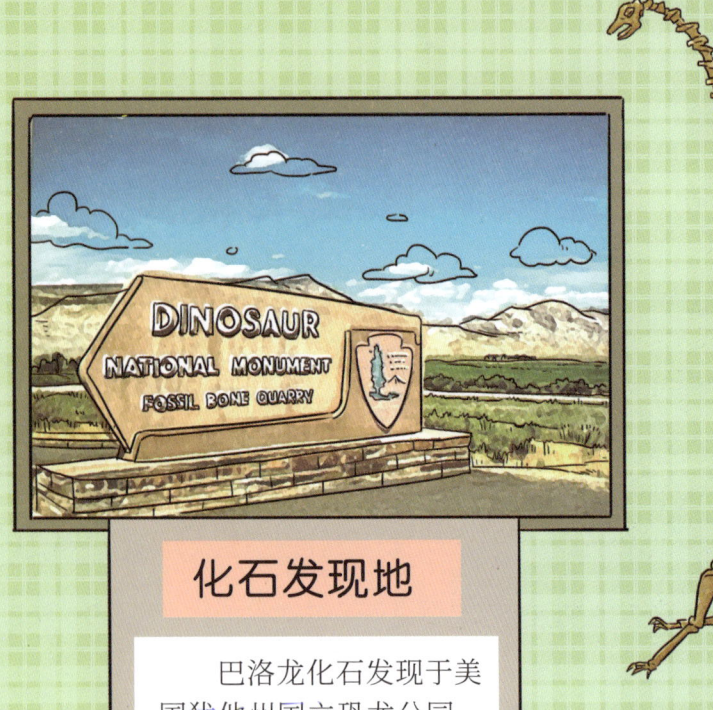

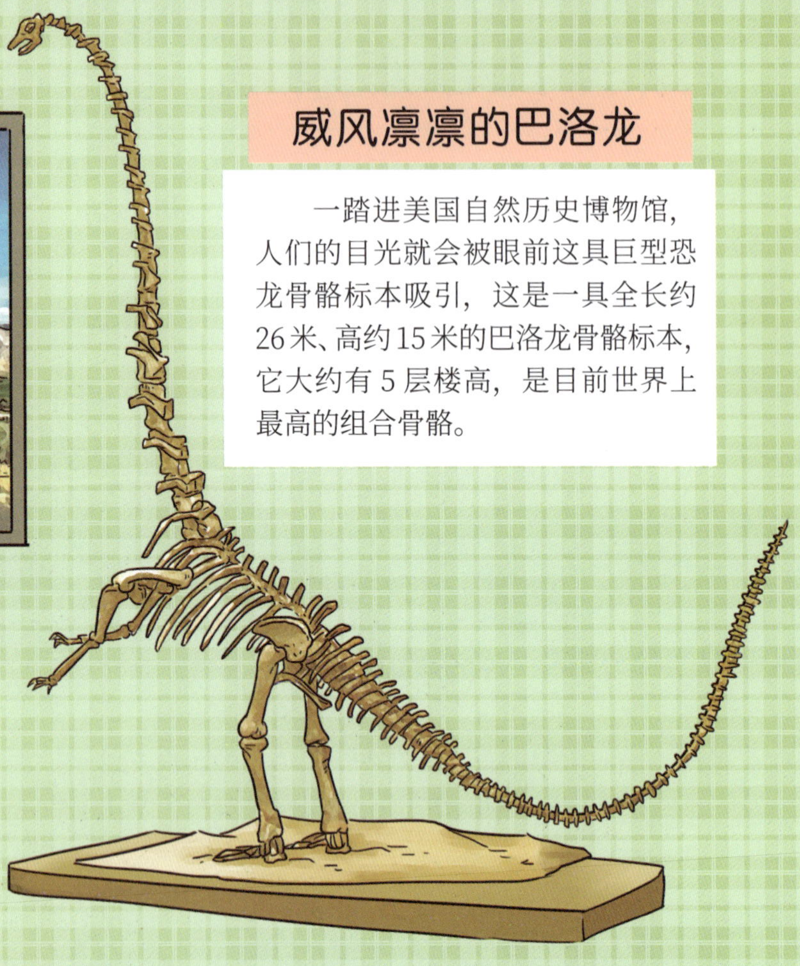

威风凛凛的巴洛龙

一踏进美国自然历史博物馆，人们的目光就会被眼前这具巨型恐龙骨骼标本吸引，这是一具全长约26米、高约15米的巴洛龙骨骼标本，它大约有5层楼高，是目前世界上最高的组合骨骼。

化石发现地

巴洛龙化石发现于美国犹他州国立恐龙公园。巴洛龙曾是侏罗纪时期北美洲最高的恐龙。

巴洛龙复原图

一头成年的巴洛龙大约重15吨，其头骨化石就重达90千克，由于化石太重，无法复原成这样的姿势，因此，这头巴洛龙骨骼标本有80%都是根据标本实物用其他材料制造的，这样才能将它组装成动态姿势。

蜥臀目恐龙馆藏

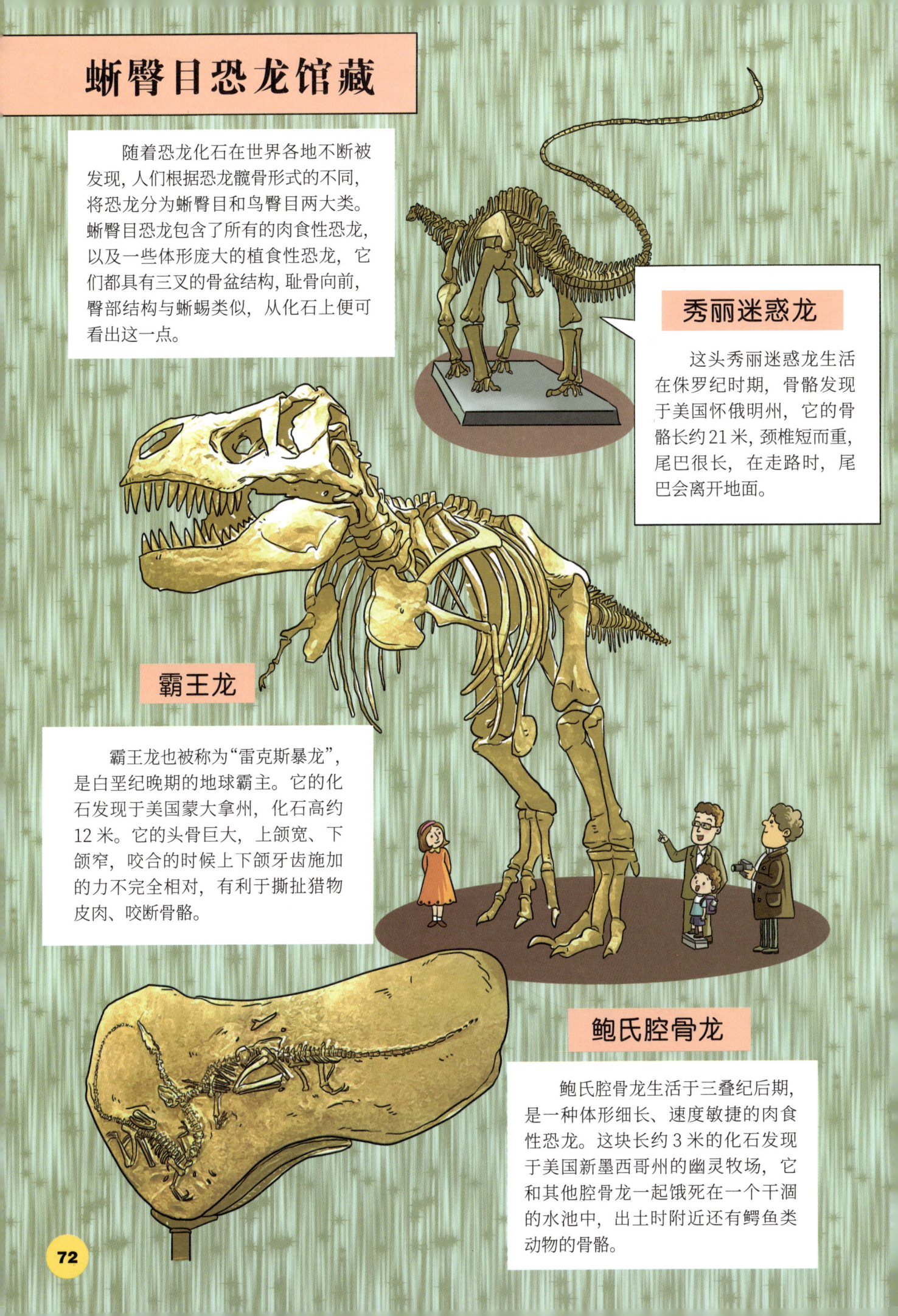

随着恐龙化石在世界各地不断被发现，人们根据恐龙髋骨形式的不同，将恐龙分为蜥臀目和鸟臀目两大类。蜥臀目恐龙包含了所有的肉食性恐龙，以及一些体形庞大的植食性恐龙，它们都具有三叉的骨盆结构，耻骨向前，臀部结构与蜥蜴类似，从化石上便可看出这一点。

秀丽迷惑龙

这头秀丽迷惑龙生活在侏罗纪时期，骨骼发现于美国怀俄明州，它的骨骼长约21米，颈椎短而重，尾巴很长，在走路时，尾巴会离开地面。

霸王龙

霸王龙也被称为"雷克斯暴龙"，是白垩纪晚期的地球霸主。它的化石发现于美国蒙大拿州，化石高约12米。它的头骨巨大，上颌宽、下颌窄，咬合的时候上下颌牙齿施加的力不完全相对，有利于撕扯猎物皮肉、咬断骨骼。

鲍氏腔骨龙

鲍氏腔骨龙生活于三叠纪后期，是一种体形细长、速度敏捷的肉食性恐龙。这块长约3米的化石发现于美国新墨西哥州的幽灵牧场，它和其他腔骨龙一起饿死在一个干涸的水池中，出土时附近还有鳄鱼类动物的骨骼。

异特龙

这具异特龙骨骼全长约12米，博物馆中复原了它捕猎时的场景，它的前爪长有3指，特别锋利，据推测，其可能用于抓握物品。

异特龙捕猎场景图

异特龙被认为是侏罗纪晚期智商最高的肉食性恐龙之一，有时还会袭击巴洛龙那样的大型恐龙。

奥氏葬火龙

这只奥氏葬火龙生活于白垩纪晚期，它在临死前用前肢紧紧抱着巢中的蛋，最终以这样的姿态成了化石。整个化石长约3米。

似鸵龙

这架灵巧的骨骼属于白垩纪晚期的似鸵龙，它是似鸟龙类的代表。从化石上可以看出，似鸵龙拥有纤长的双腿，细长的前肢上还有3根利爪，是捕猎利器。

73

鸟臀目恐龙馆藏

鸟臀目恐龙的盆骨结构是四叉的,耻骨往后,臀部结构类似于鸟类,它们几乎都是植食性恐龙。博物馆中最珍贵的一具鸟臀目化石是埃德蒙顿龙木乃伊化石。

埃德蒙顿龙

世界上目前仅有 10 具木乃伊恐龙化石,这具埃德蒙顿龙木乃伊化石以保存状态最佳而闻名于世。它被严密地保存在玻璃展柜中,呈现出死亡时的姿态,并且上面还残留着鳞片与肌腱的化石。

它是在哪里发现的

这是美国怀俄明州勒斯克,此处的兰斯层(白垩纪地层)中埋葬了大量的埃德蒙顿龙化石。博物馆中的化石则是化石收藏家查尔斯·史登伯格于 1908 年在此处发现的。

埃德蒙顿龙生活复原图

埃德蒙顿龙是生活在白垩纪时期的植食性恐龙,它们通常成群结队地前往湖泊或者湿地处啃食树叶。这些地方植被葱郁,是极佳的"聚餐地"。

粗齿埃德蒙顿甲龙

这具恐龙化石发现于加拿大艾尔伯塔省，它全长约13米，是一种白垩纪后期的植食性恐龙。这种甲龙身披厚厚的带状装甲，两肩长有的尖刺，既可用来防御，又能进攻。

冠龙木乃伊化石

这是一具冠龙木乃伊化石标本，发现于加拿大艾尔伯塔省，骨骼表面还残留着皮肤化石。这类恐龙生活在白垩纪，它头上长着一个半圆形的头冠，可以发出声音、提高嗅觉。

狭脸剑龙

狭脸剑龙生活在侏罗纪后期，它是一种背部长着板状骨片的植食性恐龙。这具标本发现于美国怀俄明州，背部有大小不一的骨片，非常威武。

怀俄明肿头龙

这个肿头龙头骨因发现于美国怀俄明州而得名，头部的头盖骨厚约20厘米。肿头龙生活在白垩纪晚期，厚厚的头部既是争斗的武器，也是防御用的头盔。

75

哺乳动物和鸟类

白垩纪晚期，在经历了恐龙大灭绝事件之后，幸存的哺乳动物和鸟类逐渐繁盛了起来，它们在随后的时间里，演化出了千千万万的物种，虽然有的已经灭绝，但从发现的化石中仍能看到它们曾经的辉煌。

杰弗逊猛犸象

1903 年，人们在美国印第安纳州南部发现了这具巨大的猛犸象骨骼化石，它高约 4 米，体形瘦长，长着两根又大又弯曲的象牙，可能是当时体形最大的猛犸象。

嵌齿象

嵌齿象是出现于约中新世早期至上新世早期的原始象，它们通常生活在欧亚大陆、北美等地。这具化石高约 3 米，发现于美国南达科他州。

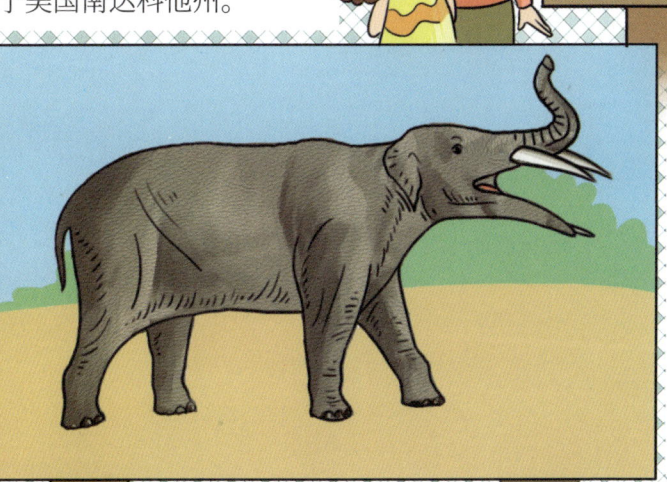

长相奇特的嵌齿象

嵌齿象和现代的大象长相差异很大，它们的鼻子比较短，上颚长着两颗尖尖的、向下弯的象牙，可能是用来威吓敌人；下颚则是两颗巨大、并列的板牙，用来挖掘地下茎类植物、收集水草。古生物学家认为它是长鼻象类演化的中心环节，也是现代大象的祖先。

冠恐鸟

1916年，人们在美国怀俄明州发现了这具冠恐鸟化石，它大约有2米高，看起来像是长着坚硬大嘴的鸵鸟。这种鸟生活在古新世晚期至始新世，植物种子和小昆虫都是它的食物。

宿命剑齿虎

宿命剑齿虎是史上最强的猫科动物，它是一种凶猛的大型肉食动物，专门猎杀猛犸象等大型哺乳动物。这具发现于美国加利福尼亚州的化石，体长大约2米，下颚可以张开120度，嘴里有长约24厘米的犬齿，看上去像匕首一样锋利。

巨角鹿

这座巨角鹿化石发现于爱尔兰利默里克，它高约1.8米，鹿角宽幅近3米。巨角鹿大约生活在1.1万年前，是拥有最大角的大型鹿类。

雕齿兽

这具化石发现于阿根廷的布宜诺斯艾利斯，2.5~3米长，化石保存较好，能看到体表细密的鳞甲。雕齿兽是生活在上新世早期到更新世晚期的一种植食性动物，是犰狳的祖先，因为鳞甲大片且坚固，因此，被古人类大量捕杀，这也是它们灭绝的主要原因。

秘鲁国家考古人类学历史博物馆

秘鲁国家考古人类学历史学博物馆是秘鲁最大、历史最悠久的博物馆之一,馆中收藏着大量文物,涵盖秘鲁的整个历史。在这里,我们能看到秘鲁各个时期、各种不同文化的手工石器、雕像、金属制品,以及各种各样的纺织品、陶器,极具民族特色。

博物馆的"前世今生"

博物馆建造于西班牙殖民时期,曾是一位西班牙高官的私人宅邸。后来,秘鲁考古学之父胡立欧·C·特略将境内挖掘到的文物都搬到此处,最终,1939年,它以考古博物馆之名开馆了。

绿意盎然的中庭

博物馆里有两个绿意盎然的中庭,中庭的回廊也是博物馆的展陈空间,廊中矗立着许多出土的石碑、石柱和一些珍贵的照片。

丰富的文物

馆中的文物,展示了从石器时代到殖民时代,从安第斯古文明到近代秘鲁历史,非常丰富。

人物造型镫形管口壶

这把造型逼真的黏土水壶出土于秘鲁北部的莫切遗址，壶的表面呈暗红色和奶油色，它可能是一件陪葬品或者祭祀品。

背面：帽子的后面绘制着一对单脚站立、羽翼合拢的鸟，它们是栖息在安第斯的鹈鹕。

侧面：老鹰是安第斯人自古信仰的对象，雕像帽子两侧边装饰着老鹰雕像。

正面：雕像眼睛炯炯有神，皮肤散发着健康的光泽，整体逼真写实，代表着莫切文化写实作品的巅峰技艺。

莱蒙迪石柱

在博物馆郁郁葱葱的中庭回廊上，矗立着一块高195厘米、宽76厘米的巨大花岗岩石柱，这块石柱出土于秘鲁北部的查文·德万塔尔遗址，上面刻着一些非人非兽的图像，奇特而又神秘。它是安第斯古文明最著名的代表文物之一。

看点一：查文·德万塔尔神殿

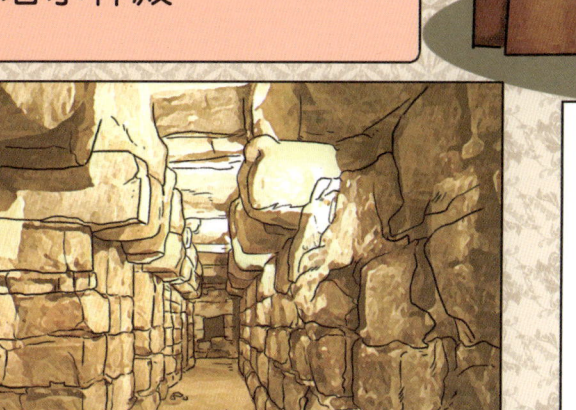

查文·德万塔尔神殿遗址

查文·德万塔尔神殿想象复原图

查文·德万塔尔神殿群曾是安第斯文化的宗教朝圣中心。当时，即使是万里之外的民众，也会千辛万苦来到此处朝拜，是民众心中的圣地。除了莱蒙迪石柱外，这里还出土了100多件石雕。据说莱蒙迪石柱就发现于神殿的地下回廊中。

看点二：石碑上的半人半兽像

这块石碑的表面刻着一种猫科动物与人类融合的"半兽人"，这种猫科动物公认是美洲虎，在查文·德万塔尔文化中，美洲虎具有神性，是繁荣和再生的象征。这只"半兽人"长着尖尖的牙齿，依然保留着猫科动物的特征。

除此之外，它的腰部和头发处还有许多弯弯绕绕的小蛇。

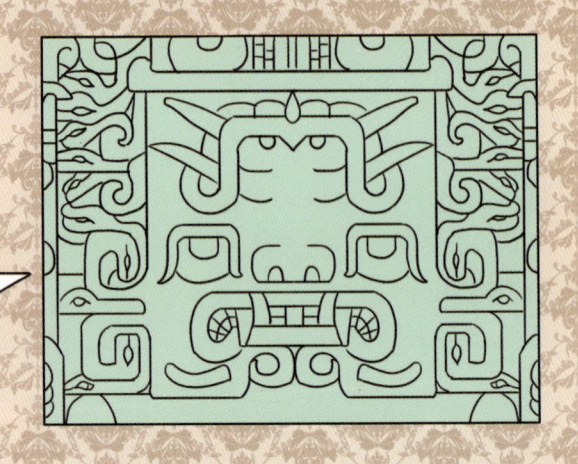

看点三：倒立后的鳄鱼图案

地

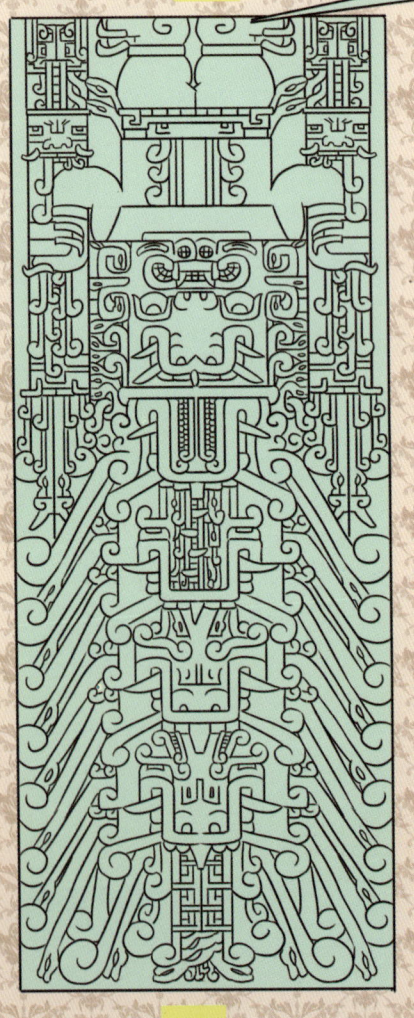

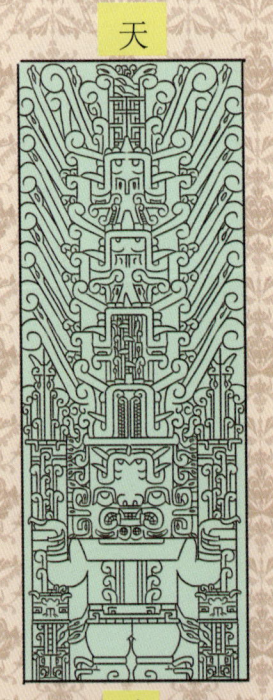

人们将石柱上下翻转180度，竟然发现原本的"半兽人"变成了鳄鱼图。据推测，这可能代表着"半兽人"还具有变成兽的超自然能力。

天

看点四：象征神力的法杖

除了拥有会变身的能力外，这位"半兽人"手中还握着一根前端是蛇头的法杖，法杖的纹饰则是南美的圣佩德罗仙人掌，这种仙人掌含有迷幻成分，代表着法杖具有神力。

天　地

81

安第斯北部的石雕和土器

在安第斯文明形成时期,北部的神殿文化高度发达,尤其是查文·德万塔尔神殿中出土的大量石雕和土器,它们有的形式独特,有的充满了力量感,代表着查文·德万塔尔文化的最高技术水平。

特略方尖碑

特略方尖碑高252厘米,是用花岗岩雕刻而成的。它出土于查文德万塔尔神殿,体现了查文文化的宇宙观,它的原件在查文博物馆中,此处是复制品。

看点一

方尖碑的顶端刻着美洲虎、蛇和鸟等动物。

看点二

方尖碑的主角是两条鳄鱼,它们代表着"天与地""雄与雌"。

附榫头的头像

这件石雕原本镶嵌在查文·德万塔尔遗址的中心神庙的墙壁上,某些和它具有同样作用的石雕上还刻有美洲虎的脸。

美洲虎纹饰的镫形管口壶

这是一个黏土制成的美洲虎形的口壶,它脸部左右并不对称,表示着当时人能变身成动物的观念。

双手交叉浮雕

这件浮雕出土于安第斯北部的科托什神殿遗址中。据推测，它的年代要比土器出现的时间还要早。除此之外，神殿中还发现了与这种手臂交叉方式相反的雕刻，可惜随着神殿的崩塌，这些雕刻也都灰飞烟灭了。

科托什神殿遗址的发现

科托什神殿遗址的发现源于日本东京大学安第斯地区学术调查团的一次调查，他们于1960年发现了这座神殿，这个发现在考古界引起了不小的震撼。

人体造型镫形管口壶

这把口壶是由黏土制成的，上面的人身体弯曲，造型奇特，是祭祀仪式上用来装酒的器具。

刻线的海螺

这是一件女王凤凰螺的化石，化石表面刻着人手的模样。这种化石原产于厄瓜多尔，这意味着公元前1000年以前，人们就已经开始进行远距离贸易了。

奢华的地方王国遗产

安第斯古文明在公元元年前后进入了地方发展时期，大大小小的王国在安第斯地区不断更迭，有善于冶炼金属的西坎王国、金属工艺技术精湛的奇穆王国和制作土器的印加帝国等，还有莫切文化、纳卡斯文化、瓦里文化等，各种文明都在此时遍地开花，繁荣一时。

黄金面具

这是描绘西坎神容貌的陪葬品，面具向上吊的眼睛被称作"杏仁眼"，是西坎神的特征。

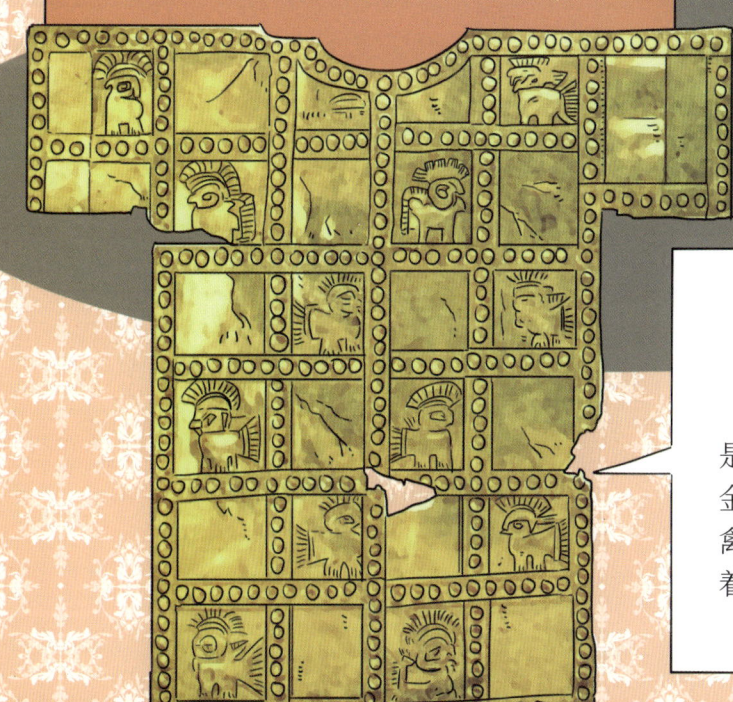

黄金圣刀

这把制作精美的黄金圣刀是西坎王国最出色的文物，它常被用于祭祀仪式之中。刀柄上的人像头戴雕刻成鸟形的垂饰，头饰上还有着涡卷状的金丝细工，展现出西坎王国精湛的技艺。

黄金衣

这件黄金制的衣服也是一件陪葬品，它由8块金片相接而成，表面有猛禽的图案，有的猛禽还长着西坎神的容貌。

黄金耳饰

据推测,这件黄金耳饰是在举行宗教仪式或者典礼时所佩戴的饰品。

黄金骆马像

骆马是印加时期人们运载货物的重要家畜。墓中陪葬这样的小像,可能有祈祷家畜兴旺的意愿。

银质虾造型镫形管口壶

这是一把少见的金属壶,属于沿海地区奇穆王国制作的工艺品。他们喜欢以海洋生物为创作题材,别致而又奇特。

阿伊阿帕艾克的权杖（顶部）

这是莫切国王的权杖，顶部的人像是由国王与莫切的创造神阿伊阿帕艾克融合而成的。权杖作为陪葬品放入国王的墓室，是为了祈求国王能变成神。

细节一：雕像头部浮雕的猫科动物獠牙突出，是神的象征。

细节二：人像本身外露的獠牙也是神性的一种体现。

细节三：人像手中拿着武器，代表他拥有莫切军权。

细节四：人像身边的小人可能是国王死后代为处理事务的使者。

描绘奔跑战士的镫形管口壶

这把管口壶的绘画非常精巧，绘图的人经过了精密的计算，让人们不管从哪个角度都能看到至少两个奔跑的战士的身影。

彩绘展开图

战士们的头上飞舞着太阳神的家臣——蜂鸟。由此推测，战士们也是听命于太阳神。

带有贴饰的布

这块布是纳斯卡文化时期的产物，它是一块陪葬用的装饰布，布的外围有一圈枝头鸟贴士的布，非常别致。

虎鲸双口壶

这把壶上绘制着长着巨嘴的虎鲸，对于生活在沿海地区的纳斯卡人而言，虎鲸象征着威猛的大自然，非常值得敬畏。

蜥蜴双口壶

这把壶有两个壶口，壶口之间以薄板相连，壶身上描绘着沙漠地区的蜥蜴。

瓦里大钵

这是一件祭祀用的彩色大钵，钵体上有红、黑、白三种颜色，上面还描绘着手持权杖的神祇。

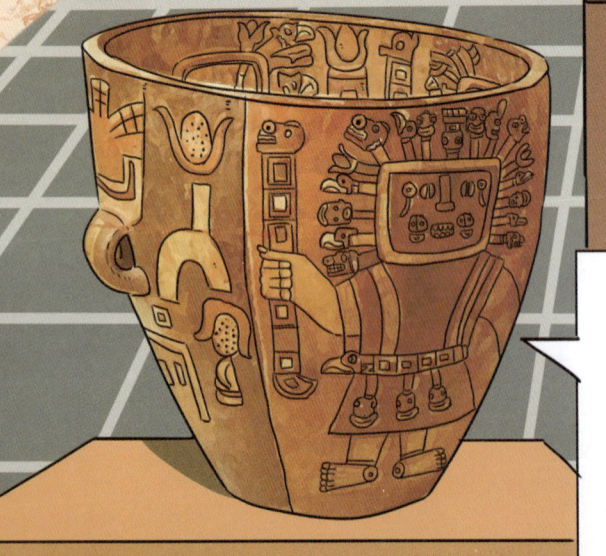

奇趣博物馆 亚洲

智慧鸟 著

吉林科学技术出版社

图书在版编目（CIP）数据

奇趣博物馆.亚洲/智慧鸟著.—长春：吉林科学技术出版社，2024.1
ISBN 978-7-5744-1051-0

Ⅰ.①奇… Ⅱ.①智… Ⅲ.①博物馆—亚洲—青少年读物 Ⅳ.①G269.1-49

中国版本图书馆CIP数据核字(2023)第253145号

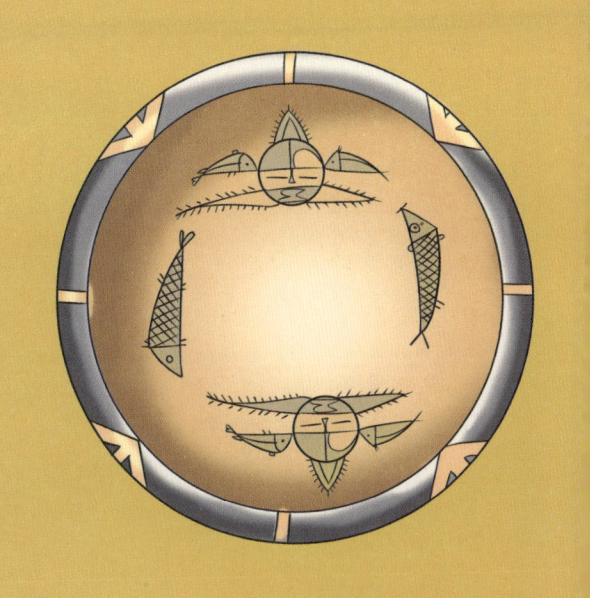

奇趣博物馆·亚洲
QIQU BOWUGUAN·YAZHOU

著	智慧鸟
出 版 人	宛 霞
策划编辑	穆思蒙 王聪会
责任编辑	张 超
内文设计	纸上魔方
封面设计	智慧鸟
幅面尺寸	210mm×285mm
开 本	16
字 数	300千字(全四册)
印 张	24(全四册)
印 数	1-6 000册
版 次	2024年3月第1版
印 次	2024年3月第1次印刷
出 版	吉林科学技术出版社
发 行	吉林科学技术出版社
地 址	长春市福祉大路5788号出版集团A座
邮 编	130118
发行部电话/传真	0431-81629529 81629530 81629531
	81629532 81629533 81629534
储运部电话	0431-86059116
编辑部电话	0431-81629380
印 刷	长春人民印业有限公司
书 号	ISBN 978-7-5744-1051-0
定 价	198.00元(全四册)

如有印装错误 请寄出版社调换
版权所有 侵权必究 举报电话：0431-81629380

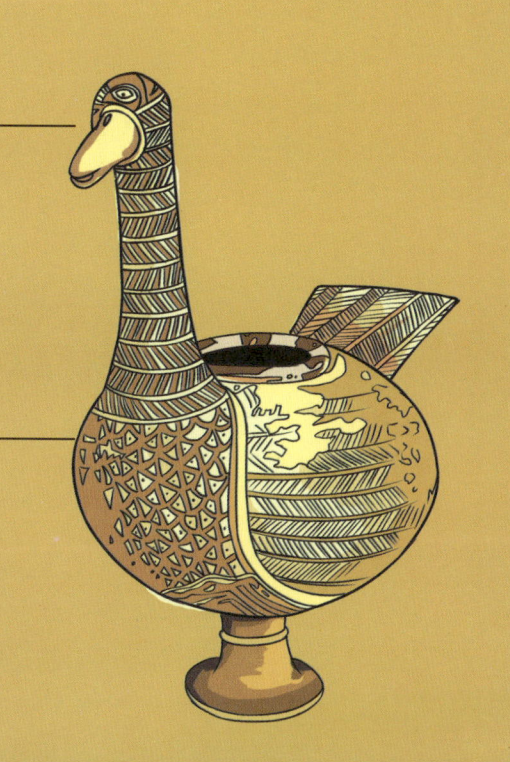

走入历史的长河，追寻前人足迹……

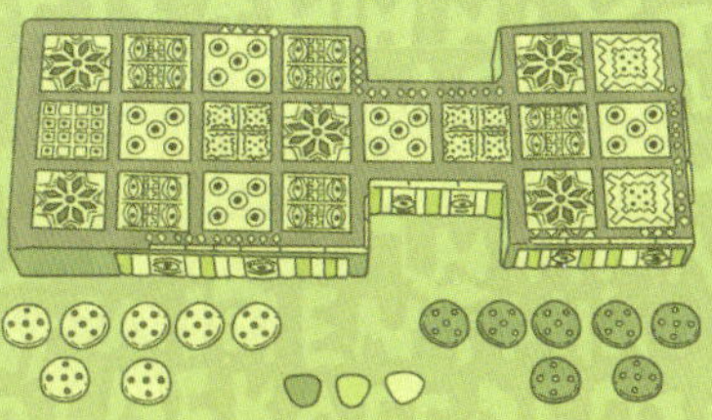

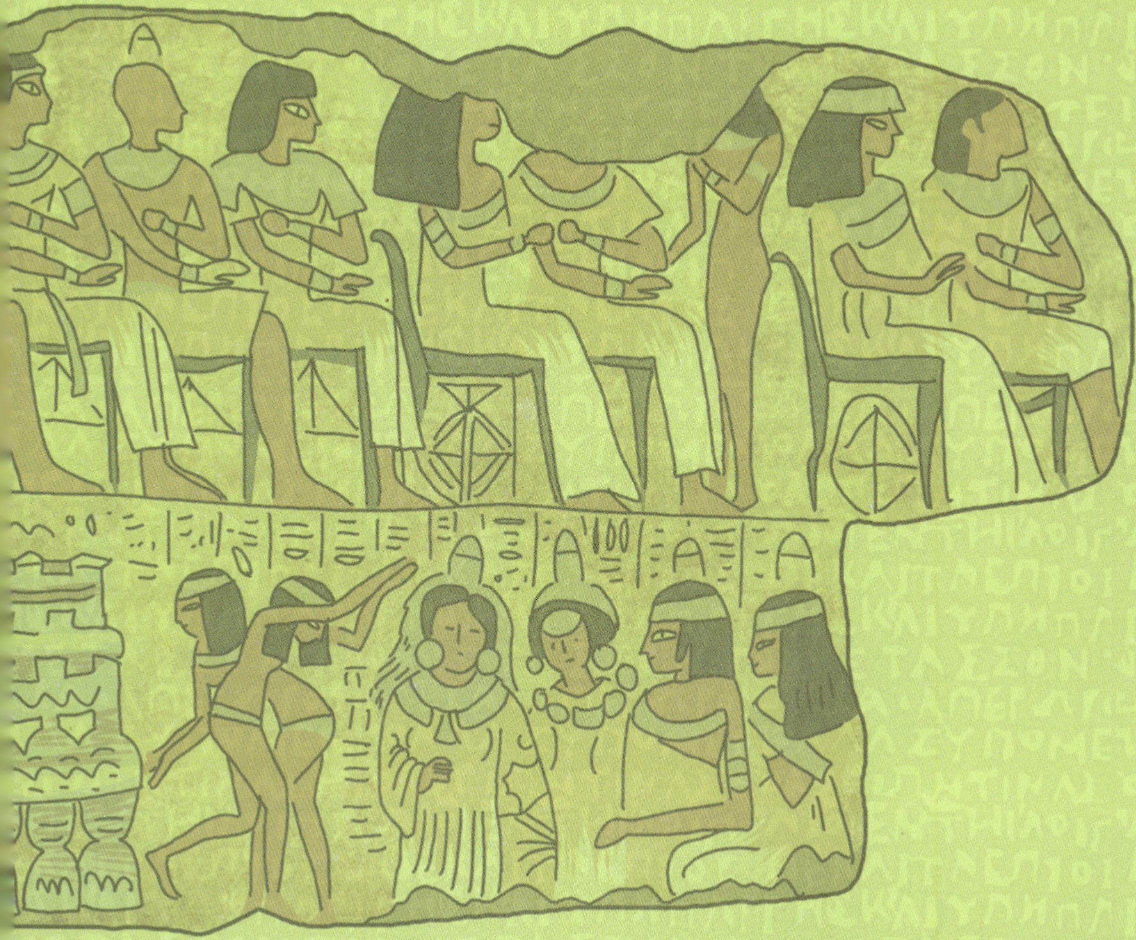

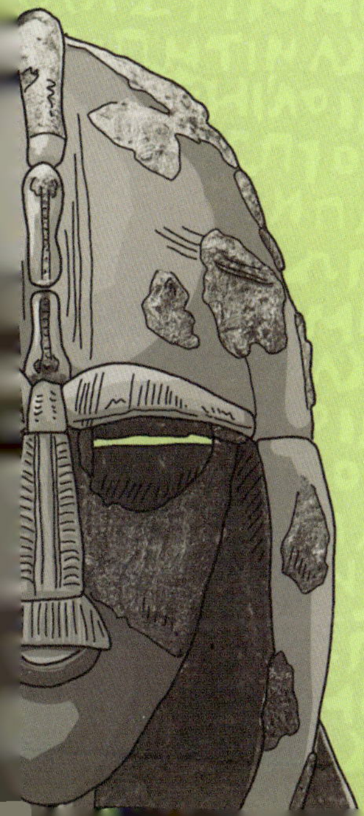

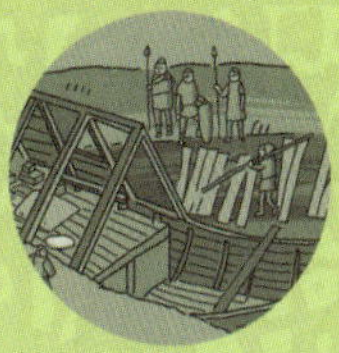

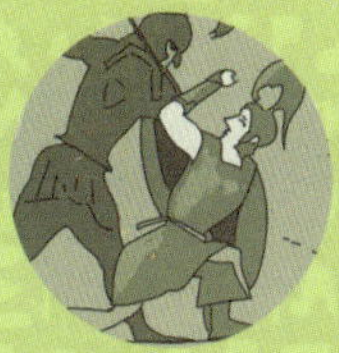

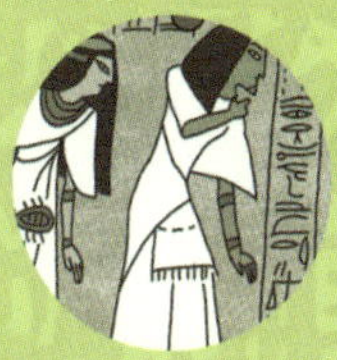

前言

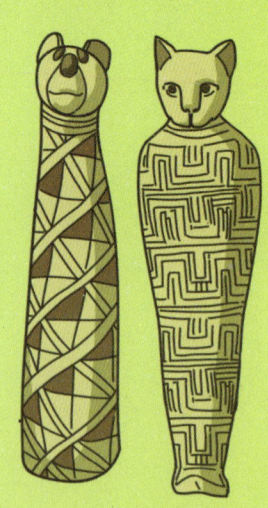

博物馆是人类历史和文明的见证者、保管者。如果能在博物馆里逛上一天，不但能饱览各个时期的文化和艺术瑰宝，还能极大地丰富我们的历史知识，开阔我们的眼界。如果能逛遍全球所有著名的博物馆该多好啊！可惜，极少有人能有条件做到这一点。不过，也许我们可以在"奇趣博物馆"这套书中实现这个愿望。

"奇趣博物馆"系列分为《欧洲》《亚洲》《美洲》《非洲与大洋洲》四册。每册都选取了该区域最有名的博物馆及其藏品进行介绍。图文并茂的形式极其贴合儿童的阅读习惯。不仅如此，全书还特地对各博物馆的独特之处进行了介绍。让博物馆本身也变成了孩子知识储备中独特的"收藏品"之一。

目 录

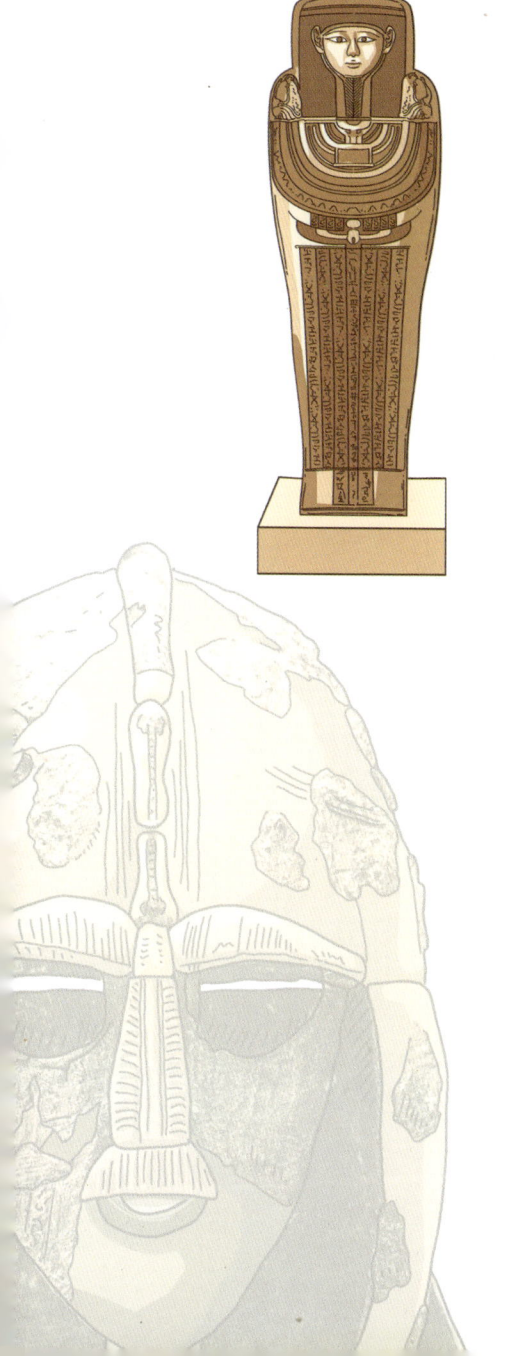

中国国家博物馆 …………… 2

原始社会的陶器和玉器………… 4

夏商西周青铜器………………… 8

春秋战国时期的玉器…………… 12

秦汉时期的风采………………… 14

三国两晋时期的瓷器…………… 18

隋唐盛世遗珍…………………… 20

辽宋夏金元时期的艺术品……… 24

明清时期的皇室珍宝…………… 28

秦始皇兵马俑博物馆 ……… 32

兵马俑一号坑…………………… 34

兵马俑二号坑…………………… 36

兵马俑三号坑…………………… 37

千姿百态的俑…………………… 38

秦始皇帝陵铜车马……………… 42

各式各样的青铜器……………… 44

东京国立博物馆 …………… 46

日本早期文物…………………… 48

古坟时代的珍宝………………… 52

巧夺天工的工艺品……………… 54

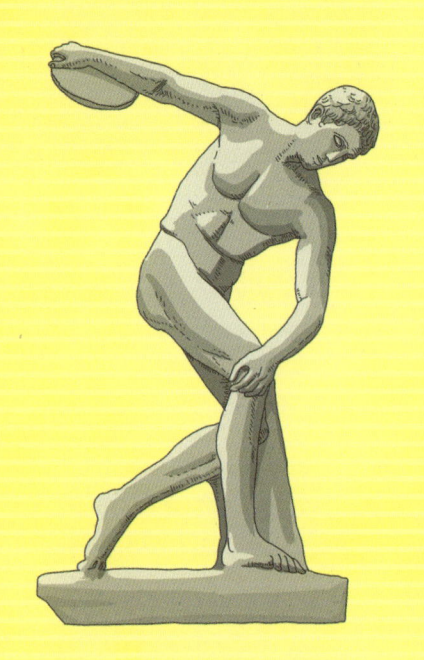

巴基斯坦国家博物馆 …… 60
印度河流域文明……………………61
充满谜团的印度河文字…………66
犍陀罗珍宝………………………68

安纳托利亚文明博物馆 …… 70
青铜器和黄金制品………………72
来自亚述的工艺和文明…………74
赫梯帝国珍宝……………………76
公牛形来通杯……………………78
王族的文化与技术………………80

土耳其阿亚索菲亚博物馆 … 82
华丽的建筑和装饰画……………84

中国国家博物馆

中国国家博物馆位于北京市中心天安门广场东侧,它是中国最大的综合性历史博物馆,馆内藏品丰富,展现了中华民族五千年的悠久历史和灿烂的文化。

中国国家博物馆成立

中国国家博物馆成立于1912年,至今已有一百多年历史。在此期间几经迁址、改名、组建,最终成为我们今天看到的样子。

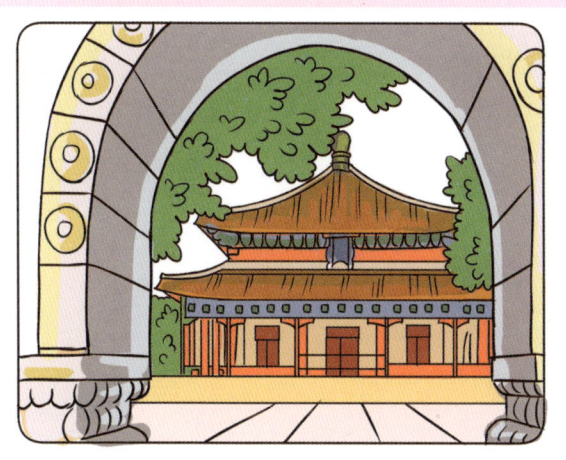

1912年,中国国家博物馆前身国立历史博物馆筹备处成立,馆址位于国子监。

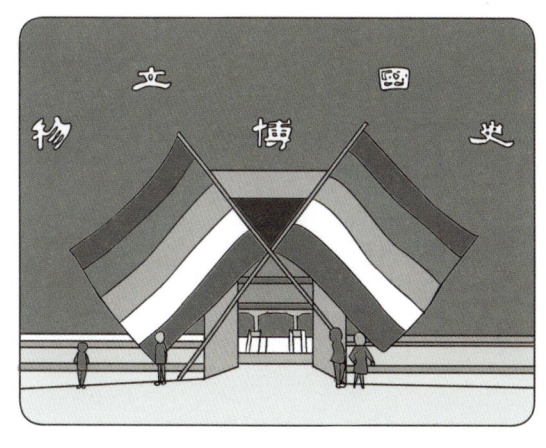

1920年11月,国立历史博物馆正式成立。

1949年10月,改名为国立北京历史博物馆,次年迁入故宫宝蕴楼。

1958年10月,在天安门广场东侧修建新馆,次年开馆预展。

1969年，中国历史博物馆（1960年，"北京历史博物馆"更名为"中国历史博物馆"）和中国革命博物馆合并，称为中国革命历史博物馆。

2003年，正式组建中国国家博物馆。

博物馆面积

中国国家博物馆是世界上单体建筑面积最大的博物馆，总建筑面积近20万平方米。其中最大的展厅有2000平方米，最小的展厅近800平方米。

博物馆的对称美

中国国家博物馆外围由南北长330米的艺术走廊和西大厅、中央大厅、东大厅串联而成的200米长的东西轴线组成，它是中国国家博物馆的"两轴"，极具对称之美。

博物馆藏品的来源

中国国家博物馆馆藏的文物基本上是由全国各地的博物馆、文物研究所支援而来的。

原始社会的陶器和玉器

中国新石器时代大约从一万多年前开始,结束时间距今5000多年至4000多年。这期间所产生的各类文明如百花绽放,各具特色,许多出土的文物见证了这些文明曾经的辉煌。

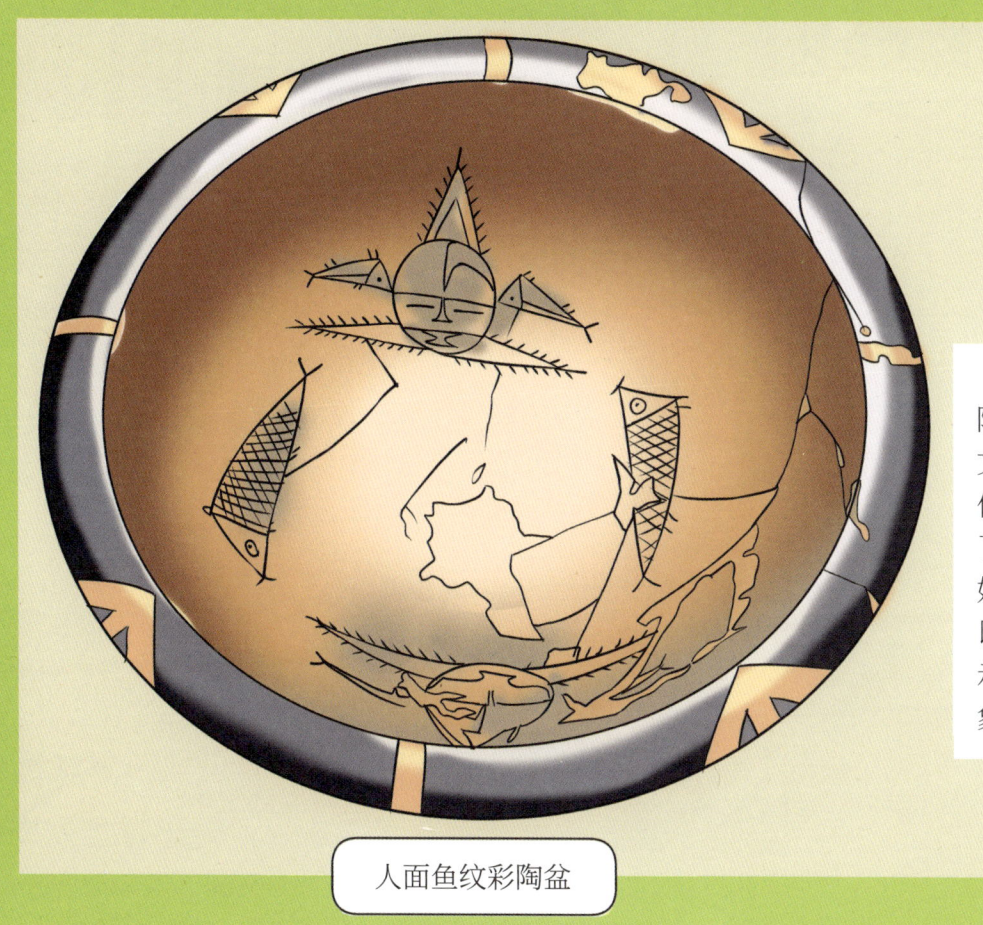

人面鱼纹彩陶盆出土于陕西西安市东郊,它是仰韶文化半坡类型中陶器的典型代表,陶盆内部用黑彩绘出了两组对称的人面鱼纹。原始先民用很简单的线条就可以画出心中的形象,充分显示了中国原始先民丰富的想象力和艺术才能。

人面鱼纹彩陶盆

细节一:神秘的人面鱼纹

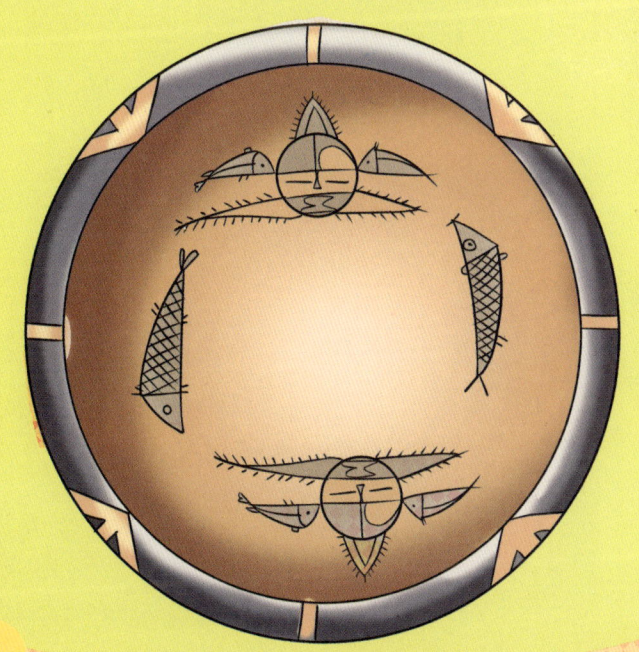

人和鱼两种图案的组合,正是半坡人渔猎生活的写照,表现出人、鱼之间的密切关系,也代表了半坡人是以"鱼"为图腾的部落。

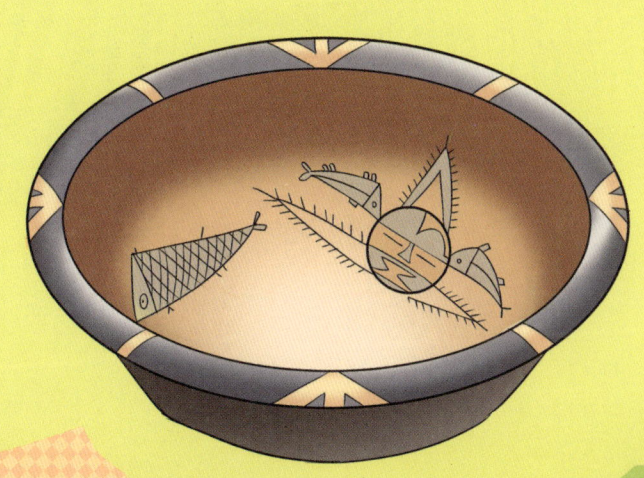

细节二：特制的葬具

在半坡部落中，人们会将逝去的婴孩放入彩色陶瓮中，以瓮为棺，以盆为盖，埋在部落附近，期望已经逝去的婴孩能够重生。这件人面鱼纹陶盆，就是瓮棺的盖子。

瓮棺

细节三：盆中的小孔

原始先民有着"灵魂不灭"的观念，人面鱼纹彩陶盆中间的小孔，便是留给婴孩灵魂出入所用，象征着原始先民对失去生命的婴孩的一种爱护和对未来的期盼。

人面鱼纹彩陶盆圆形小孔

细节四：完美的彩陶工艺

在未发明颜料的时代，原始先民们以赤铁矿粉和氧化锰为颜料，使用类似毛笔的工具，在陶坯表面绘制各种图案，入窑经火烧后，橙红的底色上只会呈现黑色和红色。这是一种非常伟大的彩陶工艺。

5

鹳鱼石斧图彩陶缸

鹳鱼石斧图彩陶缸是仰韶文化时期的一件瓮棺葬具。陶缸外绘制着一只站立的白鹳，嘴里衔着一条大鱼，这是目前所见中国新石器时代画幅最大的彩绘陶画。

薄胎黑陶高柄杯

高柄杯是龙山文化的标志性器物，其外表精巧规整，薄如蛋壳，被称为"蛋壳陶"。此薄胎高柄杯由杯身和杯柄两部分套接而成，上半部分为直壁凹底的桶状杯身，顶部有宽平的盘状杯口；下半部分为粗短的杯柄。这种高柄杯只在大、中型墓中出土，可见其是一种显示高贵身份的礼器。

玉龙

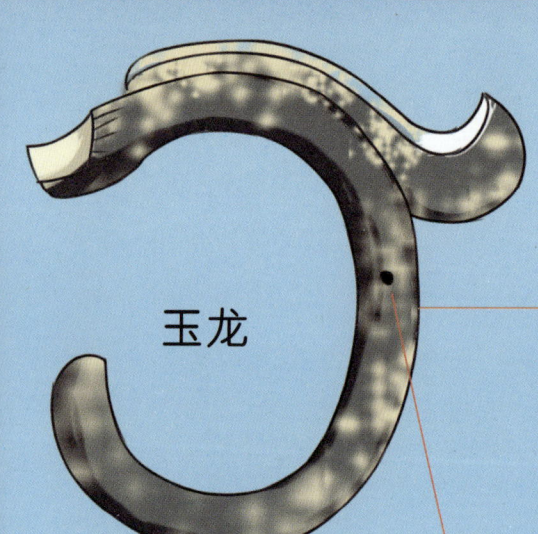

细节一：生动的造型
玉龙身体卷曲如同字母"C"，龙首和猪首有几分相似，背脊上长长的勾角既像猪鬃，又像羽翼，造型十分生动。

细节二：中心的小孔
这个小孔是整块玉料的中心，用绳子穿过圆孔悬挂，龙的头尾恰好处于同一水平线上。

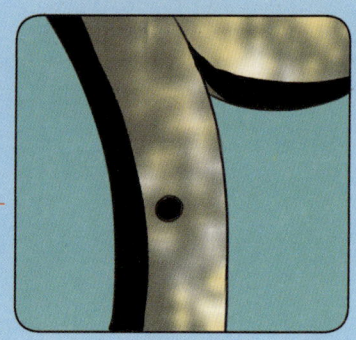

这件玉龙出土于内蒙古赤峰，是红山文化的产物。它由墨绿色的岫岩玉雕琢而成，雕工精美，有着"中华第一龙"的美誉。

透雕冠状玉饰

这件冠状玉饰出土于余杭市良渚文化遗址，因其形如冠帽而得名。它是部族中显贵者的主要随葬品之一，一座墓中仅有一件。

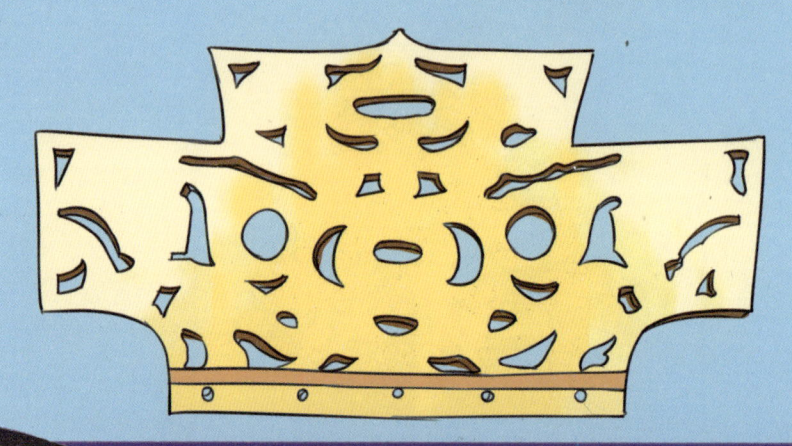

玉琮（cóng）

玉琮是一种内圆外方的筒形玉器，是古人用于祭祀、沟通天地的一种礼器。这件玉琮出土于良渚文化遗址7号墓，代表墓主是具有巫师职能的人。

7

夏商西周青铜器

夏商西周时期是中国青铜铸造的鼎盛时期，铸就了中国历史上著名的"青铜时代"。各类青铜礼器、容器、兵器和工具大量出现，在人们的生产、生活中占据了重要地位。

后母戊鼎

后母戊鼎是商王祖庚或祖甲为祭祀母亲"戊"而制作的祭器，是商周时期青铜器的代表作，也是世界上迄今出土的最大、最重的青铜器，享有"青铜之王""镇国之宝"的美誉。

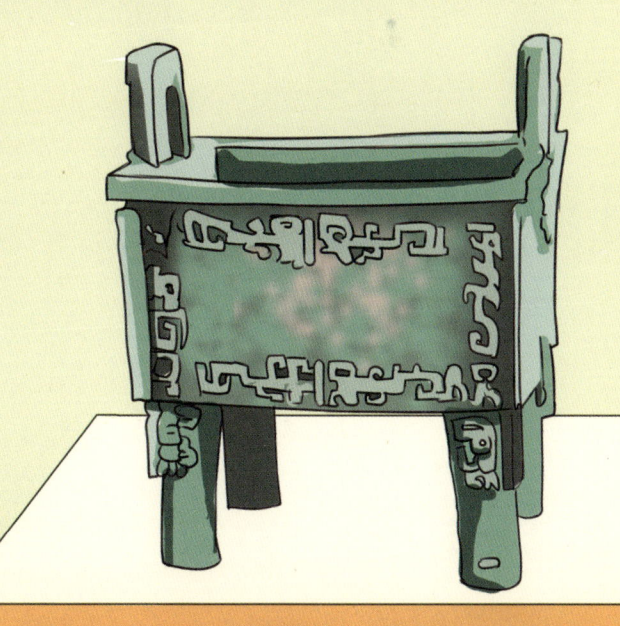

"后母戊"铭文拓片

细节一："司母"还是"后母"

大鼎内壁的铭文看起来是"司母戊"，因此，它最早被称为"司母戊鼎"，意为"祭祀母亲戊"。后来，有学者结合历史发现，"司"字应该镜像反转一下才对，这样就是"后"，即"后母戊鼎"，意为"伟大的母亲戊"。但也有学者认为其内壁铭文就是"司母戊"，但其究竟是什么，仍有待进一步考察。我们这里先用其在中国国家博物馆的名称。

细节二：后母戊鼎是怎样制成的

后母戊鼎是用陶范法（先铸模，再浇铸成形的技法）铸造而成的，重达832千克的后母戊鼎需要1000千克以上的原料，并且需要二三百名工匠的密切配合才能铸造完成。

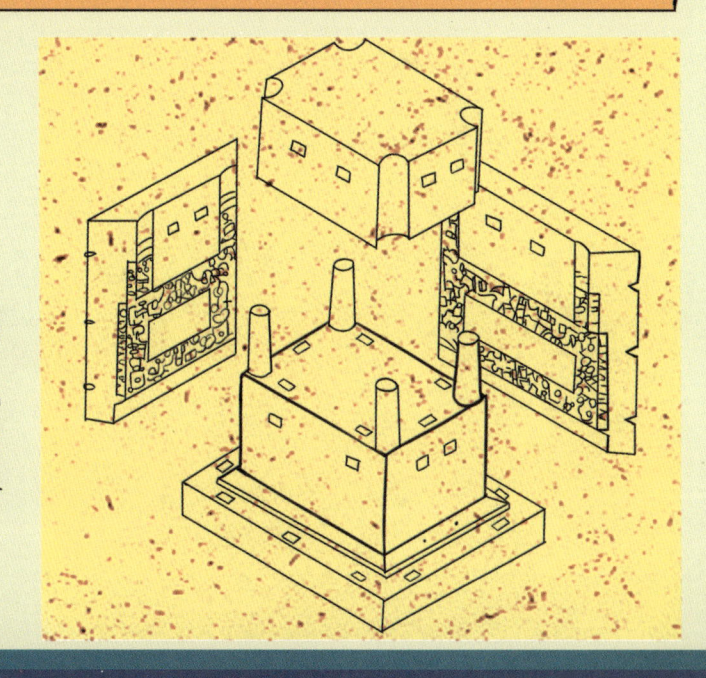

细节三：鼎耳上的猛虎

鼎耳的侧面刻着两只相对的猛虎，虎口大张，共同衔着一个人头。这种恐怖、夸张的形象，代表着统治阶级的无上权威。

细节四：鼎身的花纹

后母戊鼎鼎身四周铸有精巧的蟠螭纹和饕餮（tāo tiè）纹，把它们铸在青铜器上，表示吉祥、丰年足食的美好愿景。

商四羊青铜方尊

这是现存商代青铜方尊中外形最大的一尊。方尊采用圆雕和浮雕相结合的装饰手法，将四角的羊和器身巧妙地结合为一体，工艺非常精湛。

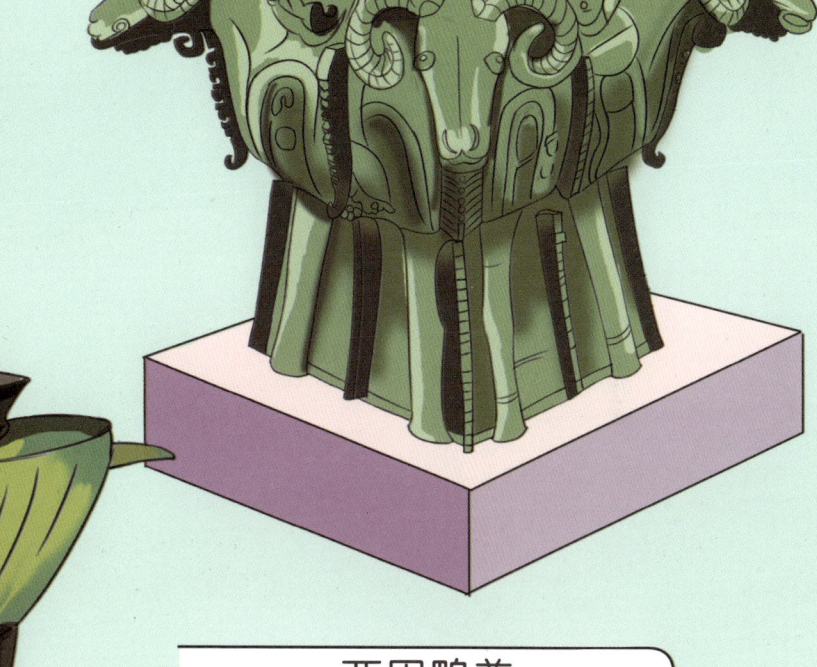

西周鸭尊

这是西周时期的一件青铜酒尊，尊口开在鸭背部，为了保持稳定，鸭尊的后腹部还铸着"第三只脚"。

"长思"青铜编钟

这组编钟制作于西周时期，是贵族举行祭祀、宴飨（xiǎng）活动的重要乐器。

商兽面纹铜钺（yuè）

钺是一种嵌在柄中，横击的武器。这件铜钺为殷商时期的武器，装饰精美。它可能不是实用的武器，而是部落首领身份地位和权力的象征。

商"妇好"青铜鸮（xiāo）尊

"妇好"青铜鸮尊出土于商代的妇好墓中，是迄今发现的、最早的鸟形酒尊。它造型生动传神，两足和尾部构成三个稳定的支撑点，非常巧妙。

铜爵

这件铜爵制作于夏朝，它是用来温酒与饮酒的酒器，作用相当于现代的酒杯。

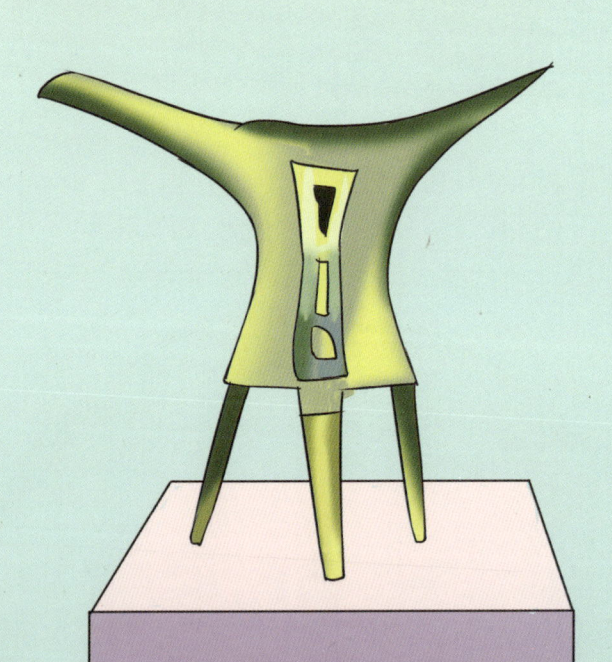

春秋战国时期的玉器

东周灭亡后，百家争鸣的春秋战国时期拉开了序幕。这段时期是中国玉文化发展的一个高峰期，虽然只有短短的五百多年，但仍然留下了数量众多、玉质上乘的器物，向后人们展示着当年的精湛技艺。

玉凤鸟佩

这件玉佩两面透雕成凤鸟形状，身成"S"形，凤鸟的喙、冠、翅、爪上均有独特的纹饰，生动而又精美。据推测，这件玉佩是墓主人生前的佩饰，死后随葬。

组玉佩

这组玉佩是由一大一小玛瑙环、一件玉环、一件玉夔（kuí）龙和六颗绿松石、两颗水晶珠组成的。中国佩玉文化源远流长，战国时期，玉佩是身份的象征，贵族们都有佩玉的习惯。

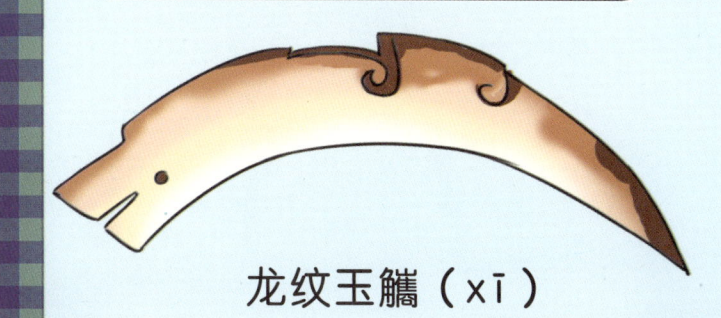

龙纹玉觿（xī）

这是一件战国时期的玉觿（古人用来解绳结的工具），它的一端被雕刻成了龙首，一端则是用来解绳结的尖头，是一件具有解结作用的配饰。

兽面纹玉剑格

这是战国时期纹饰精美的剑格，是剑身与剑柄之间作为护手的部分。

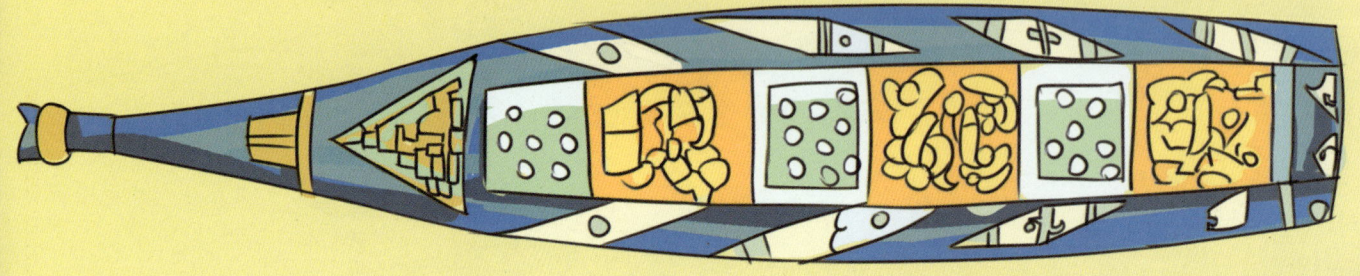

错金嵌玉铁带钩

带钩是指古代贵族和文人武士所系腰带的挂钩，作用类似于现在的皮带。这个嵌玉的铁带钩上采用的是错金银工艺（金属丝镶嵌成花纹或文字，并装饰在器物上），极为罕见。

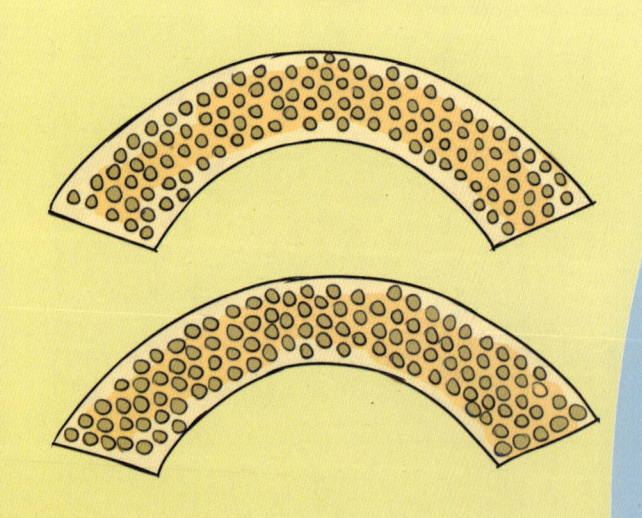

谷纹玉璜（huáng）

这种形状和纹饰的玉璜是古人进行礼仪活动时的配饰，是战国时期的典型玉器之一，大多是佩饰或组玉佩中的饰件。

菱格纹玉管

它是春秋时期串饰或者组玉佩中的佩饰之一，器形别致，纹饰整齐清晰。

13

秦汉时期的风采

秦汉时期，中国进入大一统时期。秦代时的多民族融合、西汉的强盛和东汉的扩张都对社会的发展有着积极的影响，人们的生活更加丰富，也留下了一批珍贵的文物。

"阳陵"青铜虎符

"阳陵"青铜虎符相传出土于山东临城，它是秦始皇用来调动军队的凭证。"阳陵"青铜虎符由青铜制成，可以一分为二，上面刻着"甲兵之符，右在皇帝，左在阳陵"。

细节一：虎符怎样使用

"阳陵"青铜虎符的右半边放在秦始皇的手里，左半边存放在驻扎阳陵（今陕西咸阳市东）统兵将领手中。当秦始皇需要调兵时，便会派遣使者持右半虎符前往驻地，阳陵统兵将两半虎符对合，验明无误，才会发兵。

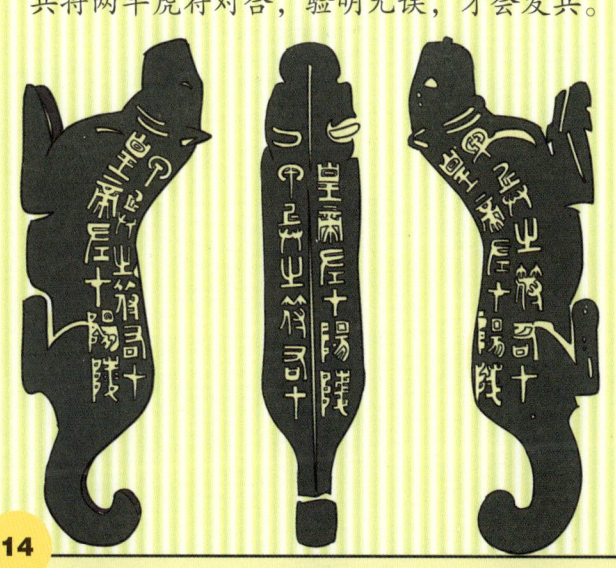

细节二：意外的发现

郭沫若逛地摊时，无意间发现一件造型古朴的铜老虎，便随手拿起来观看，不料铜老虎突然分成两半，他马上意识到这可能是兵符，随即买了下来。仔细考证后，这果然是一件珍贵的秦代虎符。

小篆体十二字砖

砖上刻有"海内皆臣，岁登成熟，道毋饥人"十二个字，意思是四海之内粮食丰收，路上没有逃荒要饭的百姓，是对秦朝歌功颂德之词。

八斤铜权

权是指砝码。在秦朝时，它是一个重4千克的砝码，折合现在2.5千克左右。

秦半两钱及钱范

秦国兼并六国之后，秦始皇便统一了货币。这就是当时的青铜钱币，钱范则是制作铜钱的模具。

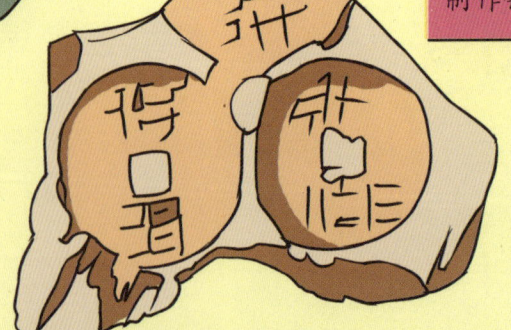

金缕玉柙（xiá）

玉柙也就是用一片片的玉做成的衣服，是汉代皇帝和贵族死后穿的殓服。金缕玉柙也被称为金缕玉衣，这件玉衣共用玉片1203片，金丝约2576克，制作得非常精美。

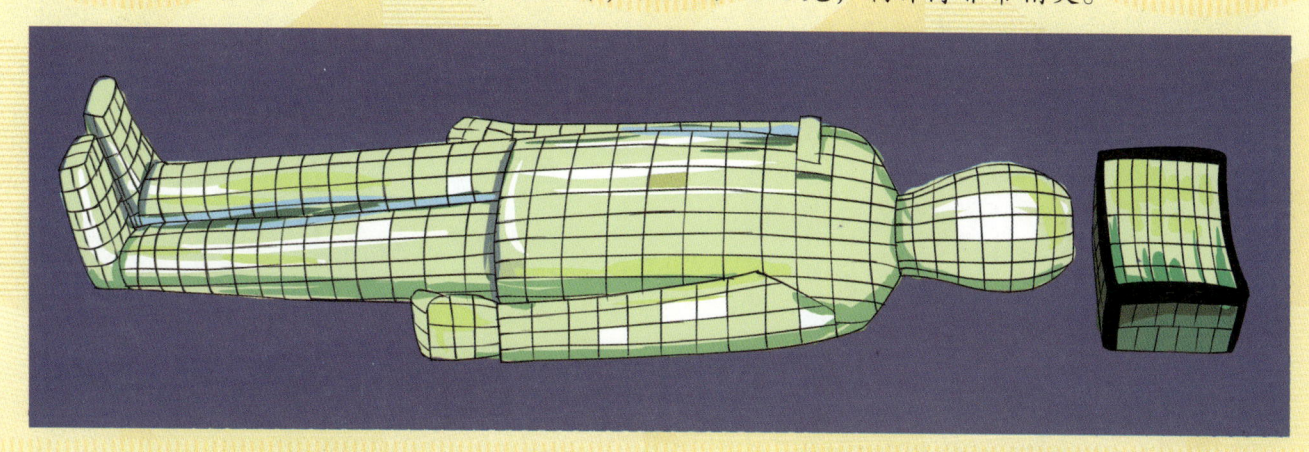

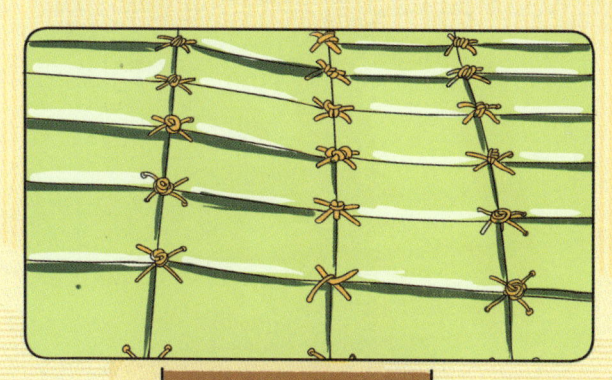

细节一：古人为什么要穿金缕玉柙

在汉代，人们深信玉能够保持尸骨不朽，因此金缕玉柙成为汉代规格最高的丧葬殓服。据记载，皇帝及部分近臣的玉衣用金线编缀，其他贵族则使用银线编缀，称为"银缕玉衣"；大贵人、长公主则使用铜线编缀，称为"铜缕玉衣"。

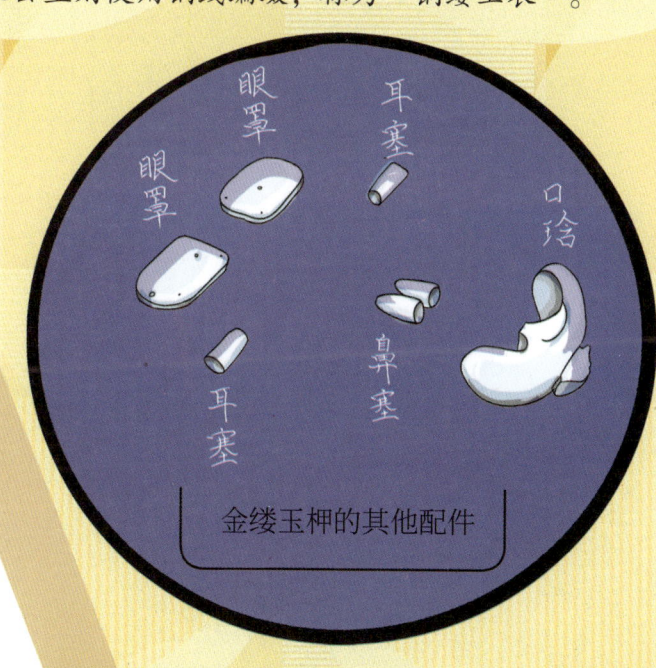

金缕玉衣局部图

金缕玉柙的其他配件

细节二：金缕玉柙有多贵

有专家认为，要制作这样一件金缕玉柙，成本相当于汉代50户中等收入家庭的家产总和，按现在的中等家庭平均财产计算，要接近5000万人民币！

专家们提取散落的金缕玉柙

细节三：金缕玉柙为什么会消失呢

由于金缕玉柙过于昂贵，使得许多汉代王陵频繁被盗。三国时期，魏文帝曹丕下令禁止使用玉柙，从此玉柙便在中国历史上消失了。

16

张掖太守虎符

此虎符为半符,虎符身体侧面镶嵌"张掖左一"的银字,背存"与张掖太守为虎符"8字的左半边,是西汉政府颁发到张掖郡的虎符。

鎏金鸟兽纹青铜尊

这是一件用来盛酒的酒器,它周身鎏金,盖上有环和三只飞鸟,非常精美。鎏金是古代金属器物的镀金方法,起始于战国时期,西汉时更加兴盛。金不易氧化,且具有良好的防腐作用,因此被用于加工金属器物表面。

浮雕兽纹釉陶壶

釉陶是汉代制陶业的一项新发明,这件釉陶壶壶身刻有兽纹浮雕,是釉陶中的精品。

十二支铁灯

这是一种形似花树的汉灯,枝头托灯盘,盘中立灯芯。其制作精美,装饰华丽,推测是富贵人家的生活用品。

三国两晋时期的瓷器

三国两晋是一个社会动荡、政权更迭频繁的时期。在民族融合的进程中，中国的瓷器得到了新的发展，呈现出勃勃的生机。

青瓷羊形烛台

这个羊形烛台出自三国时期的吴国，整体塑造简练，但局部刻画精细，凸显出了羊的形态安详，温驯可爱。

青瓷熊灯

这件三国时期吴国的灯具十分有趣，可爱的小熊坐在底盘上，双手高举着，头顶着灯盘，憨态可掬，是一件极具意趣的佳作。

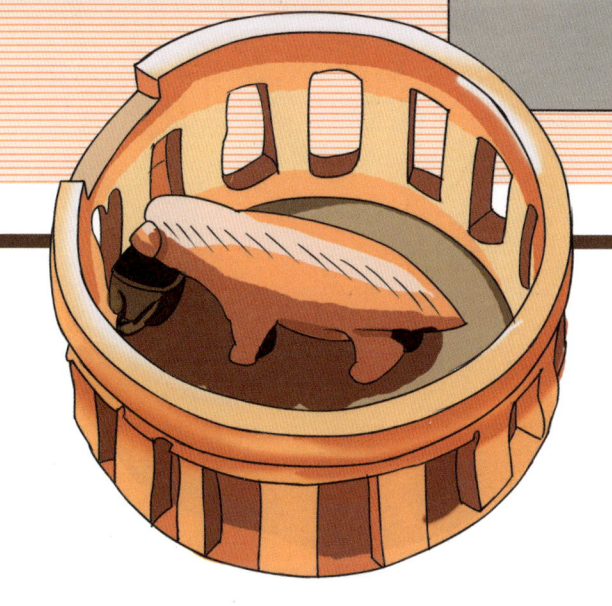

青瓷猪圈

青瓷猪圈模型是晋代长江三角洲地区常见的随葬用品，古人认为圈小猪就长得快。

青釉堆塑人物阁楼谷仓罐

这是用来盛放谷粮的随葬用品。古人认为，人死后还会有灵魂存在，所以在谷仓罐里装上陪葬给逝者的粮食。

白双且造石塔

这座石塔，残高46厘米，底径21厘米，出土于甘肃省酒泉市。塔身雕刻着佛像和佛经，非常细致。

隋唐盛世遗珍

隋唐时期，中国社会进入了全面繁荣的新阶段，民族本身的科技文化发展处于世界领先地位，中外文化交流频繁，各类遗珍彰显着当时的辉煌。

嵌珍珠宝石金项链

这条项链由28个金质球形链珠组成，每个球形链珠均由12个小金环焊接而成，其上又各嵌10颗珍珠，十分璀璨夺目，是隋代出土的最漂亮的一条项链。

项链上端的正中为圆形，内嵌凹刻着一颗刻有花角鹿的深蓝色垂珠。

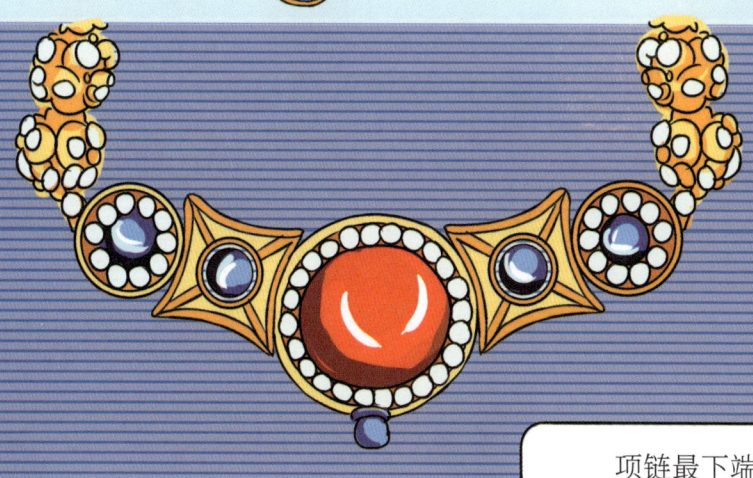

项链下端的红色宝石是鸡血石，周围镶嵌着24颗珍珠。

项链最下端挂着一个水滴形金饰，上面镶嵌一块长达3.1厘米的蓝色青金石，十分雍容华贵。

金银珠花头饰

这是中国历史上最美的一顶孩童花冠，出土时已经变形散乱，经过修复后得以展出。

花冠上面点缀着许多金银制的花草和小动物，既精致又富有童趣。

冠饰的顶部用金丝编缀了"蝉"（也有解释为"蛾"），蝉的双眼用珍珠镶嵌，身体的中空处可以放香料，工艺极其精湛。

椭圆形绿玻璃瓶：这是隋代自制的玻璃器皿。

金扣玉杯：这是用和田玉雕刻而成的镶金白玉杯。

玉兔佩：这是用羊脂白玉雕刻而成的配饰。

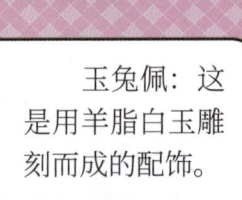

李静训想象复原图

这些华丽的首饰和器皿都属于一个名为李静训的小姑娘。她从小在宫中长大，9岁时染病去世。家人为她准备了丰厚的陪葬品，除各种金饰外，还有来自波斯（今伊朗）的香水，各色珍珠、水晶玛瑙珠串等。

21

三彩釉陶载乐骆驼

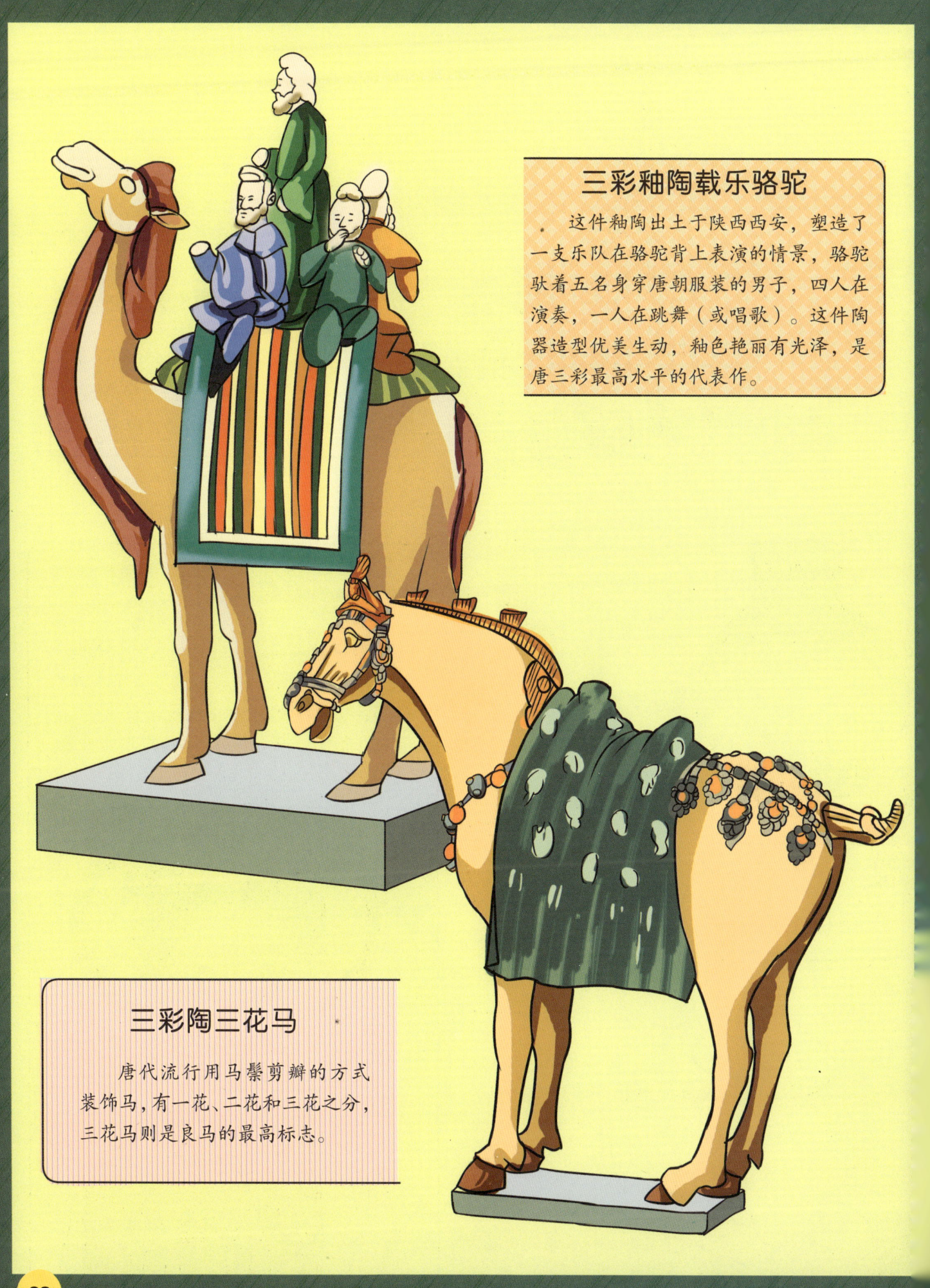

这件釉陶出土于陕西西安，塑造了一支乐队在骆驼背上表演的情景，骆驼驮着五名身穿唐朝服装的男子，四人在演奏，一人在跳舞（或唱歌）。这件陶器造型优美生动，釉色艳丽有光泽，是唐三彩最高水平的代表作。

三彩陶三花马

唐代流行用马鬃剪瓣的方式装饰马，有一花、二花和三花之分，三花马则是良马的最高标志。

三彩拱手女陶俑

梳着丫髻的女俑，身穿橘黄色小袖上衣，绿色长裙，帔帛，展现了唐代少女的风姿。

三彩披衣女陶俑

梳着蝉鬓的女俑，身披蓝色翻领外皮，慵懒而又时尚。

唐三彩

唐三彩是盛行于唐代的一种低温釉陶器，因以绿、黄、白三色为主而得名。唐三彩原本是唐代随葬的陪葬品，但由于种类庞大，既有栩栩如生的侍女、商队，又有活灵活现的小家禽，且极具艺术性，后来便逐渐成为现代人最喜欢收藏的艺术品。

辽宋夏金元时期的艺术品

公元916年至1368年，中国大地上先后经历了辽宋夏金元多民族政权统治，各民族的生活不断丰富，造就了多姿多彩、各具民族特色的艺术品。

官窑贯耳瓶

这件贯耳瓶仿自古代青铜投壶造型，直口阔腹，釉质厚润，是宋代瓷器中的精品。

玛瑙梅瓣式碗

这件作品由宋代定窑烧制而成，玛瑙制成的小碗镶制着金边，玲珑剔透，华丽秀美。

哥窑鱼耳瓷炉

这件哥窑鱼耳瓷炉造型古朴雅致，瓶身布满开片，别致的黑色纹路被称作"金丝铁线"。

钧窑玫瑰紫釉海棠式瓷花盆

这件海棠式瓷花盆，花盆口呈海棠式，晶莹的天蓝釉色中映现出宛若玫瑰般的紫红，极其斑斓。

汝窑洗

这件瓷器呈一种淡淡的天青色，釉色不厚，随造型的转折而变化，呈现出浓淡深浅的层次变化，非常精美。

宋代五大名窑

在宋代，瓷器工艺得到了迅速发展，全国各地兴起了很多有特色的名窑，中国的陶瓷开始对欧洲及南洋诸国大量输出，其中最有名的便是五大名窑。

钧窑、汝窑、官窑、定窑、哥窑，这五大名窑烧制出的瓷器，在器型、釉色、胎质等方面都达到了极高的成就，成为收藏家追捧的珍宝。

古人制作陶瓷场景图

25

龙形玉佩

这是一个用白玉镂空雕刻而成的龙形玉佩，玉龙穿行在花草之间，飘逸别致。

鎏金鹿纹银鸡冠壶

这是辽代契丹族打造的精美器皿，外形如马镫，中间刻着一只花鹿，纹饰部位鎏金，极具民族特色。

青玉莲花冠

宋代男子有用玉冠束发的习俗，这顶冠边部仅有0.1厘米，非常薄，展示出了宋代工匠高超的雕琢技艺。

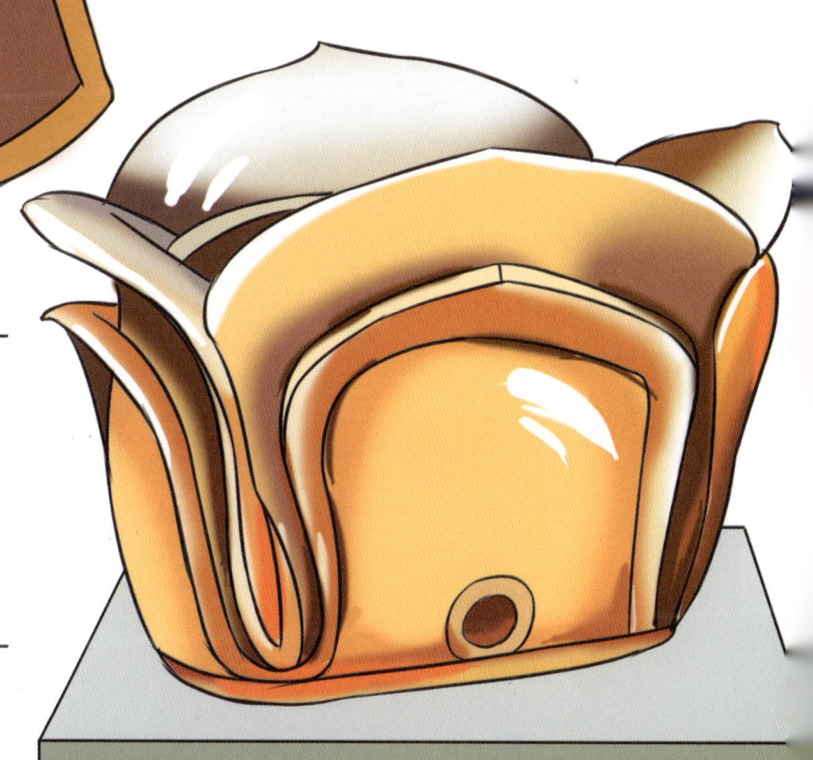

阿拉伯数码字铁方盘

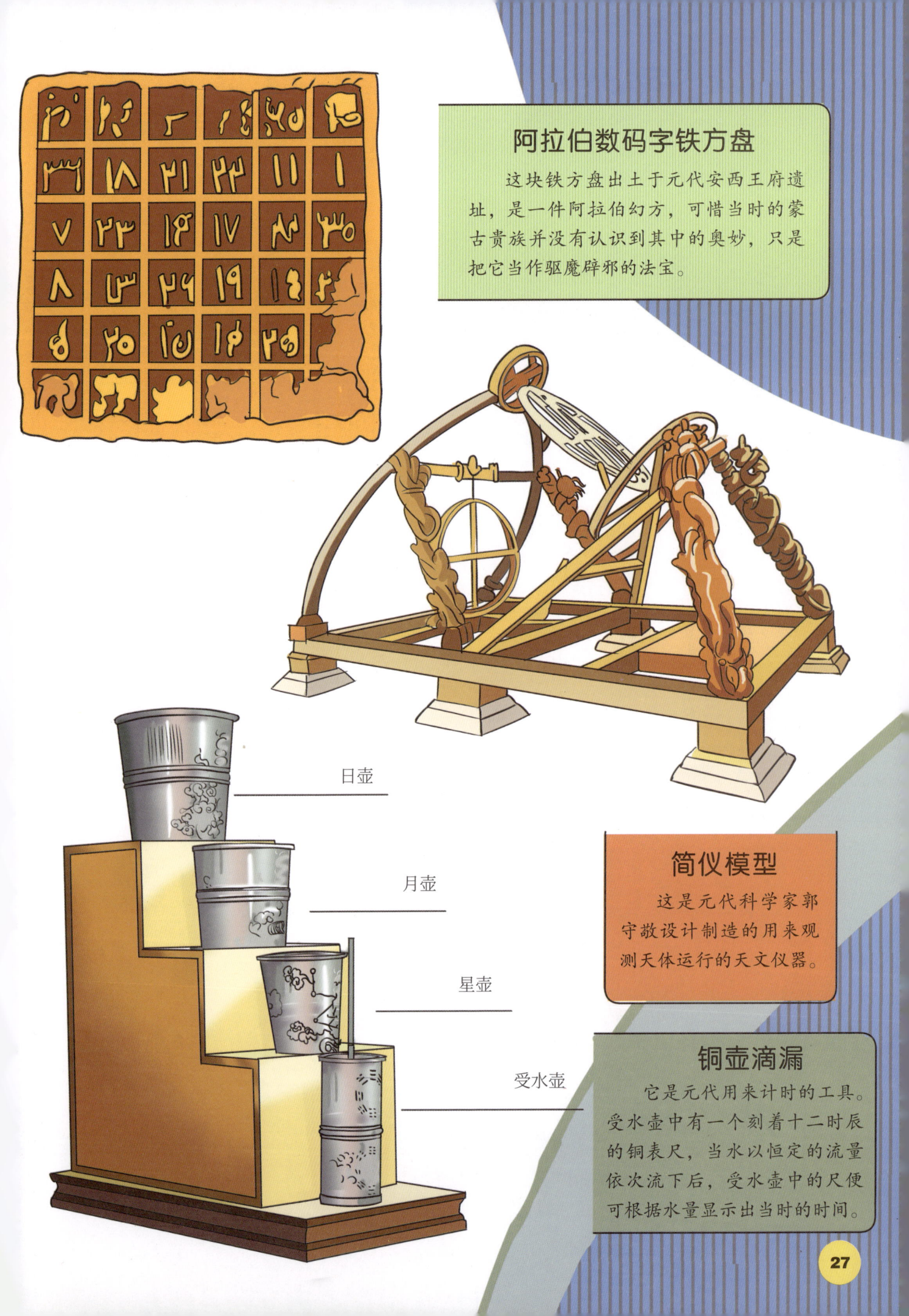

这块铁方盘出土于元代安西王府遗址，是一件阿拉伯幻方，可惜当时的蒙古贵族并没有认识到其中的奥妙，只是把它当作驱魔辟邪的法宝。

日壶

月壶

星壶

受水壶

简仪模型

这是元代科学家郭守敬设计制造的用来观测天体运行的天文仪器。

铜壶滴漏

它是元代用来计时的工具。受水壶中有一个刻着十二时辰的铜表尺，当水以恒定的流量依次流下后，受水壶中的尺便可根据水量显示出当时的时间。

明清时期的皇室珍宝

明代中后期，物质文化高度发达，人们的生活方式和价值观念逐渐崇尚奢华。皇室贵族所用器物均体现着当时社会最高的技艺。

孝端皇后凤冠

这顶凤冠出土于北京定陵地宫，它的名字叫作"九龙九凤冠"，是明朝孝端皇后的凤冠。这顶凤冠共嵌红、蓝宝石百余粒，珍珠5000余颗，前有九条金龙，下有八只点翠金凤，与后部的一只相互映衬，华丽无比。

细节一：花丝工艺

凤冠上的饰品采用独特的"花丝工艺"镶嵌而成。工匠们需要把金子抽成丝，再经过堆、垒编织等方法，使花丝成形，加以烧焊，最后将它编结成龙的形状。

细节二：点翠工艺

将金、银片按所需形状制成底托，用金丝沿着底托边缘围出浅槽，然后再把从翠鸟身上拔取的羽毛贴在金银底托上，这样便能形成吉祥精美的金凤。

点翠而成的金凤。

细节三：镶嵌工艺

把金片裁成条状，做成与宝石形状相似的"托"，金托两侧焊两爪来"抱"住宝石，必要时也可以用粘蜡粘住。

宝石和金托。

凤冠

凤冠是皇后在接受册封、拜谒宗庙、祭祀祖先、参加朝会时佩戴的礼帽。1957年，这顶凤冠出土时，珠翠已经散乱，经过几位工匠的精细修复之后，这顶凤冠才终于重现华美，展示着一国之后冠冕的皇家气派。

细节四：穿系工艺

将一颗颗珍珠穿孔后，按照一定的排列顺序或者图案把它们穿系起来。凤冠在珍珠的装饰下，显得典雅而又气派。

霁青釉金彩海晏河清尊

这件瓷尊是景德镇御窑为圆明园海晏堂烧制的陈设品。乾隆时期，粉彩瓷器的生产工艺达到了高峰，此件瓷尊即为明证。

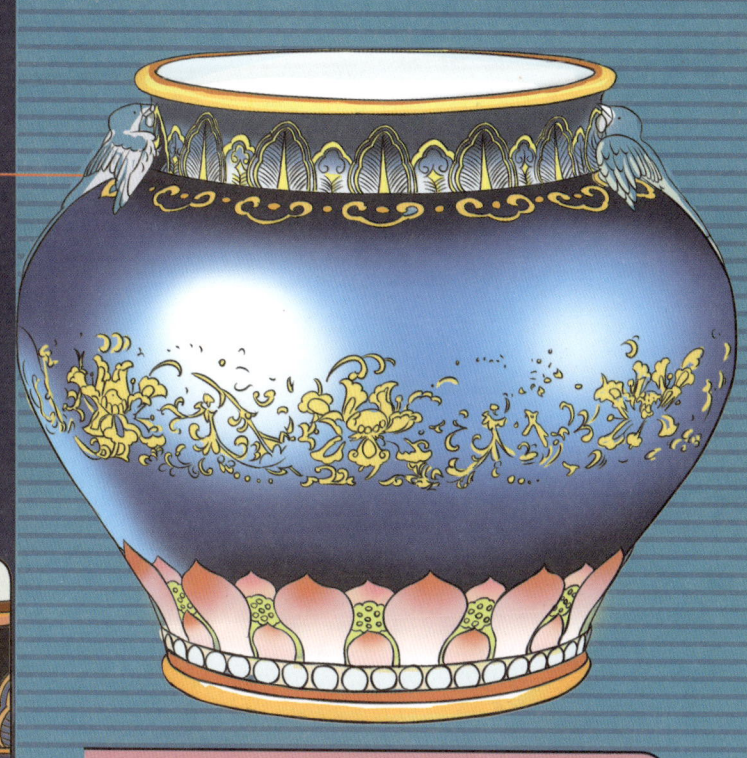

细节一：富有意义的霁青色

霁青色象征着"河清"，燕与"晏"谐音，整件瓷尊蕴含"海晏河清，四海承平"之意。

细节二：珍贵的宝物

这件瓷尊是乾隆皇帝亲自把关，为圆明园海晏堂量身定做的，在当时烧制了一对，如今只剩下这一个，非常珍贵。

圆明园海晏堂复原图

30

青金石朝珠

这是清代皇帝祭天时所佩戴的朝珠，由 108 颗青金石珠和 4 颗紫晶珠组成，并连有三串珊瑚珠串。

镀金点翠鸟架步摇

此步摇是清代贵妇的发饰，行走时饰品会随步晃动，活泼喜人。

镶宝石珍珠金珠指甲套

这是清代贵妇手指上所戴的饰品，用来保护指甲。甲套上的兰花以珍珠串和红绿宝石组成，十分华贵。

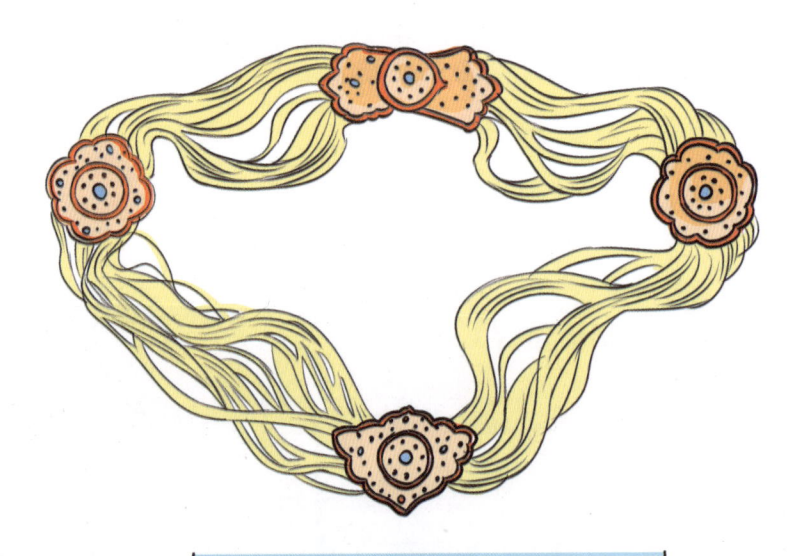

金牌

这块金牌是缅甸赠给清代乾隆皇帝的礼品。

秦始皇兵马俑博物馆

秦始皇兵马俑博物馆位于陕西省西安市临潼区，它以秦始皇兵马俑为基础，是在兵马俑坑原址上建立的遗址类博物馆。馆内共有3个兵马俑坑，各类陶俑、陶马、青铜器藏品万余件（套），是中国最大的古代军事博物馆。

列入《世界遗产名录》

1987年，作为"秦始皇陵及兵马俑坑"的组成部分被列入《世界遗产名录》，并被誉为"世界第八大奇迹"。

秦始皇帝陵博物院

秦始皇陵史称"丽山园"，它和秦始皇兵马俑博物馆一起被称作"秦始皇帝陵博物院"。

兵马俑的发现

1974年，天气极度干旱，临潼当地的农民决定自救打井，没想到打井过程中，却挖出了一个真人一样的陶土人头，兵马俑坑由此被发现。

皇陵修建耗费巨大

秦始皇从13岁登上王位就开始为自己修建陵墓，他征用了大约70余万人，前后延续30余年，直到秦亡，陵园尚未全部竣工。

帝陵依照咸阳城修建

秦始皇帝陵依照秦国都城——咸阳的布局而建，规模非常宏大。秦始皇期望着自己死后仍然可以享受生前的荣华富贵。

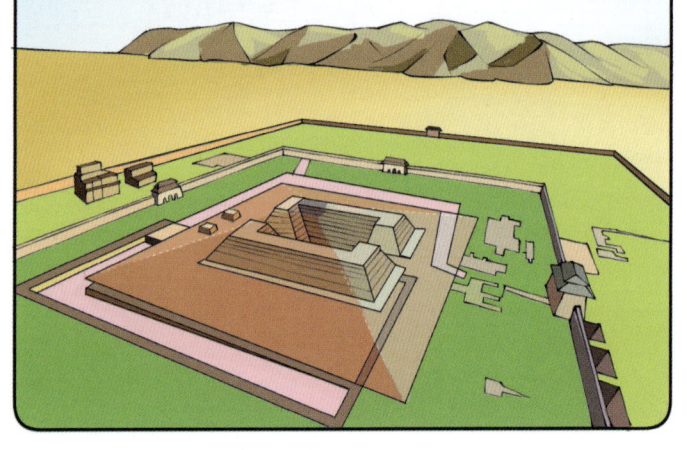

陵园已探明多处陪葬墓

兵马俑一、二、三号坑只是秦始皇帝陵的外围陪葬坑，目前整个陵园已探明各类陪葬坑、陪葬墓大约180余处。

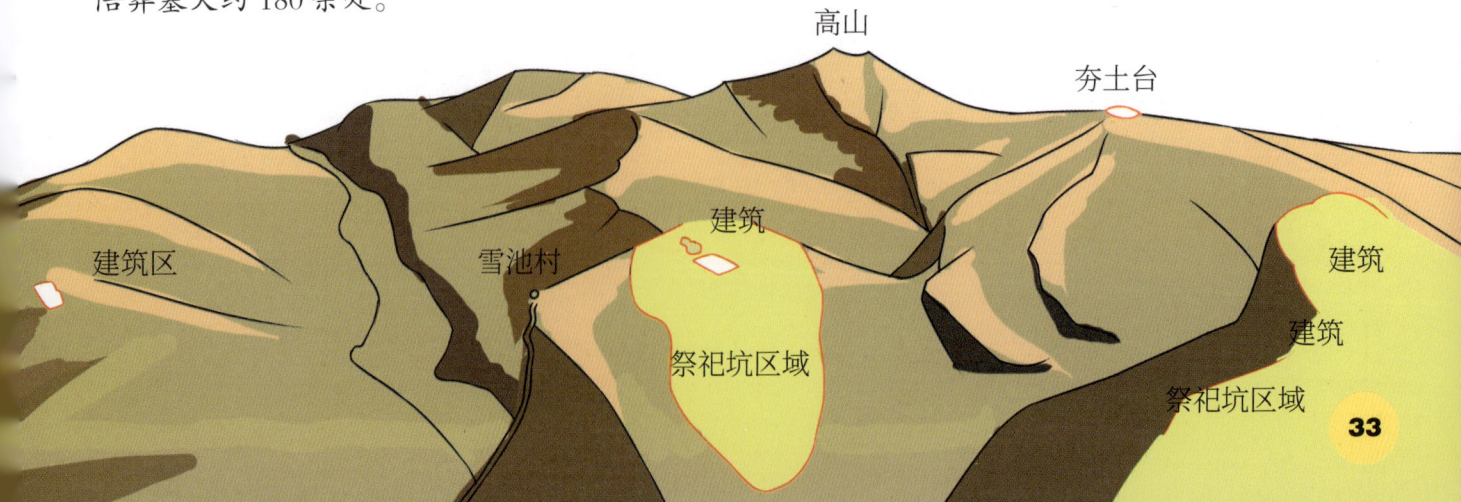

高山
夯土台
建筑
建筑区
雪池村
祭祀坑区域
建筑
建筑
祭祀坑区域

兵马俑一号坑

一号坑是目前所发掘的三个坑中规模最大的一座，它东西长 230 米，南北宽 62 米，面积约为 14260 平方米。根据已出土的陶俑排列密度推算，一号坑内大约有 8000 多个陶俑。

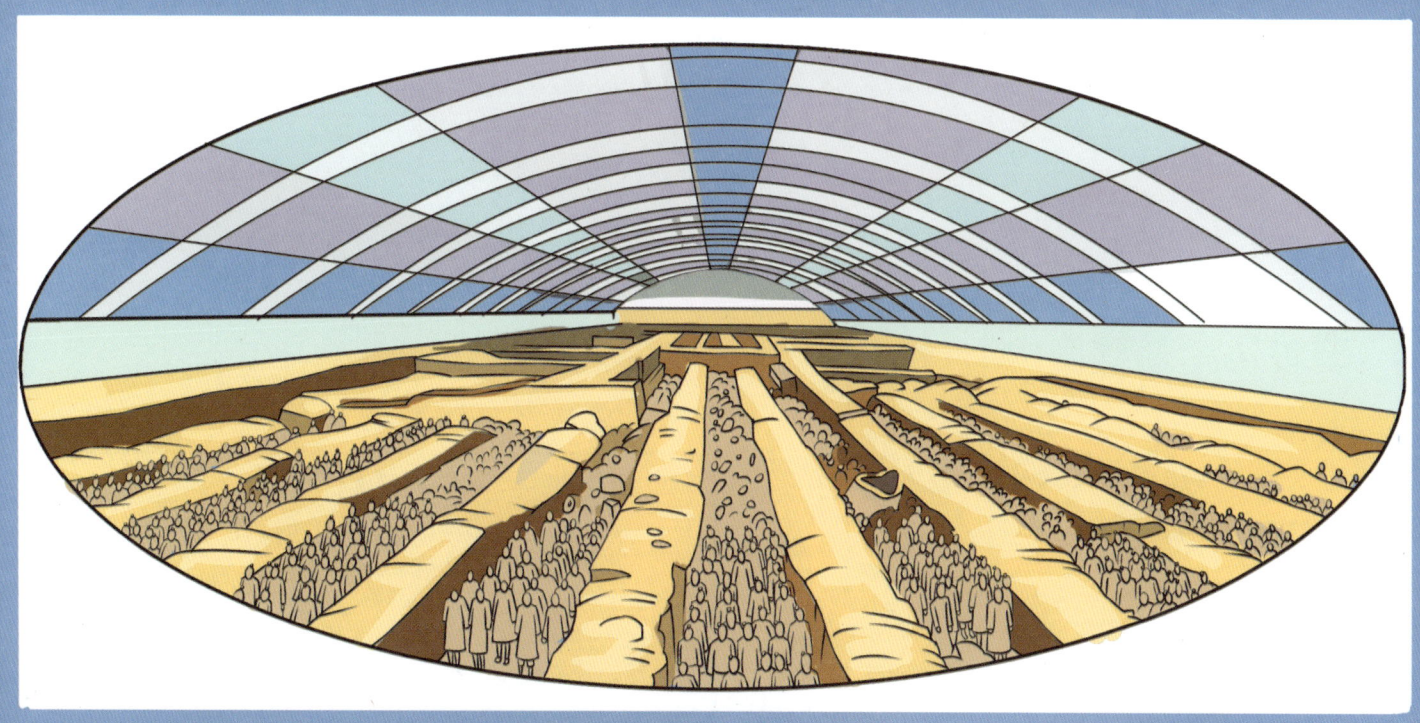

主力部队

一号坑中有各式各样的俑，包括轻装俑、武官俑、御手俑等，数量最多的是轻装俑，由此可见，一号坑就是一个阵容强大的主力部队。

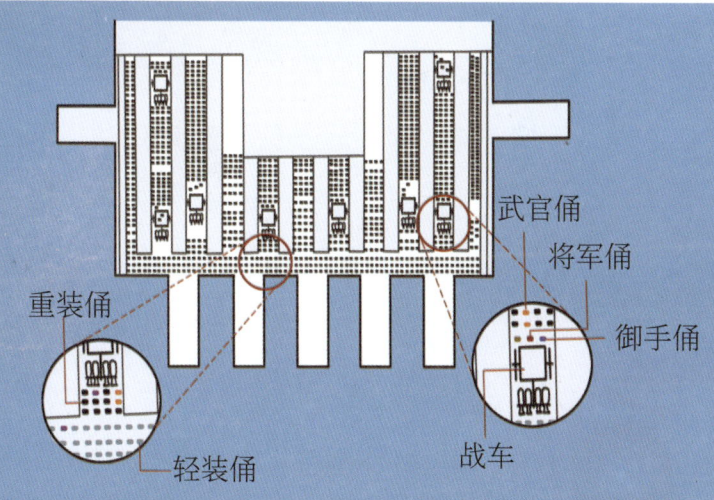

武官俑
将军俑
重装俑
御手俑
轻装俑
战车

千人千面的俑

匠人们在制作雕塑时，将陶俑的面部大约分成"目、国、用、甲、田、由、申、风"等八种基本脸型，再加上服饰的变化，看起来每尊陶俑都个性十足。

残缺不全的俑

在秦始皇驾崩之后,一支叛军抢劫并放火焚烧了阿房宫和秦始皇陵墓。当时俑坑塌陷,兵马俑发生了倾倒和碰撞,因此导致许多陶俑残缺不全。

灰头土脸的俑

俑坑中的俑大部分看起来都是呈灰色的,但其实它们原本是彩色的,因为经历了火焚和埋于地下的自然侵蚀,这些陶俑体表的彩绘在出土时出现了分层和脱落现象,所以看起来才是呈灰色的。

出土将军俑　　彩绘将军俑

规模庞大的地下军团

秦始皇帝陵中的一号坑是弩兵、步兵和战车部队组成的主力军,称为"右军";二号坑由弓弩兵和机动性高的骑兵组成,称为"左军";三号坑则是高级军官所在的指挥部;至于未完成的四号坑,据推测是承担攻击任务的中军。四个坑加起来便是地下军团完整的布阵。

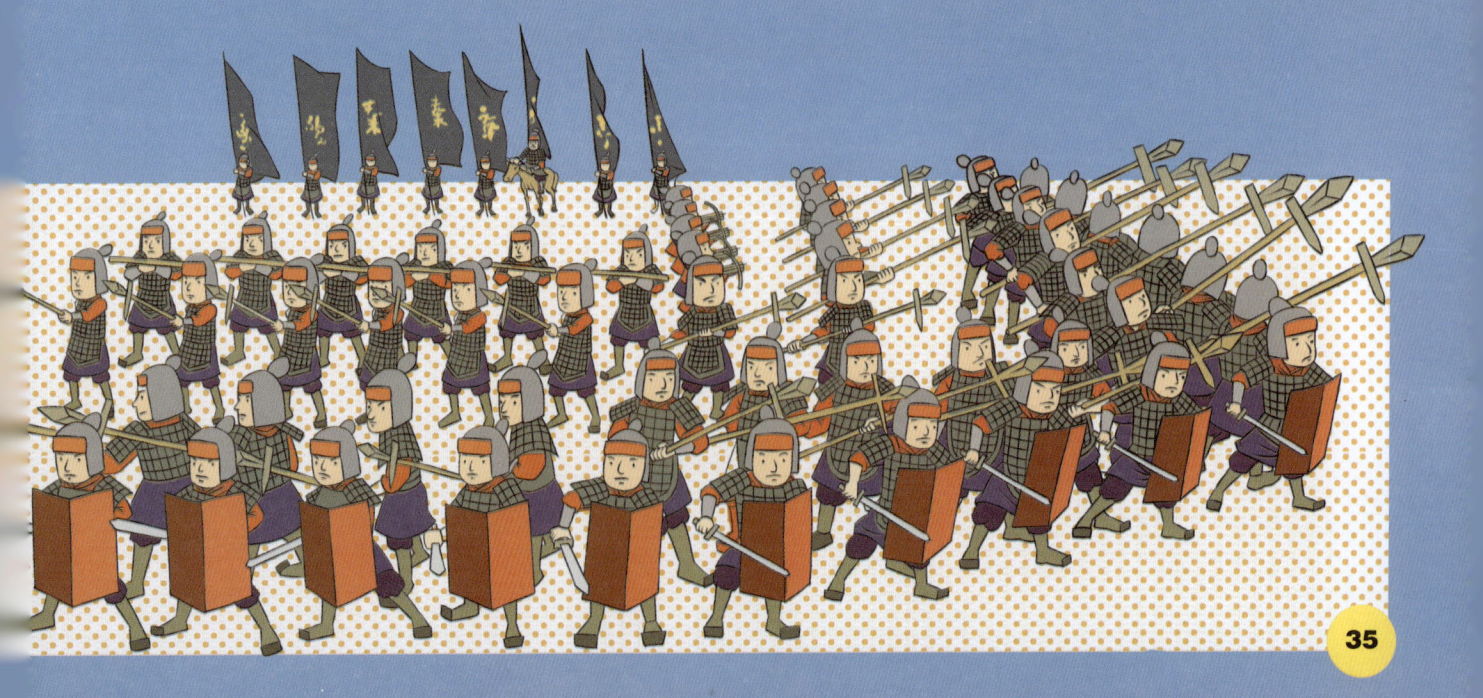

兵马俑二号坑

二号坑总面积大约有6000平方米，据推断，里面大约有80多辆战车，1300多个陶俑、陶马和数万件青铜兵器。这个坑布阵更加复杂，兵种更加齐全，是三个坑中最为壮观的军阵。

秦军急先锋

二号坑左边是近似正方形的车兵阵，右边的两个长方形空间分别是车兵与步兵混合兵阵、骑兵与车兵混合兵阵，最下面的长方形则是弓弩兵阵，战斗力十分强大。

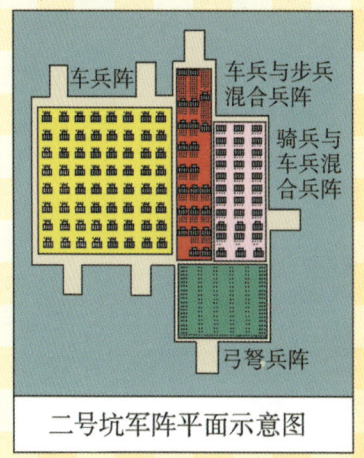

二号坑遗址骑兵阵图片，上方为俑坑顶部紧密排列的篷木遗迹。

二号坑军阵平面示意图

二号坑战车

从1994年至今，二号坑的挖掘工作一直都处于暂停状态。据专家推测，二号坑中可能有89乘两人座或三人座的战车，但一些马车的木质部分都已腐朽，只能看到些许残骸。

威风凛凛的车兵

车兵是秦朝战斗编组中不可缺少的一个重要兵种。它们可以单独编队，也可以和步兵、骑兵进行组编。在平原地区作战时，车兵往往能起到决定性的作用：进攻时用以冲陷敌阵，打乱敌军的战斗队形；防御时用战车布阵垒，阻止或迟滞敌军的冲击；行军时置于前锋和两翼，则有利于保障部队的安全。

秦始皇帝陵车兵想象复原图

兵马俑三号坑

三号坑的面积约为520平方米，整体呈"凹"字形，由南北厢房和车马房组成，车马房中有一辆驷马战车及四件陶俑，南区有铠甲武士俑42件，北区有铠甲武士俑22件，皆作夹道式排列。它是四个坑中唯一一个没有被大火焚烧过的坑，因此，在出土时，坑中的陶俑还残存较多的彩绘，颜色比较鲜艳。从内部布局来看，它是一、二号坑的指挥部。

三号坑为什么会被认定是指挥部呢？

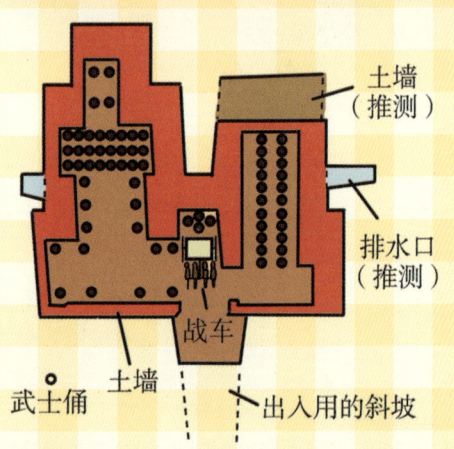

土墙（推测）
排水口（推测）
战车
武士俑　土墙　出入用的斜坡

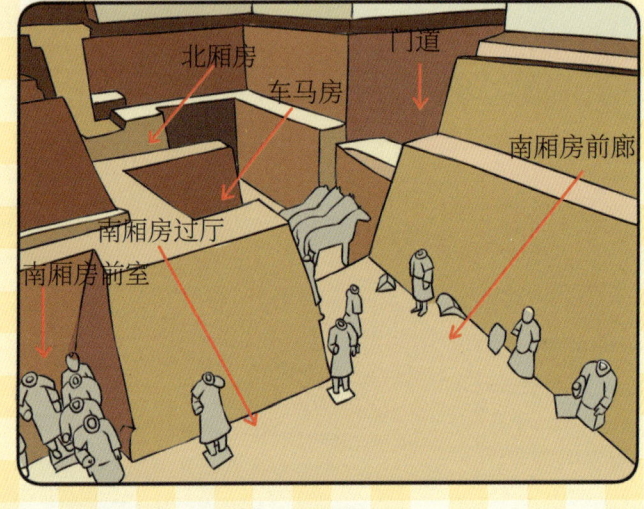

北厢房　门道
车马房
南厢房前廊
南厢房过厅
南厢房前室

细节一：士兵的位置安排

陶俑在狭小的步道里，面对面排列着，就像是在守护着指挥中心。

秦代战争时期，指挥部已经从中军独立出来，这样既有利于将领研究秘密的作战方案，又能进一步保证将领的安全，而坑中士兵的位置安排就像是在保护指挥官。

三号坑战车想象复原图

细节二：四人战车

三号坑出土的战车是4人使用的，与一、二号坑的战车不同，研究人员推测这辆战车应该是指挥官的专用战车。

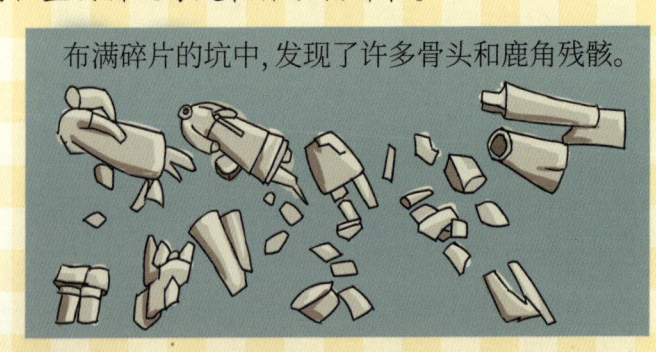

布满碎片的坑中，发现了许多骨头和鹿角残骸。

细节三：坑中骨头和鹿角的作用

秦朝时期，指挥官们有战前卜卦的习惯，三号坑中发现了许多骨头和鹿角，应该就是用于占卜。

千姿百态的俑

在秦始皇帝陵中，已经发现的兵马俑约有十种，分别为将军俑、军吏俑、骑兵俑、车兵俑、驭手俑、立射俑、跪射俑、武士俑、车马和鞍马，它们个个威武昂扬，体现着秦军的勇猛霸气。

跪射俑

博物馆中的这尊跪射俑被称为"镇馆之宝"，它出土于二号坑东部，双手置于身体右侧，作握弓弩待发状，与立射俑一起组成弩兵军阵。

细节一：最完整的陶俑

几乎所有出土的兵马俑都有大大小小的损伤，唯有这具跪射俑是保存最完整的、唯一一尊未经人工修复的陶俑。

细节二：细腻的雕刻工艺

跪射俑的鞋底针脚疏密有致，雕刻非常细腻，代表着2000多年前，秦朝工匠们严格的写实精神。

细节三：神奇的巧合

从侧面看去，跪射俑的姿势竟然和陕西地图的轮廓非常相似，是巧合还是天意呢？

立射俑

立射俑出土于二号坑，高约 186 厘米，它的武器可能也是弓弩，与跪射俑一起组成弩兵军阵。

将军俑

将军俑头戴鹖(hé)冠，双手交垂于腹前，似乎挂有长剑，是迄今出土的秦俑中级别最高者。

鞍马和骑兵俑

鞍马和骑兵俑的大小与真马、真人相近，形象逼真。马身长约 2 米，高 1.72 米；骑兵俑身高 1.8 米，立于马前，一手牵拉马缰，一手作提弓状，是战时负责奇袭的兵种。

武士俑

武士俑是俑坑中出土数量最多的俑，它们平均身高约 1.8 米，是军阵中的普通士兵。

军吏俑

军吏俑在俑坑中出土数量极少，目前不足十尊。其级别仅次于将军俑。

39

除了规模宏大的地下军团，秦始皇帝陵中还随葬着一些姿态各异的百戏俑、文官俑等，它们都是负责服侍死后秦始皇的臣民。

百戏俑（力士俑）

在1999年首批出土的11尊百戏俑中，这尊俑身躯显得格外庞大。据推测，它应该是古代角抵（类似今天的摔跤）的力士。

百戏俑（扛鼎俑）

扛鼎俑左手紧扣在腰带上，右臂上举，挺胸鼓肚，呈现出一副举起千斤鼎成功后的得意姿态。

百戏俑（持竿俑）

持竿俑右臂与身体间有一条约10厘米的空隙，专家们推断，空隙处可能原本插着一根竿状物，所以这尊陶俑是高竿表演中的持竿者。

40

从百戏到杂技

据记载，秦始皇统一六国后，不仅把各国诸侯的钟鼓搬到咸阳宫中，还把六国宫廷中善于歌舞的艺人当作战利品集中于咸阳，演出"百戏"。汉武帝时期，长安曾举办了一次大型的百戏演出，随后，百戏逐渐向民间发展，它的形式日益丰富，吸引力也越来越大，最终发展成为中国著名的表演艺术——杂技。

汉代百戏图画像砖

文官俑

文官俑坑于2000年被发现，其中共出土了8尊文官俑。这尊俑腰间配着的削刀是用来削除竹筒上错字的工具。

跪坐俑

跪坐俑出土于马厩坑中，它位于陪葬的马匹旁边，据推测，应该是养马之人。

乐人俑

秦始皇帝陵周围有许多动物陪葬坑，据推测，这尊乐人俑腿上放着一种名叫"筑"的乐器，它可能是用来训练水鸟的。

41

秦始皇帝陵铜车马

　　1980年，考古学家在秦始皇帝陵坟丘西侧发现了两乘大型陪葬铜车马模型，经复原，它们的大小约为真人、真马的一半。秦铜车马是中国考古史上出土的体积最大、结构最复杂、系驾关系最完整的古代车马，被誉为"青铜之冠"，具有极其重要的研究意义和历史价值。

二号铜车马

　　二号铜车马，出土时破碎成一千多块，经过8年多的时间才修复完成。整辆车总重量为1241千克，由大小3000余个零部件组装而成，其中青铜制件1742个，黄金制件737个，白银制件983个，其体积之大，堪称"青铜之冠"。

细节一：高级的设计

　　二号铜车马是中国古代最高级别的接送车辆，它的车体为包厢式，乘坐舒适，因而称为"安车"，又因为可以通过开关窗户来调整车内温度，所以也被称为"辒辌（wēnliáng）车"。

细节二：可打开的车门

　　马车的车门位于车厢后方，虽然已有2200多年的历史，但它依旧能够正常开合，并且还可以从外部上锁。

细节三：车上的字样

　　御者坐在车上，一条辔绳的末端刻有"安车第一"的字样。

细节四：地位较高的御者

　　驾车的御者俑头戴鹖冠，这种冠在秦汉时期为武官和皇帝的近臣所戴，说明御者的地位和身份都较高，属于御官，是专为皇帝服务的人。

一号铜车马

一号铜车马名"立车",又名"戎车""高车",它是双轮、单辕、驷马系驾,共由 3000 多个零部件组成,总重约 1061 千克。车马通体饰有精美绝伦的彩绘,在修复后从未被带出过馆门,是国家不允许出境的国宝文物之一。

御者
御者手握缰绳,身体微微前倾,立在马车上。

伞形车盖
伞形车盖由一整块铜板制作而成,外缘最薄的部分厚度仅 1 毫米,即使是现代的铸造技术都很难做到这样的精度。

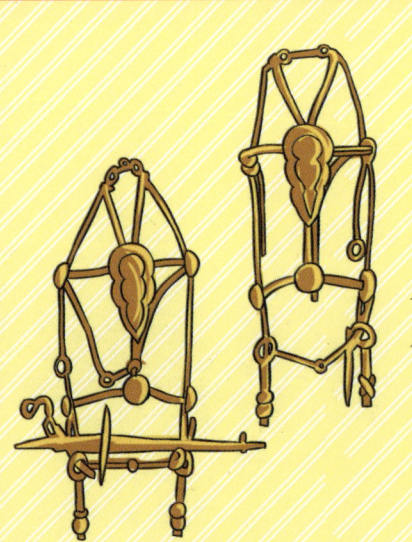

弩
战车上设有专门承托弩弓的金属承弓器,方便射手拉弓。

缰绳
铜车马共有 8 条缰绳,两侧马匹外侧的缰绳直接连接在马车上。

各式各样的青铜器

除了大量的陶俑、陶马之外，秦始皇帝陵还出土了一批做工精湛的青铜器，它们至今仍然绽放着光彩，展示着大秦工匠的非凡技艺。

青铜鼎

这尊青铜鼎重约212千克，其造型稳重，内侧圜底近平，下有三个蹄状矮足。推测这可能是力士表演扛鼎的道具。

青铜鹤

青铜鹤出土于秦始皇帝陵K0007陪葬坑，它长颈向下，口中衔着一只类似于小虫状的铜质动物，栩栩如生。

青铜天鹅

青铜天鹅出土于秦始皇陵K0007陪葬坑，它脖颈修长，表面还残留着一些彩绘的痕迹。青铜水禽在秦代考古中属首次发现，这对丰富和评价秦始皇陵的文化内涵具有重大的学术价值。

青铜戈

青铜戈是秦代战场上的一种主要兵器,戈头前方为横刃,后方有一个可以置入长柄的插孔。一般整个兵器长约3米,是用来钩住马上的敌人并将对方拉倒的兵器。

青铜铍

青铜铍身为两侧六面的扁体,前锐后宽,是一种极其锐利的刺杀兵器。

铜箭与箭箙(fú)

这是一号铜车马上的箭箙(装箭的盒子),它的外表装饰着云纹,内部装有54支箭,有的是杀伤力巨大的箭,有的是练习时所使用的箭。

45

东京国立博物馆

东京国立博物馆于1872年创建，陈列室总面积达1.9万余平方米，馆内珍藏着各类考古遗物和美术作品，总数约为12万件。它不仅是日本最早的国立博物馆，也是日本最大的博物馆。

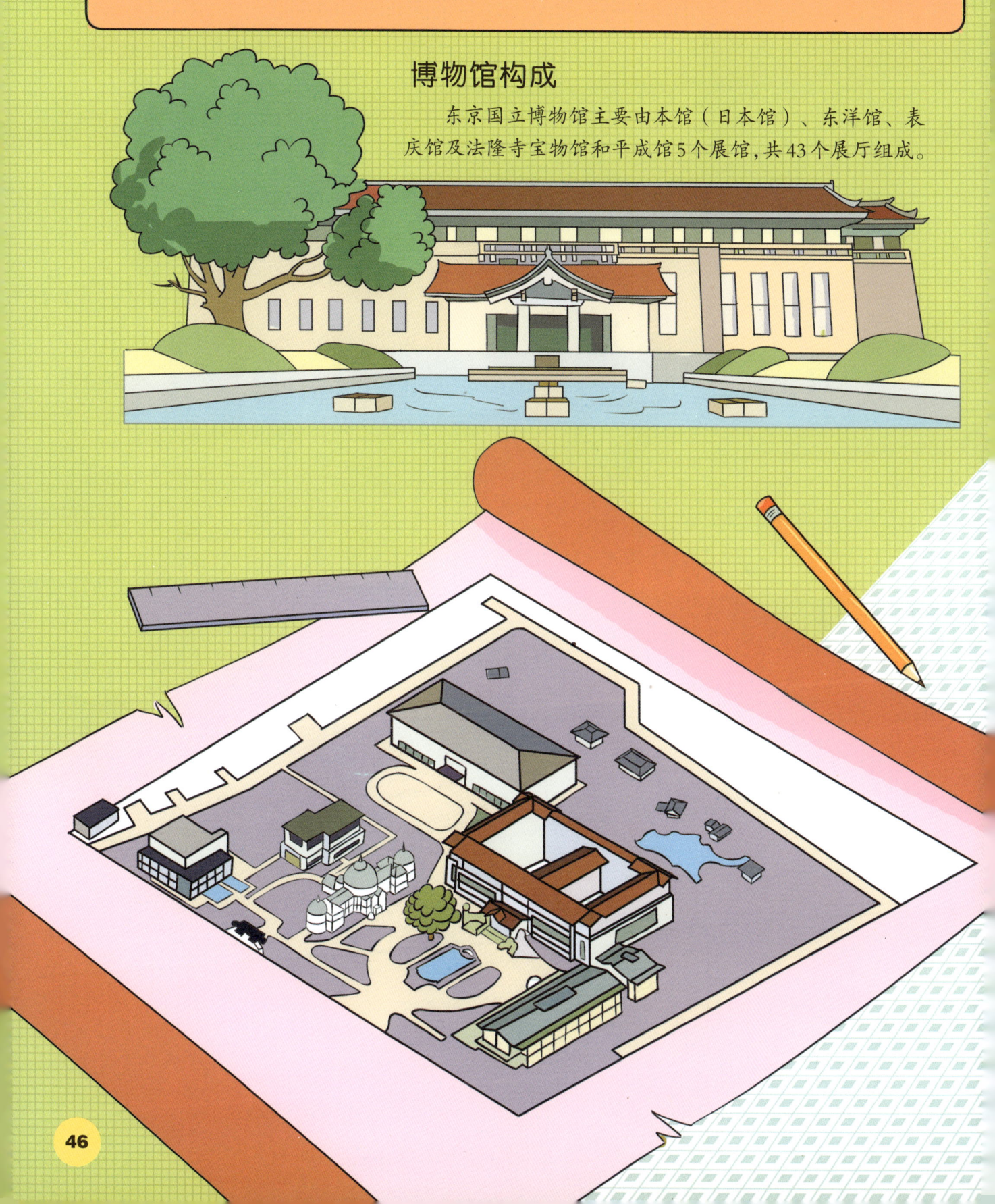

博物馆构成

东京国立博物馆主要由本馆（日本馆）、东洋馆、表庆馆及法隆寺宝物馆和平成馆5个展馆，共43个展厅组成。

表庆馆的建造背景

表庆馆是于1908年为庆祝当时的皇太子成婚而建造的,"表庆"即表达喜庆之意。

藏品珍贵的法隆寺宝物馆

法隆寺宝物馆专门展出日本明治初年,法隆寺向宫廷捐献的各种宝物,主要是飞鸟时代和奈良时代的各种文物,其中还有一批中国唐代的文物。由于藏品极其珍贵,所以只限每周四开放。

东洋馆的展出功能

东洋馆是专门展出日本以外的东方各国、各地区的艺术品和考古遗物的展厅。

日本早期文物

绳纹时代是日本最早诞生文化的时代，这一时期最具代表性的便是各种土器和土偶。之后的弥生时代，日本进入了农业时代，就出现了水稻栽植与金属器制作，铜铎便是弥生时代出土的代表文物。

遮光器土偶

土偶是日本早期文化中的代表性文物，在众多的土偶中，最负盛名的便是这尊体态夸张、眼睛硕大、造型独特的"遮光器土偶"，它大概制作于绳纹时代晚期，采用低温烧制而成。那时的日本还没有文字，据推测，它可能是象征孕育、多产和生命的女神形象。

看点一

通过身体残留的红色颜料可推测，最初土偶为红色，古人认为涂上红色颜料可以为土偶注入生命。

看点二

因其眼睛酷似雪地遮光眼镜，所以得名"遮光器土偶"，也有人认为这是一张婴儿的脸，象征生命和希望。

看点三

土偶被发现时左脚就呈缺失状态，不光是这件遮光器土偶，许多土偶都有类似情况，后世推测这可能是祭祀时有意为之，目的是代替人类承受灾难。

绳纹时代人们的生活方式

绳纹时代，人们以狩猎和捕鱼为生，同时也逐渐转为定居生活，并用泥土制成各式各样的陶器，让日常生活变得简单方便。

其他绳纹时代的土偶和弥生时代的土器

遮光器土偶

这尊遮光器土偶出土于宫城县东比须田遗址。此土偶形体完整，头上顶有王冠状突起。

猫脸土偶

这是创作于绳纹时代中期的土偶。它的下半身已缺损。

猫头鹰土偶

这是绳文时代后期的土偶。它的左臂缺失。

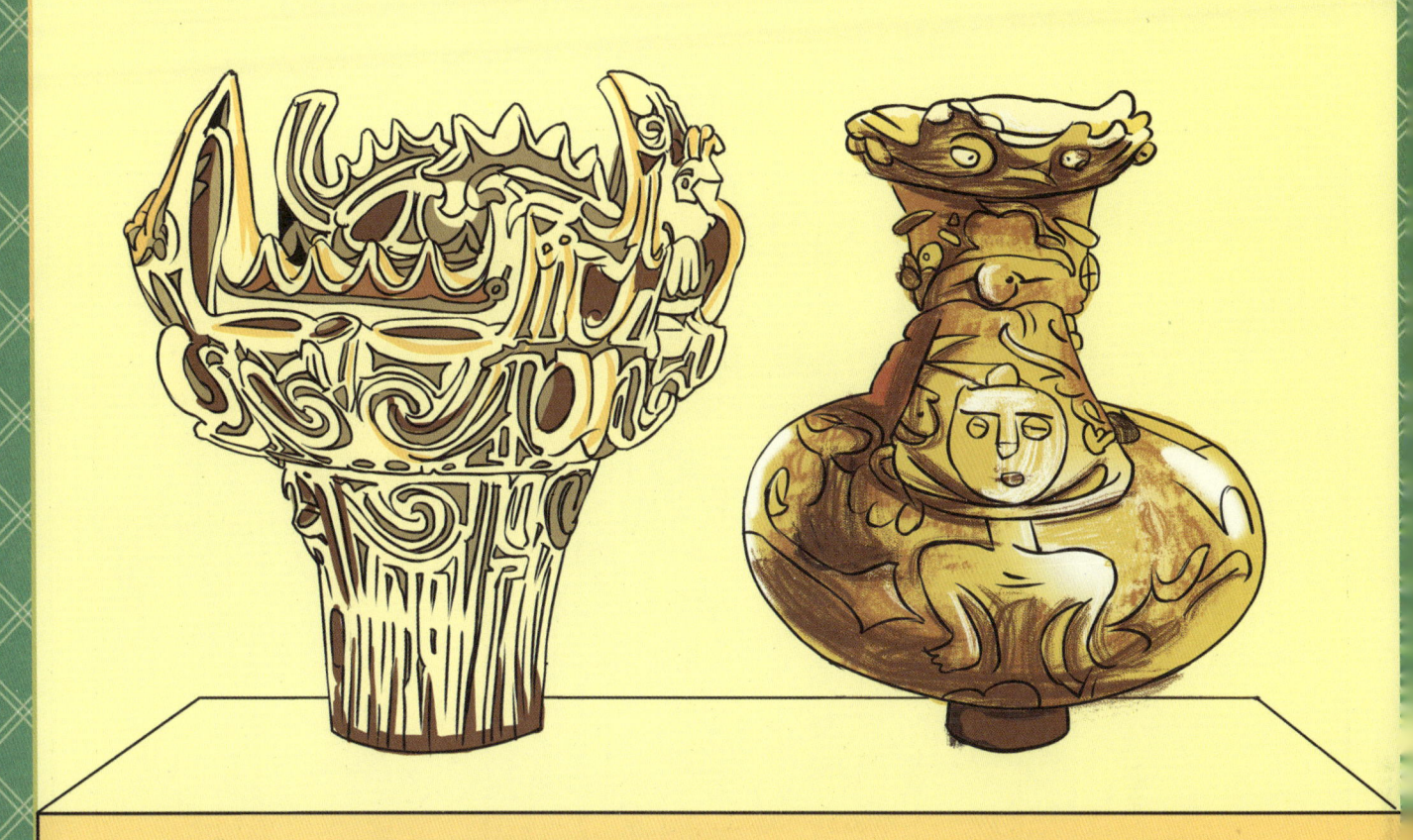

火焰纹深碗

火焰纹深碗制作于绳纹时代中期，它可能是烹煮或者祭祀时使用的土器，因形状酷似火焰而得名。

人形装饰流口土器

它是绳纹时代后期至晚期的一件土器，器身上绘制着人形图样。据推测，这可能是一件礼器。

深钵

这个深钵制作于绳纹时代前期，表面绘制着精美的纹饰，是一件用于烹煮食物的用具。

宫廷壶

这是制作于弥生时代的土器，壶身有用颜料制成的图案，仿佛是用树枝划过一样。

人面陶瓶

人面陶瓶制作于弥生时代中期，陶瓶的颈部有人脸的造型。它是迁葬（二次葬）墓的用品之一。人们会将去世的人先简单埋葬，过几年后，再把白骨挖出来之后装入一种特殊的土器后再次入殓。图中就是用于入殓的土器。

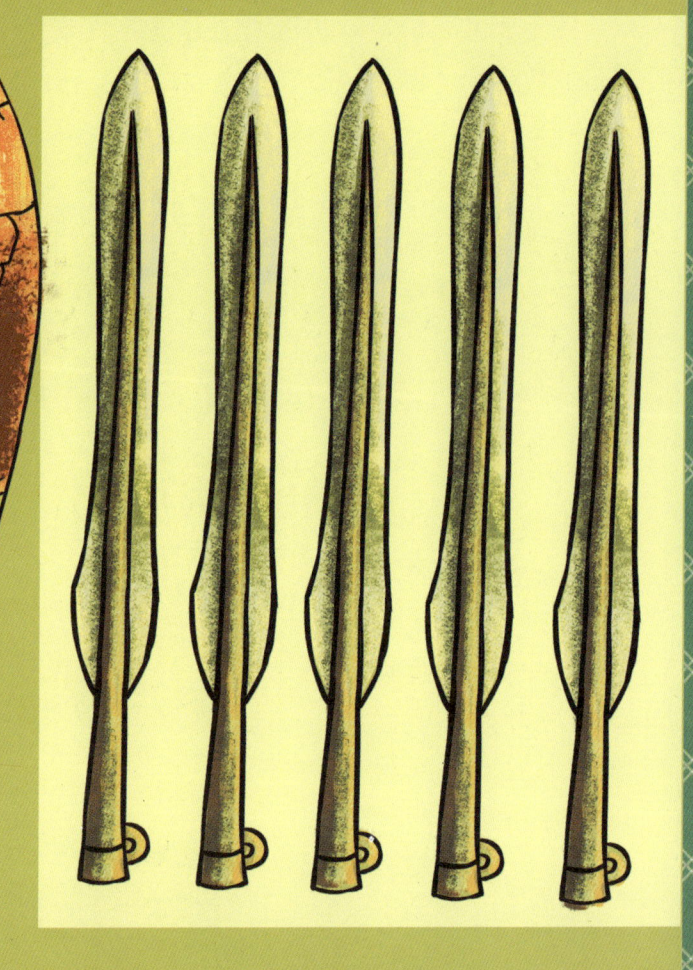

铜矛

铜矛用青铜制成，长约82厘米，是弥生时代后期用来祈求丰收和氏族繁荣的祭祀用具。

铜铎

这个铜铎的身上有被分割成四方矩阵的纹样，上面绘制着弥生时代农耕、祭祀、狩猎等生活场景，非常具有研究价值。

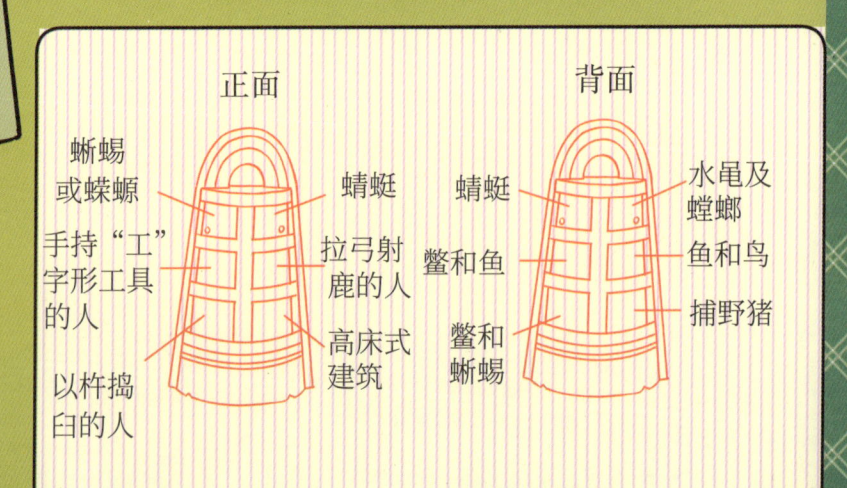

正面
- 蜥蜴或蝾螈
- 蜻蜓
- 手持"工"字形工具的人
- 拉弓射鹿的人
- 以杵捣臼的人
- 高床式建筑

背面
- 蜻蜓
- 水黾及螳螂
- 鳖和鱼
- 鱼和鸟
- 鳖和蜥蜴
- 捕野猪

古坟时代的珍宝

公元3世纪，日本各地贵族建造了许多巨大且醒目的坟墓，至今仍保留不少，因此，这段时期也被称为"古坟时代"。这个时代出土的文物相当丰富，包含了埴轮、铜镜、铁制武器等。

什么是埴轮

埴轮是使用红褐色泥土做成的中空陶器，有住宅、人物、器物、动植物等各种形象，通常摆放在古坟的上方或周围，是一种殉葬品。

挂甲武人

这是一件制作于公元6世纪左右的埴轮，上面的铠甲和武器制作得十分精细，向人们展示了当时武将的装束。在出土的众多埴轮中，这件作品是唯一一件被指定为国宝的埴轮。

盛装男陶俑

男陶俑以红泥土烧制而成，其双眼被挖空，头戴小帽，双手叉腰，腰际挂有腰带。这类人形埴轮一般是为了重现墓主人生前的生活而制作的。

舞者

它们也被称作"跳舞男女"，这类埴轮有可能表现的是葬礼上的歌舞场景，也有可能是牵马的姿势。

金铜制冠帽

这是一件古坟时代贵族的陪葬品，上面雕刻着龙和火焰等图案，非常精致。

三角缘五神四兽镜

这是古坟时代一种特有铜镜，镜背花纹是东王父、西王母等图像和龙、虎等兽形，有可能是东汉时期从中国传入的汉式青铜镜。

金制耳饰

这是奈良县新泽千冢126号坟墓主的耳饰，三叉状的垂饰设计极其别致，非常罕见。

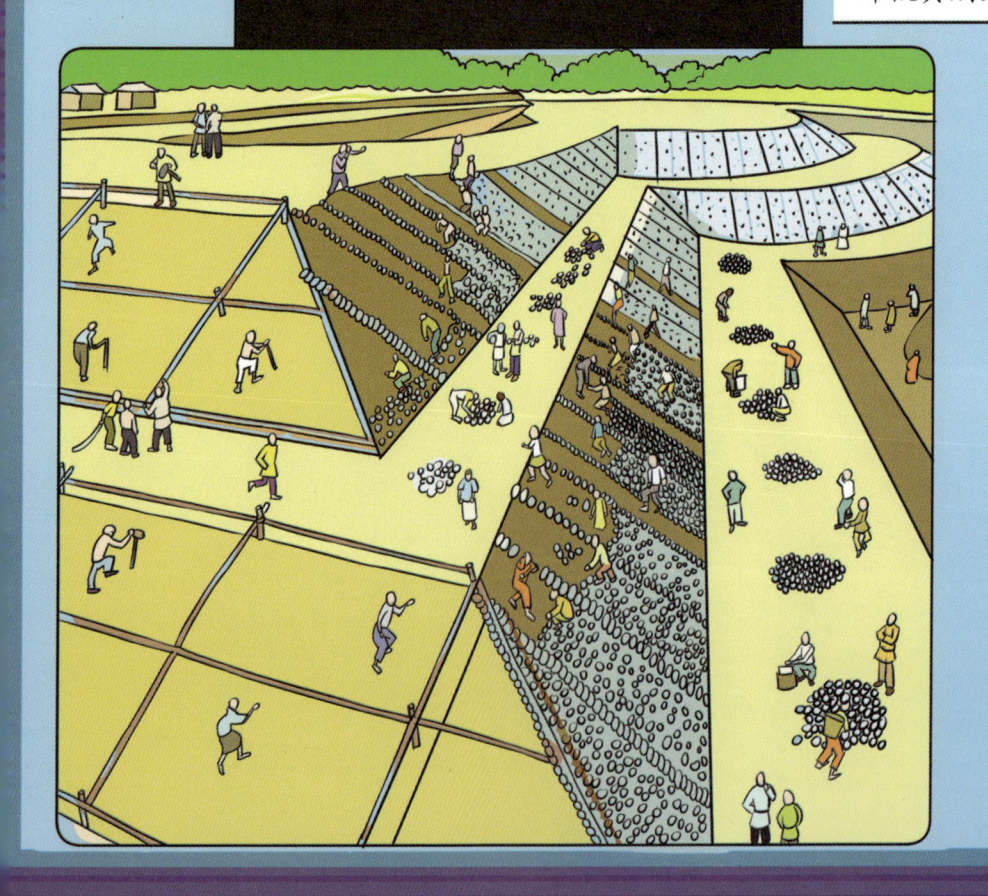

巨型古坟

据推测，这座古坟是墓主在世时就开始建造了。首先是选择地点，然后设计结构，再召集人手挖掘土坑，进行土木工程建设，之后覆上石头完成外形，再搬入墓主石棺，下葬填土，此时古坟便大功告成。古坟周围的埴轮，是用来"守护"墓地的。

53

巧夺天工的工艺品

东京国立博物馆中收藏着日本各个时期的工艺品，包含染织、漆器、陶瓷、金属制品等，其中还有各类精美的皇室宝物，这些工艺品见证着日本不同时期的文化。

缝箔白练纬地四季草花四替模样和服

这件和服是安土桃山时代流行的和服，称为"四替"，代表春、夏、秋、冬四个季节。设计者以梅花代表春天，紫藤花簇代表夏天，秋叶代表秋天，竹代表冬天，小小的一件衣服却画下了四季。

振袖红纹缩缅地束熨斗模样和服

江户时代，德川和子皇后常在宫中穿小袖，此后，这类和服开始在京都流行起来，这件和服便是代表作之一，它采用了当时最高的染色技艺——友禅染色法染色，色彩鲜艳，非常引人注目。

唐织 红地鸾唐草图案　　唐织 胴箔地松帆图案　　唐织 淡红地笼目秋草花丸图案

十八世纪的能剧服装

能剧是日本的传统舞台表演艺术，其服饰图案极尽华美。

伎乐面·昆仑

这是伎乐表演中所佩戴的面具，一般由楠木、桐木及干漆制成。这张面具名为"昆仑"，它怒目圆睁，阔口獠牙，一副妖怪的模样，但表演的却是令观众捧腹的滑稽的角色。

55

八桥莳绘螺钿砚箱

砚箱也就是砚盒，它是用来盛放砚台的盒子。这件藏品制作于公元18世纪的江户时代，制作者是当时著名的艺术家尾形光琳。

砚箱内部为双层结构，上层（中图）放砚台，下层（右图）用于放纸张。盒底部（左图）还绘有水波花纹。

细节一：砚盒上唯美的图案

砚盒的图案源自《伊氏物语》中的场景：木板桥横过清澈流水，岸边有燕子花盛开……非常唯美。

细节二：精致的装饰手法

燕子花花叶使用了金粉绘制，花瓣则使用了鲍鱼的壳进行装饰，并且用凿子敲打出了质感。

男山莳砚箱

这个砚箱制作于江户时代，盒盖上的绘画非常具有立体感，仔细看能看到岩石上隐藏着男山的"男"字。

《夏衣裳当世美人》喜多川歌麿

这是日本浮世绘（日本的一种绘画艺术形式）大师喜多川歌麿的作品，描绘了一位身着和服的女性，她的姿态优雅而又慵懒，非常迷人。

龙首水瓶

龙首水瓶制作于飞鸟时代，曾是法隆寺的宝物，于1878年献给了日本皇室，后来成了东京国立博物馆的收藏品。

玻璃碗

这个作品制作于公元6世纪，是表面加工出圆形切面的雕花玻璃碗，也叫琉璃碗。由于日本掌握自制玻璃的技术较晚，所以判断，这样完整的大件器皿极有可能是从日本外部流入的艺术品。

稻田垂穗柄铜镜

这柄铜镜制作于安土桃山时代与江户时代之间,背面花纹细腻,非常贴近生活。

白瓷象形香炉

这个香炉大约制作于江户时代与明治时代之间,产自平户烧。平户烧是以白瓷著称的窑口,擅长使用模具制作精致的工艺品陶瓷。

祥瑞捻文轮花钵

这个花钵出自明代末期中国景德镇的窑室,是日本茶商专门定制的器具,钵体的青花着色浓翠,非常精美。

樫鸟线肩赤威胴丸

胴丸是日本很具代表性的一种传统铠甲。日本的铠甲是使用线绳将金属或皮革薄片连接起来后做成的,线绳露出表面是其设计的一大特点。胴丸主要使用的是蓝红双色彩线混编成线绳,肩部和胸部等处使用单色红线绳,色彩极其耀眼夺目。

色绘月梅图茶壶

这个茶壶制作于江户时代,是日本陶艺大师野野村仁清的代表作。这个茶壶将月亮转到正面就看不见梅花;将梅花转到正面就看不见月亮,设计非常巧妙。

群鸟纹兵库锁太刀

这副刀具制作于镰仓时代,刀柄、刀鞘及锁链上都绘制着镀金的飞鸟,十分华丽。

镡(xín,古代剑柄的顶端部分)的上面,装饰着各种姿态、交错飞舞的镀金鸟。

巴基斯坦国家博物馆

巴基斯坦国家博物馆建于1950年，馆中珍藏着巴基斯坦有史以来最古老的文物，如史前时代土器、印度河流域文明的珍宝、犍陀罗文明的雕塑等，是保存、收藏和研究巴基斯坦国家历史和文化的重要基地。

公元前7000年左右，印度河流域文明初现曙光，人们开始在这片土地上进行农耕生活，从博物馆中收藏的古印度文物中，我们可以大致了解当时印度河流域及周边地区居民们的生活状态。

骨针/骨制饰品

这是公元前4500年左右，人们用来缝衣服的骨针和缝在衣服上的骨制饰品。那时，比起贝壳、宝石等材料，兽骨更容易获得。

动物土偶（瘤牛）

瘤牛是印度河流域的常见役畜。据推测，这个土偶可能是小孩的玩具，也可能是祭祀的贡品。

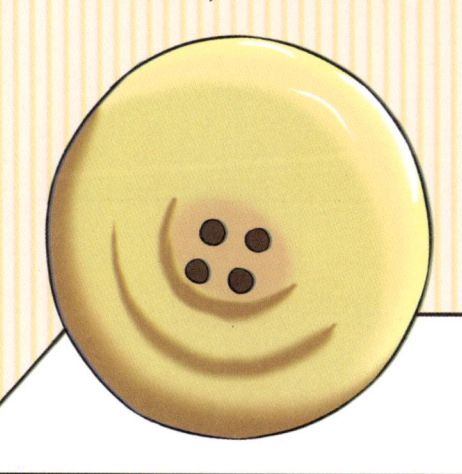

土质摇铃玩具

这是早期人类用黏土制成的玩具，玩具内部中空，放有小石头或土器碎片。

壶形土器（双色彩纹——带角水牛与花）

这是一个褐红色短颈球状壶。

60

印度河流域文明

印度河文明存在年代约为公元前 2350 年至公元前 1750 年。印度河流域文明的范围很广，西起苏特克根·多尔，东达阿拉姆吉尔普尔；北起罗帕尔，南至巴格特拉尔。东西长约 1550 千米，南北长约 1100 千米，总面积约 130 万平方千米。在哈拉帕文化之前，印度河流域已经发现有大量属于前哈拉帕文化的遗迹，这是由农村向城市生活过渡时代的文化，这时期已经出现青铜器。

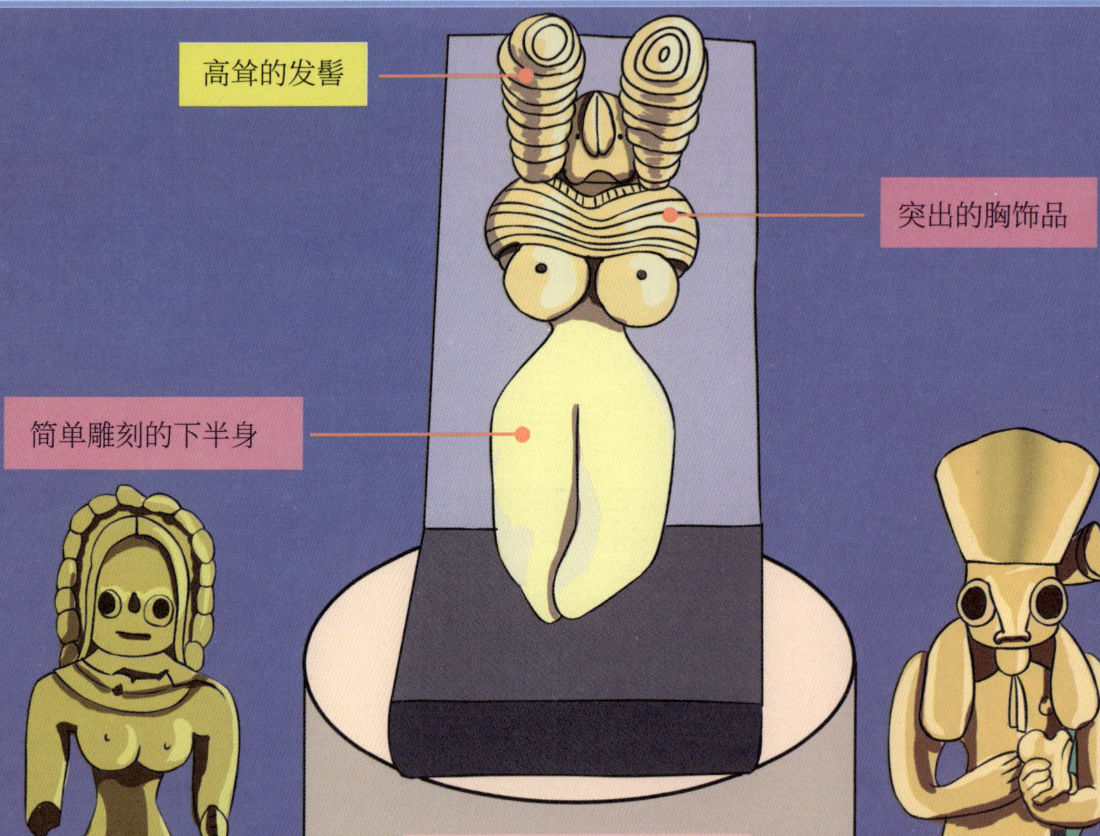

高耸的发髻

突出的胸饰品

简单雕刻的下半身

女性土偶（坐像）

这个土偶坐像大约制作于公元前 3000 年至公元前 2700 年之间。据推测，它是代表带来富饶的地母像。由于年代久远，这个土偶的五官、饰品和发型都和后期的土偶十分不同，造型非常独特。

女性土偶

这是制作于公元前 2700 年至公元前 2600 年间的土偶，这个时期的土偶作品四肢已经更加完善协调，特别接近于人类的造型。

男性土偶

公元前 2700 年至公元前 2600 年左右，人们开始制作男性土偶。那时的男性土偶手中都会拿着带有女性特征的容器或幼儿，据推测，这代表着权力渐渐从女性转向男性手中，这个男性土偶手中便抱着象征女性子宫的容器。

61

青铜制带柄镜

公元前 2600 年左右，铜在当时属于外来稀有物资，因此，铜镜是一种贵重的生活用品，只有上层阶级才能拥有。

器皿形土器

在公元前 2000 年，水稻从中国传入之前，印度河流域的居民就已经非常熟悉种植小麦的技术了。这个器皿里黑色的颗粒便是经年累月碳化的小麦。

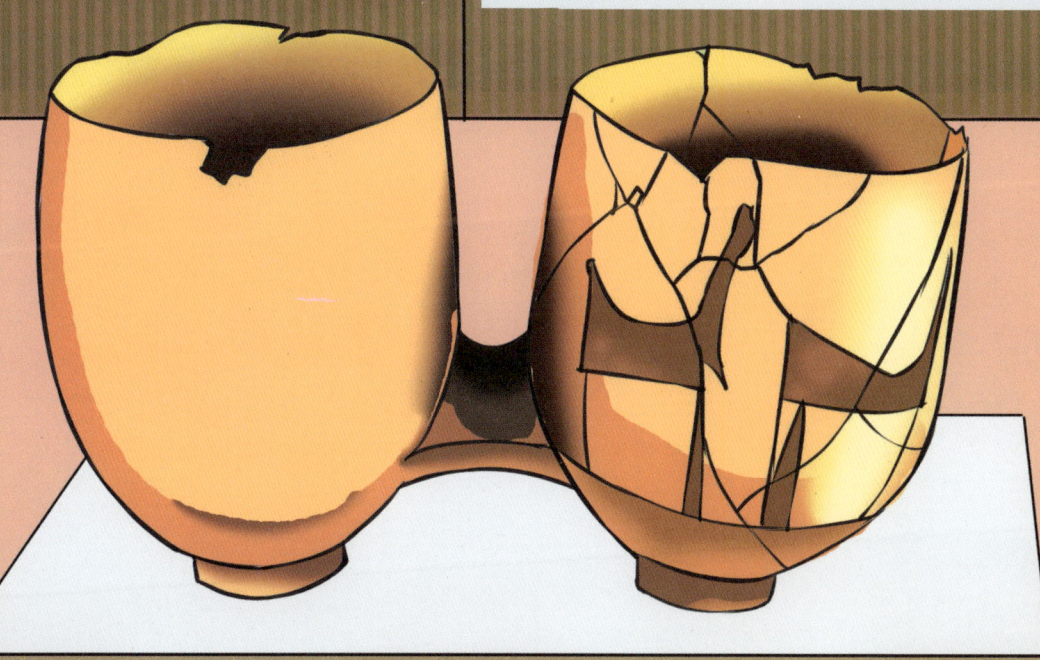

相连酒杯

这是一对造型奇特的相连酒杯，侧面绘制着黑色的鹿形图案。据推测，它可能是祭祀时的用品。

现代的牛车

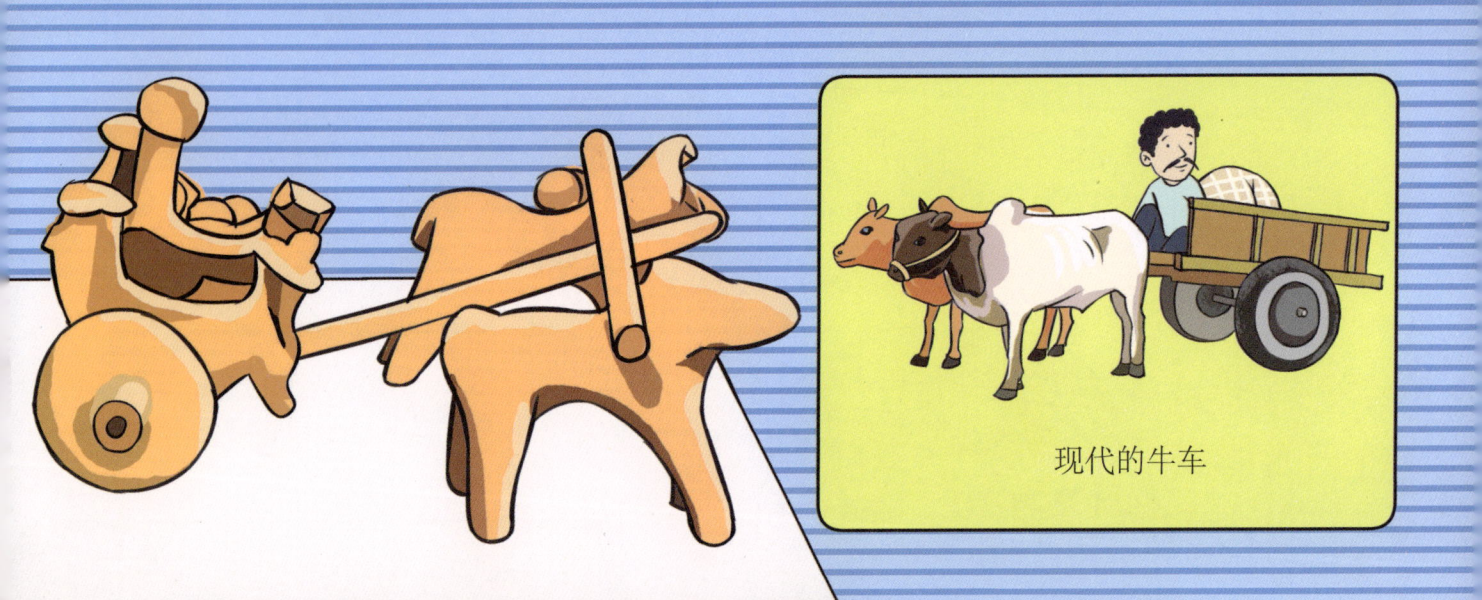

牛车模型

公元前3000年左右，车轮传入南亚地区，这组模型可能就是当年农耕时的牛车模型。

游戏、棋盘和棋子

这件棋具被称作"世界上最古老的国际象棋棋盘"，但由于没有发现关于游戏规则的资料，所以它的玩法至今未知。

骰子

这是一枚黏土质的骰子，大多用于游戏或者占卜之时。

主祭司神像

1922年，人们在巴基斯坦境内发现了摩亨佐达罗遗址。经过考古队的探索挖掘，此处共发现了11件男性雕像，其中最珍贵的就是这尊高17.5厘米的"主祭司神像"。

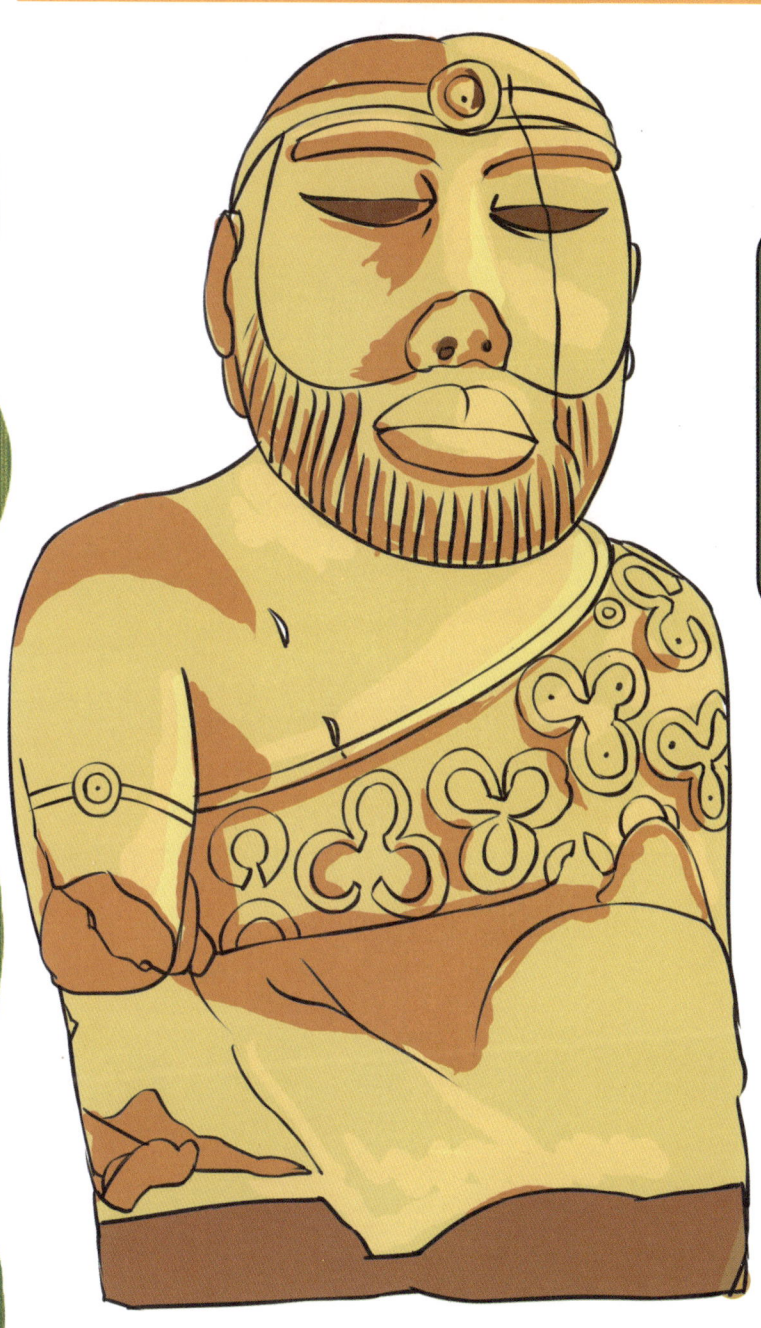

细节一：珍贵的石雕

雕像是用南亚出产的皂石雕刻而成，它双眼紧闭，神情严肃，仿佛在冥想一般。

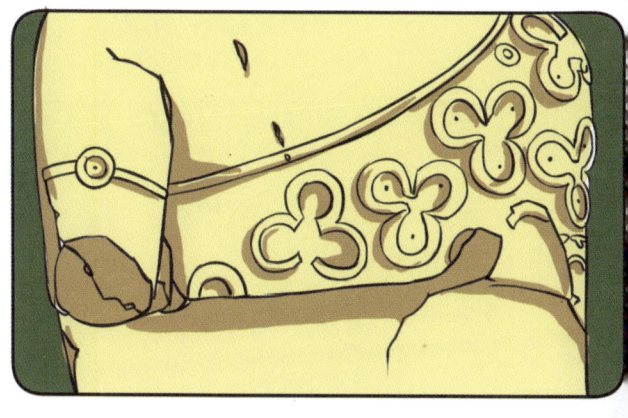

细节二：衣服的纹饰

衣服上有象征星星的三叶草图案，这是古代近东文明人物衣服上常见的标志。

细节三：推测的姿势

它的姿势与另一尊人物坐像姿势相似，据推测，它可能也是以左手抱着立起的左膝，这种姿势也许是仪式上常用的姿势。

细节四：平坦的后脑勺

雕像的后脑勺非常平坦，据推测，原本头上可能是戴着象征权威的动物角头饰。

图章

根据摩亨佐达罗遗址出土的印章，人们为主祭司神像绘制了想象复原图。

想象复原图

摩亨佐达罗

摩亨佐达罗遗址

摩亨佐达罗想象复原图

摩亨佐达罗又称"死亡之丘"，大约于公元前 2600 年建成，是印度河流域文明鼎盛期的最具代表性的城市。据考古发现，这座城市的富人区有烧砖砌成的完善的下水系统和棋盘式道路，可以容纳 3 万~4 万人居住，非常先进。

充满谜团的印度河文字

在博物馆收藏的许多农具、壶和印章上都刻有谜团一般的文字,这些文字被称为"印度河文字",它是一种象形文字,也是印度河流域文明的代表,可惜由于印度河流域文明的衰落,人们至今都无法对其进行细致解读。

印度河印章(独角兽)

这是一枚制作于公元前 2600 至公元前 1900 年的印章。据推测,印章的大小是根据持有者的身份而定的,因此,这枚"特大号"印章的主人在当时地位可能很高。

这一排印度河文字可能记录着人名或者居所号等。

这是一只想象出来的动物——独角兽,类似于家族性标志。

此处可能是旗帜或者香炉,意义不明。

印章背面的凸起代表它属于印度河流域文明末期。

大象印章

这是一枚有大象形象的印章，印章上方刻有文字。

小型壶形土器

这件器具是饮食用的酒器，它的上方刻有文字。据推测，这可能是持有者或者制作工坊的名称。

圆柱形护身符

这个护身符正面刻着文字，背面则是独角兽图案。据推测，它有可能是交易场合中，交易者的身份证明。

犍陀罗珍宝

犍陀罗国是公元前6世纪已经存在的南亚次大陆国家，它的核心区域包括今巴基斯坦东北部和阿富汗东部，是印度大陆文明发源地之一，在世界文明史上有着重要作用。

动物雕像

此动物雕像是犍陀罗早期的作品。其形态圆润富态，为以后的犍陀罗雕像奠定了艺术的基础。

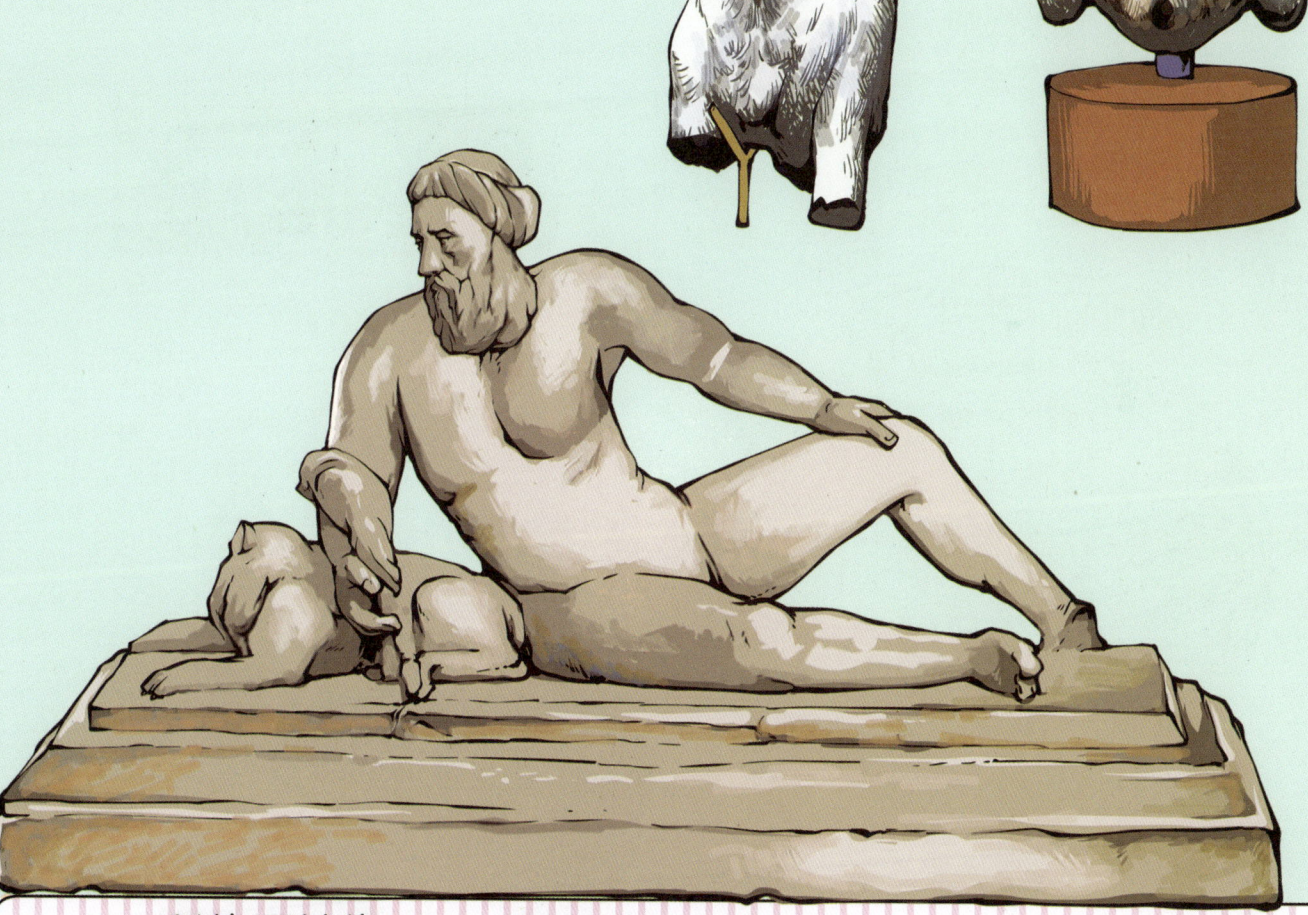

斜倚河神像

此像是约翰·马歇尔先生赠送给塔克西拉博物馆的，后调至巴基斯坦国家博物馆。雕像描绘了一个斜倚的留有胡子的河神形象，右手似乎拿着丰饶号角。神像旁有一只趴卧的动物，头部已残，或许是狗或者狮子，具有某种象征性。

人物立像

这尊雕像高鼻深目，唇上有波浪形的胡髭。推测这可能是以当时的统治者或武将为原型所雕刻的。

窣堵波造型舍利函

这个舍利函外面贴着金箔，内部是片岩制的圆形容器，容器中还有黄金制的小舍利函，用来存放高僧火化之后的遗骨。

玛瑙饰品

这是由15颗玛瑙制成的首饰，推测是当时贵族佩戴的饰品。玛瑙颗颗圆润，至今仍然散发着美丽的光芒。

香料架

这个香料架长33厘米，它是由14块玛瑙制成的，细长的脚部和杯状容器相连，推测可能是祭祀时所用的器物。

安纳托利亚文明博物馆

安纳托利亚文明博物馆位于土耳其首府安卡拉古城堡西南侧，是土耳其最著名的博物馆之一。这里收藏、展示着安纳托利亚地区8000多年以来的历史，其中最为著名的是赫梯王国的文物，其拥有赫梯文明最权威、最丰富、最集中的收藏，因此也被称作"赫梯博物馆"。

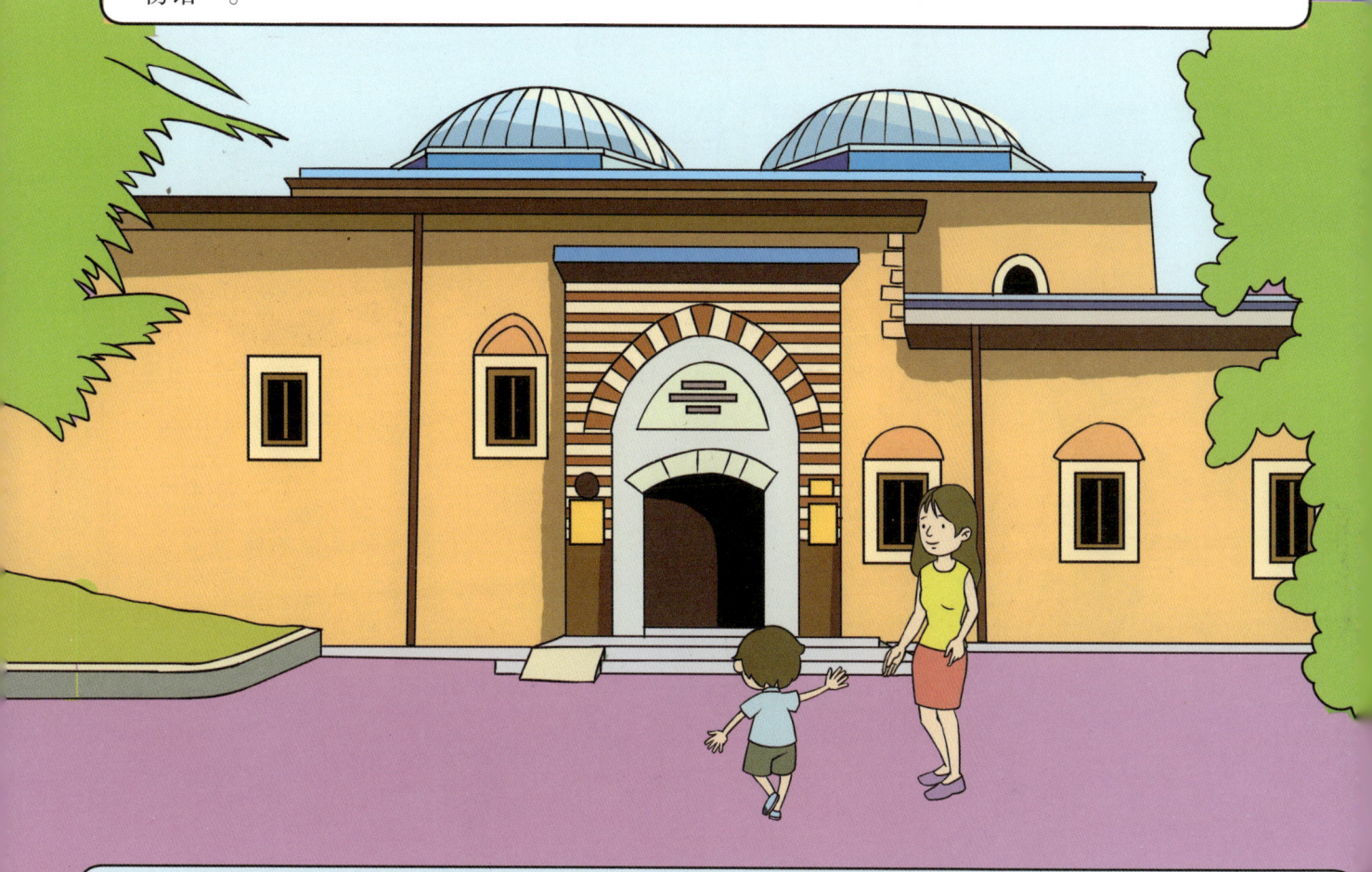

土耳其是一个位于欧洲与亚洲交界处的国家，名义上是跨越欧亚两大洲，但是全国领土总面积95%属于亚洲，只有5%的领土属于欧洲，它的中部与东部地区便是古老的安纳托利亚高原，安纳托利亚文明便起源于此。

新石器时代女神——大地之母像

大地之母像出土于加泰土丘，它是一座高约 20 厘米的黏土质石像。石像体态丰腴，端坐在豹子随侍的宝座上，寓意着孕育和希望。

细节一：石像乳房丰满，下半身丰腴，给人一种稳重的母性印象。

细节二：石像双腿间可看见露出的头颅，象征着即将诞生的新生命。

细节三：石像两侧伴随着圣兽——豹，象征着她掌握着控制自然的力量。

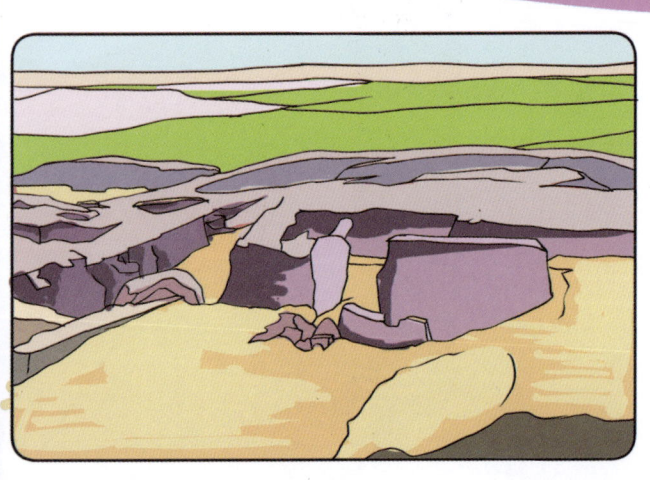

加泰土丘遗址

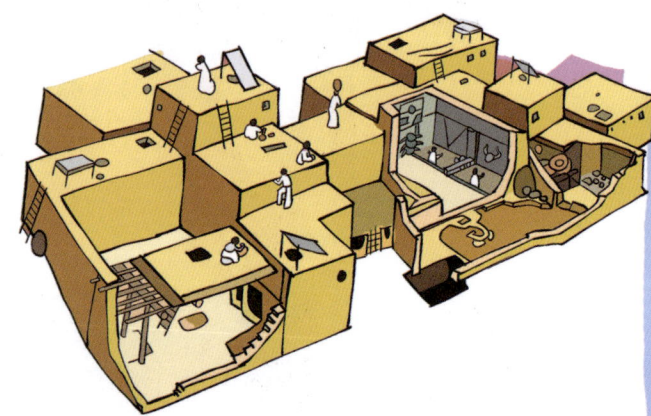

加泰土丘想象复原图

加泰土丘位于安纳托利亚高原南部，是一座新石器时代遗址，它距今大约 9000 年，是人类已知的、最古老的城镇遗址。整个城镇呈蜂窝状排列，非常整齐，里面大约能生活 7000 多人。

青铜器和黄金制品

公元前 3000 年前,生活在安纳托利亚高原地区的人就已经掌握了纯熟的金属加工技术,出土的许多青铜器和金银类的装饰物都非常精美。

太阳轮盘

太阳轮盘是安纳托利亚原始先民祭祀太阳的用具,做成各种圆形和动物形状,象征着光芒普照的太阳。

这个太阳轮盘用青铜制成,高约 34 厘米,据推测属于仪式用品。这种盘状制品,尺寸越大则装饰越华丽。

细节一:轮盘外围装饰着花朵,近距离可以看到花蕾的形状。

细节二:外圈最上部装饰着三只小鸟,它们向下俯视着太阳轮盘。

公鹿像

这是动物形太阳轮盘的代表作,公鹿头上的角是再生的象征,身上则布满了用银镶制的同心圆纹,十分精美。

高脚杯

这是一个金制酒杯,手柄处雕刻着凸凹的花纹,可见当时工艺和冶炼技术有多么高超。

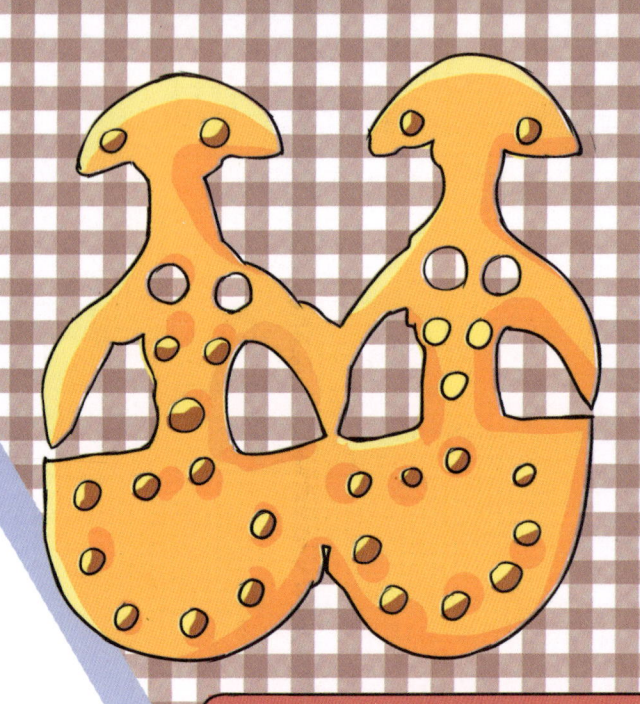

双偶像

这是一对牵着手的女性黄金人偶,她们的腰部、臀部设计夸张,看起来十分有趣。

女性像

这是一尊用金银制作而成的女性像,高约 25 厘米,脸部与颈部由黄金制作而成,闪闪发光,身上穿着带有交叉肩带的服饰,是同时期文物中比较常见的服饰。

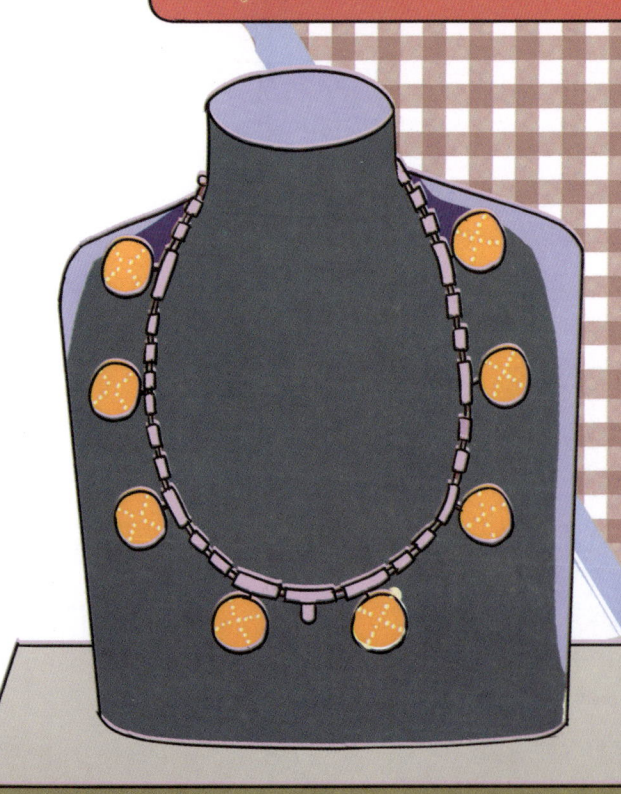

项链

这串项链由 250 颗水晶和 39 颗金珠串成,并装饰着 8 片圆盘状的垂饰,精美又奢华。

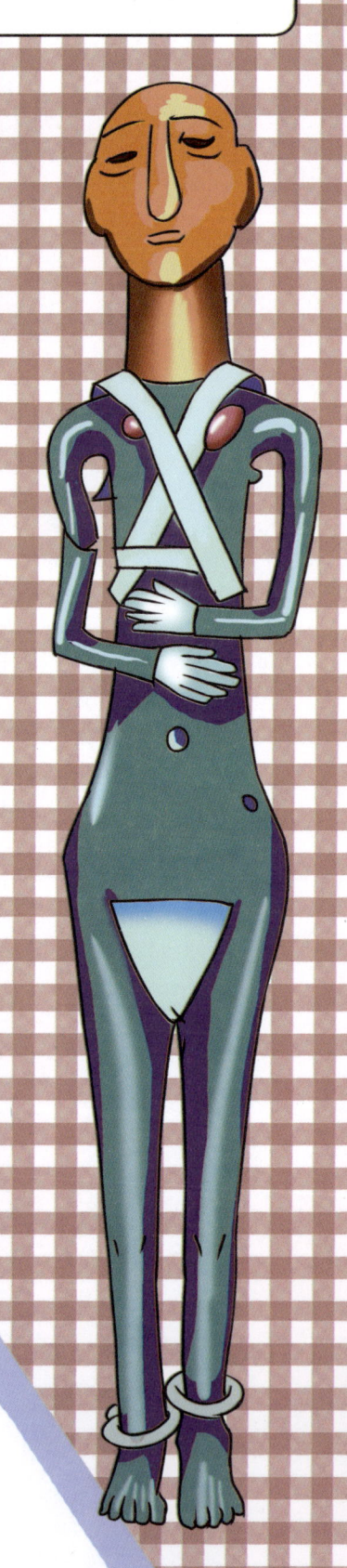

来自亚述的工艺和文明

公元前 20 世纪左右，生活在美索不达米亚平原的亚述人与生活在安纳托利亚高原的安纳托利亚人频繁往来，为安纳托利亚文明带来了许多先进的工艺，也带来了楔形文字，使安纳托利亚文明开启了文字记录历史的时代。

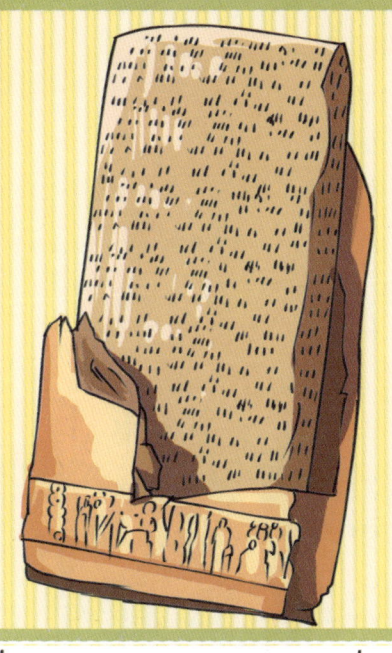

加封套的楔形文字泥板文书

这是记录商业交易的泥板。人们将文书放置在黏土制作的封套中，使用时需要先切开封套。

未开封的泥板文书

这块文书在出土时还未开封，它的封套上刻着文书的内容摘要，并有两处盖章。

灰山遗址——最早的关税点

灰山遗址的卡鲁姆可能是历史上最早的关税点。卡鲁姆是亚述商人的据点，亚述商人需要缴纳地租，才能在安纳托利亚进行正常的商业活动。

阿尼塔王的短剑（枪头）

阿尼塔王曾经是灰山一带的统治者，这把短剑证明了他的存在。枪头边缘用楔形文字刻着"阿尼塔王的王宫"字样。

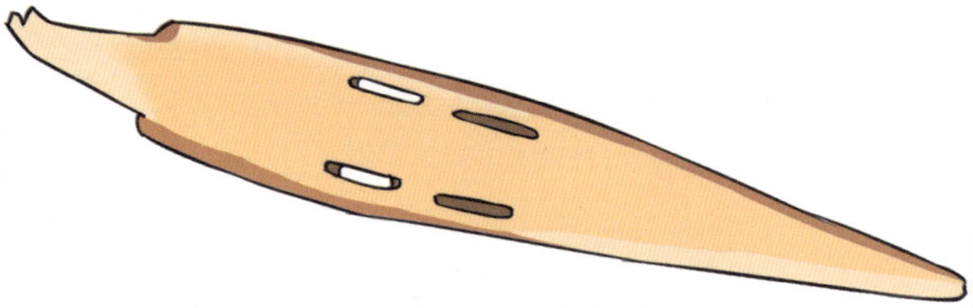

猪头形容器

这是用红色石头加工而成的猪头形容器，猪头眼睛周围镶着青金石，制作眼白部分的材料为贝壳，其做工精细考究，用途不详。

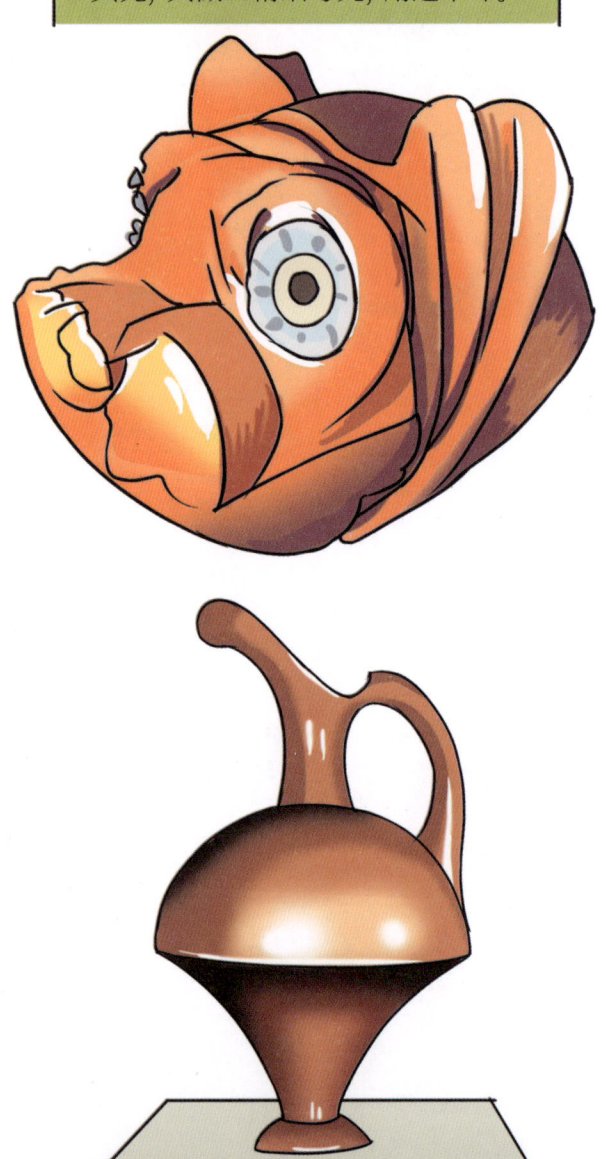

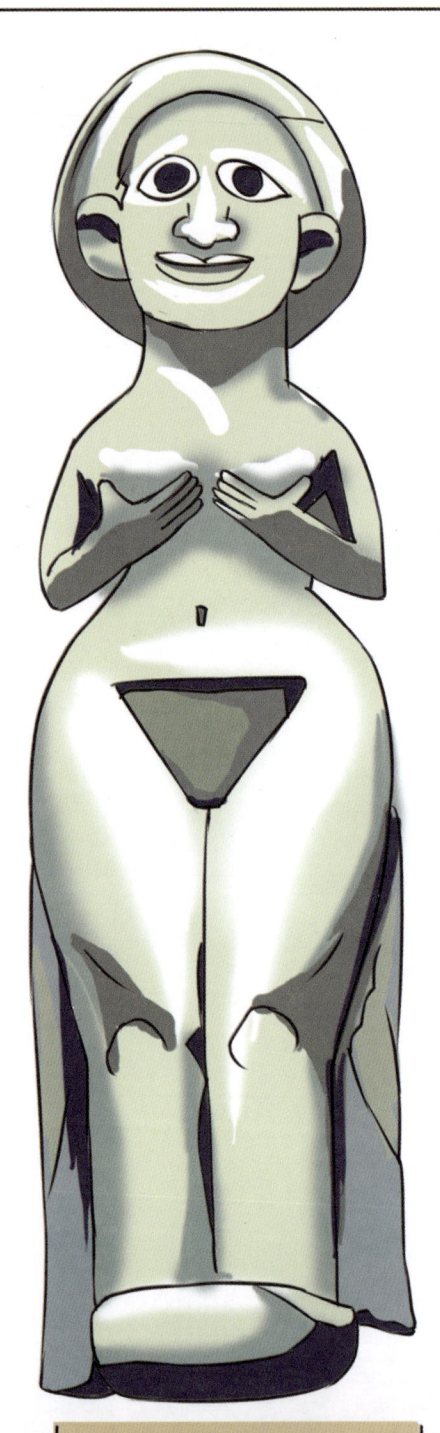

女性雕像

这是这一时期首次出现的象牙材质雕像，这样的造型可能是受亚述文化的影响。

喙状壶口水壶

这个水壶用鸟喙形状的壶口，搭配着浑圆的壶身，造型简练而又别致。

赫梯帝国珍宝

虽然赫梯帝国至今仍是一个谜团一样的国家,但从已发现的史料中可以知道,这个国家曾经灭掉了古巴比伦王朝,并曾与古埃及并肩称霸。从已发现的文物中,我们可以窥见,这个王国曾经的强大。

战士之神浮雕

这座高225厘米的浮雕展示着赫梯战士的英姿,向外突出的肩膀、手臂和腿部让赫梯战士看起来充满了力量。

细节一:战士头戴尖顶头盔,头盔前方的角状装饰代表着他的地位。

细节二:战士手握斧头,腰部配有刀鞘,可见其武力值非常强大。

战车浮雕

这块浮雕是赫梯王宫的墙面装饰。

赫梯战车

早期的赫梯战车通常是坐着2个人的,但在赫梯帝国全盛时期,战车上则搭载有3名战士,分别是攻击兵、车夫和持盾护卫,在赫梯与古埃及著名的"卡迭石战役"中使用的便是这样的战车。

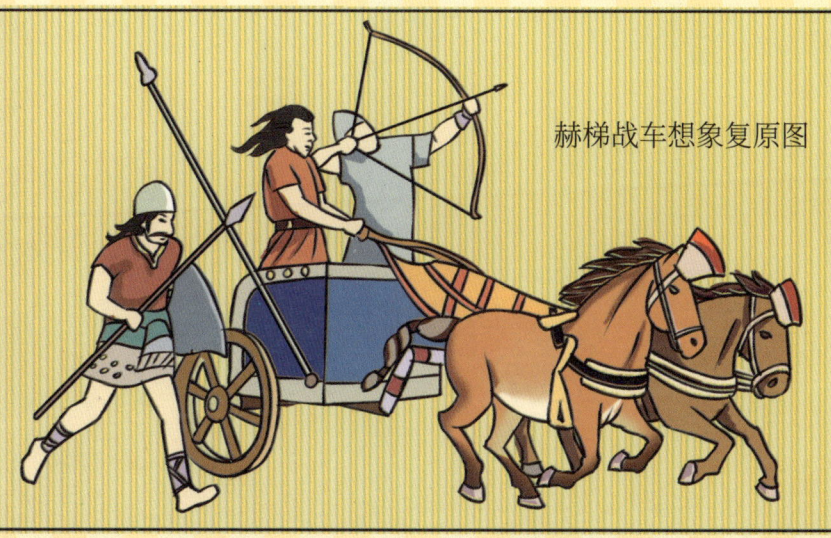

赫梯战车想象复原图

库巴巴像

库巴巴是赫梯帝国的丰收女神。推测雕像中的库巴巴手持的是石榴和镜子，它们是丰收的象征。

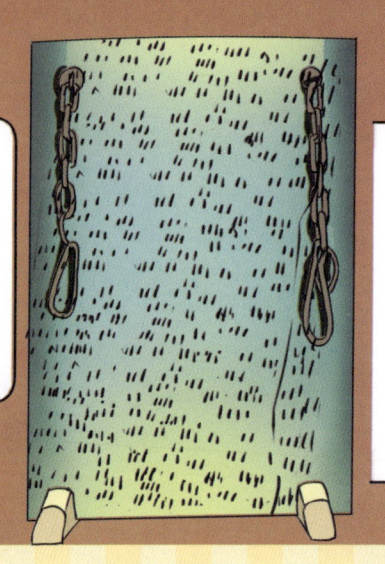

青铜板文书

这是世界上最完整的刻有楔形文字的金属板，内容是赫梯国王与他的堂兄弟之间的交换条约。

美里德王像

这是一尊高约 318 厘米的巨大雕像，人物的卷发、胡须、头冠和高跟凉鞋深受亚述文化的影响，是赫梯帝国难得一见的巨型雕像。

山神像

赫梯人信仰山神，图特哈里、阿尔努万既是山岳的名字，也是赫梯国王的名字。

公牛形来通杯

这是两个体态匀称的艳橘色陶制品，制作于赫梯帝国时期，出土于王宫的庙宇之中。据推测，这对高90厘米的大型公牛形来通杯可能是祭礼中非常重要的器物。

来通杯

来通杯是一种酒器，一般高6~20厘米，主要用于宗教仪式当中。赫梯王国的来通文化传承于亚述时期，公牛在赫梯文化中象征着丰饶，因此，便出现了这组大型成对的公牛形来通杯。

这是新石器时代的祭祀房间想象复原图，墙上装饰着牛头。

细节一：公牛信仰

自史前时代开始，安纳托利亚人就将公牛视为信仰，神庙和日常装饰中经常会出现公牛。在他们心中，公牛代表着力量与丰饶，是众多动物中的高等动物。

细节二：巨大的酒器

据推测，这对来通杯由便于使用的 6~20 厘米变成将近 1 米的大型酒杯，可能是为了体现国王的影响力。

细节三：略显可爱的造型

虽然赫梯人骁勇善战，但他们平时却比较低调平和，各种动物形态的来通杯、各种祭祀或神话主题的雕刻便证实了这一点。据说这个国家很少执行死刑，人们相处非常和睦，少有犯罪事件发生。

兔形来通杯　　　　　　　　　牛头形来通杯

王族的文化与技术

赫梯帝国衰亡之后，安纳托利亚高原先后经历了一些小国的兴起和灭亡，这段时期留下了一批做工精湛的木制工艺品、青铜制工艺品和象牙工艺品。

木制镶嵌桌

这是一个桌面使用胡桃木，桌角使用黄杨木、杜松木制成的木桌，结构复杂，图案精美，推测是王宫葬礼或祭礼等仪式上使用的家具。

镶嵌装饰小桌

这是用黄杨木条和紫杉木条交错组合而成的小桌，镶嵌青铜制的铆钉，华丽而又层次感十足。

边桌

这是在黄杨木骨架中嵌入杜松木打造出来的、有格状花纹的器物。推测可能是桌子，也有可能是装饰用的屏风。

80

鹅形来通杯

这是一件安纳托利亚动物造型的来通杯，表面刻着波纹与"人"字纹，非常精美。

香炉

这是一个银质香炉，流畅的螺旋设计源自波斯技术。

狮子小雕像

这是用象牙雕刻而成的狮子雕像，是一架三角台上的装饰品，雕工十分精细。

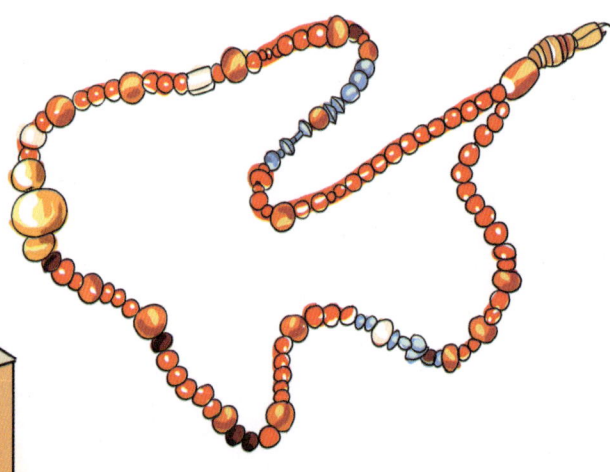

项链

这是一条将打磨光亮的赤褐色玛瑙、琥珀与青石串在一起制成的项链，华丽而又精美。

土耳其阿亚索菲亚博物馆

阿亚索菲亚博物馆原称圣索菲亚大教堂，它是历史上最精美的建筑物之一。

这里既有拜占庭式建筑的精美造型，又有马赛克墙体饰面，还有奥斯曼时代增建的若干辅楼，它们巧妙地结合在一起，令世人惊叹不已。

顶部的石膏画曾被人用石膏覆盖

美丽的建筑物

阿亚索菲亚博物馆是历史长河中遗留下来的、最精美的建筑物之一。巨大的圆顶直径达33米，距离地面55米。站在这里，其庄严肃穆，让人心驰神往。

拜占庭式建筑

阿亚索菲亚是一座拜占庭式建筑，因有巨大的圆顶而闻名于世。

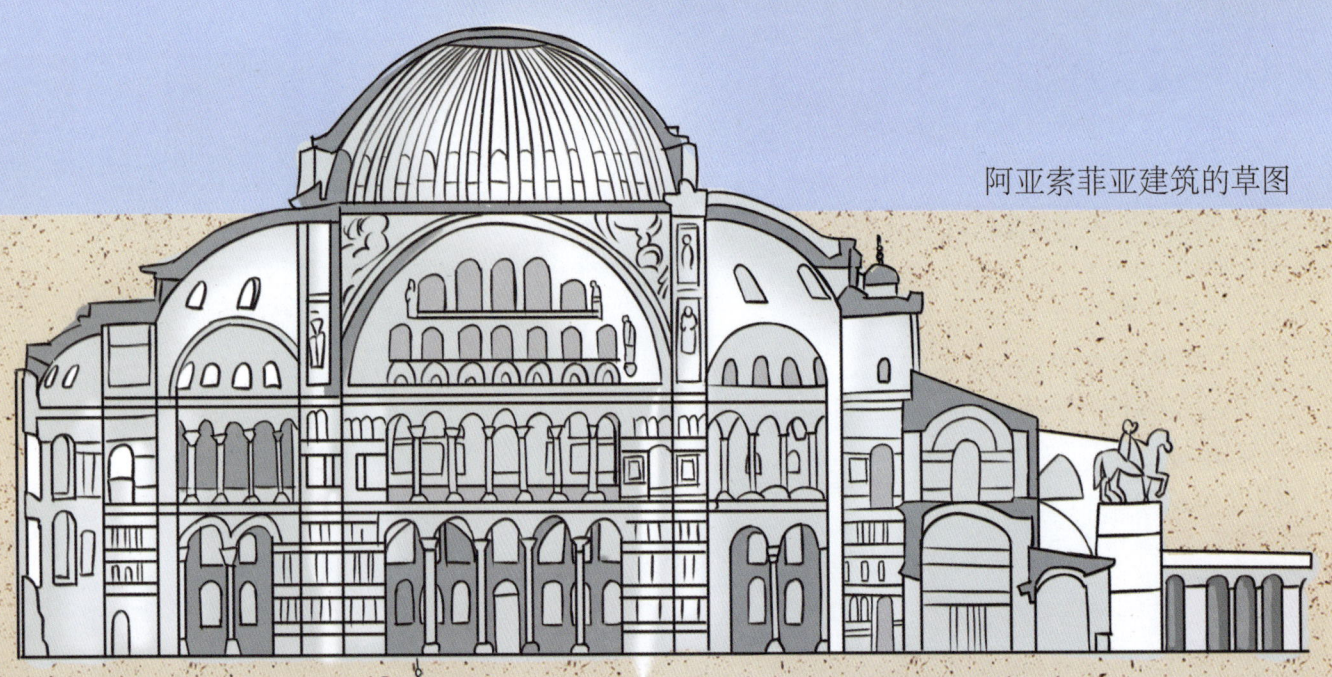

建筑的内部

阿亚索菲亚建筑的草图

建筑主体修建耗时五年

公元4世纪初，君士坦丁大帝决定兴建一座规模宏大的宫殿，物理学家伊西多拉斯和数学家安提缪斯被任命为建筑师，经过一万多人历时五年的努力，建筑的主体才建造完成。

宣礼塔的建立

阿亚索菲亚的四角原来是没有宣礼塔的，拜占庭帝国灭亡后，奥斯曼帝国的穆罕默德二世被这座威严的建筑所折服，下令保留了建筑物，并建起了四座高耸的宣礼塔。

华丽的建筑和装饰画

阿亚索菲亚博物馆内的展品实际上是建筑物自身及其内部的镶嵌画艺术品。

麦加朝拜圣龛

这个墙面设计非常精致，两侧的烛台是奥斯曼帝国征服匈牙利的战利品。

阿亚索菲亚博物馆剖面图

阿亚索菲亚博物馆是一幢被称为"改变了建筑史"的拜占庭式建筑。

苏丹楼座

从这座金雕的小高台里面可以看到整个博物馆的内景。

84

集中式造型

建筑内部的圆柱和柱廊把建筑的主体分隔出了多个侧廊。数学工程师们发明出拱门、扶壁、小圆顶等设计来支撑和分担穹隆重量的建筑方式,以便在窗间壁上安置又高又圆的圆顶。

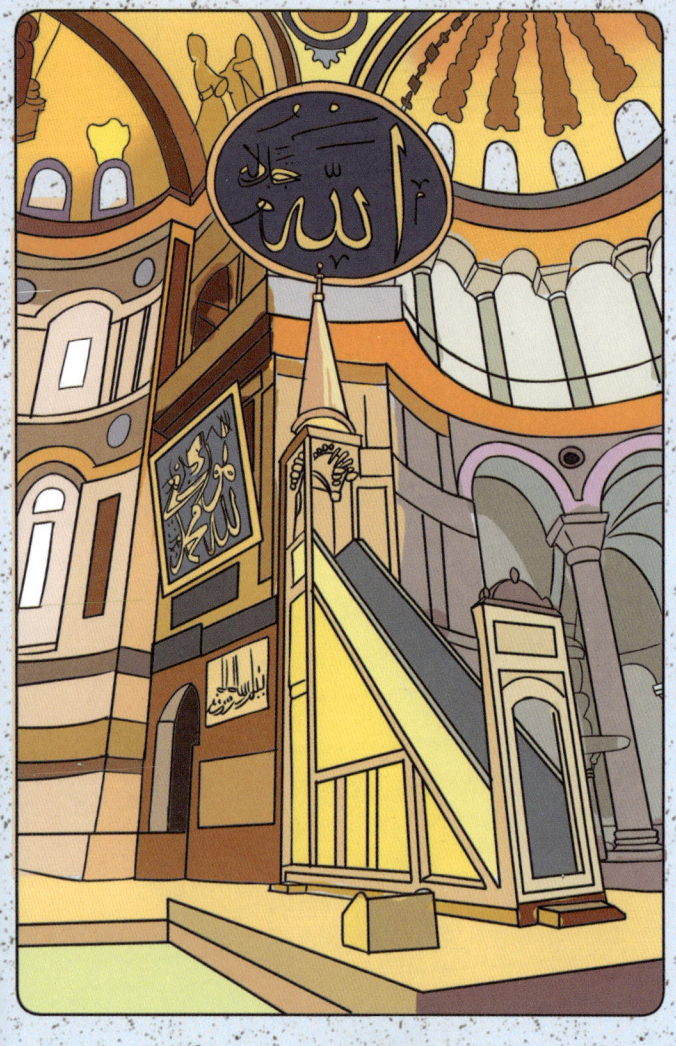

大圆顶

这个大圆顶直径约 33 米,上面盖着千年前爱琴海的工匠们烧制的超轻砖瓦,下方的基座上还有 4 幅巨大的马赛克画像,非常震撼。

洁净瓮

这个由整块大理石雕刻而成的巨瓮出土于公元前 3 世纪的贝尔加马遗址,后来被移到博物馆中,当作储水的器具。

穹顶

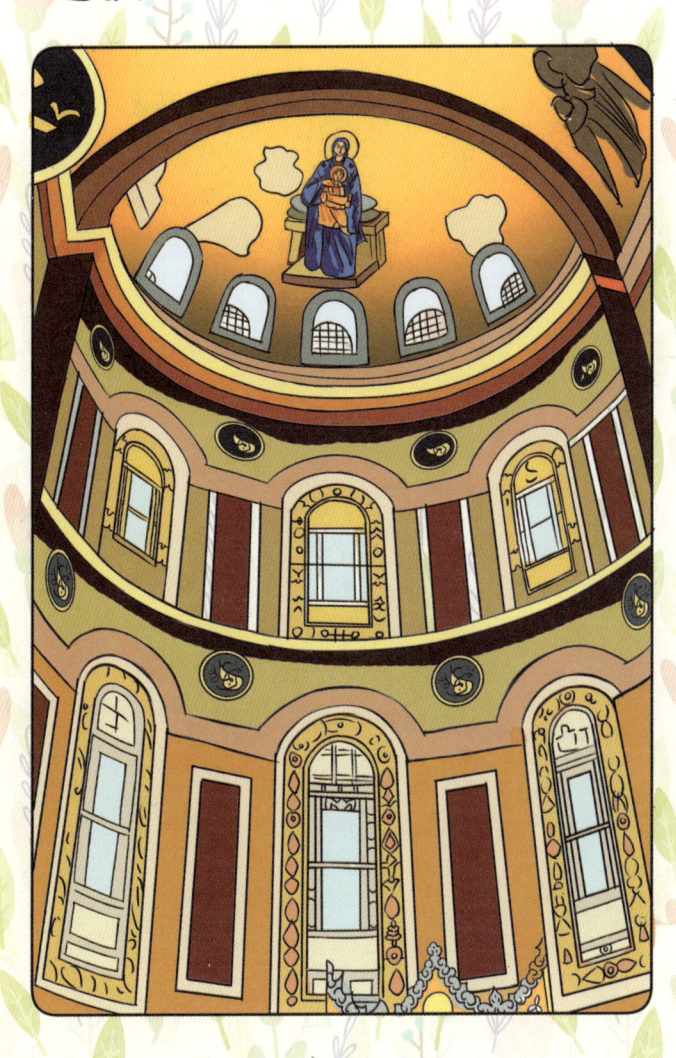

细节一:《圣母子像》马赛克镶嵌画

穹顶的中央是一幅巨大的马赛克镶嵌画,母亲穿着深蓝色的斗篷,抱着她的孩子坐在镶嵌着宝石的宝座上,孩子的衣服上贴满了金箔,金光闪闪。

细节二:炫目的窗户

穹顶周围有 40 面窗户,这些窗户镶嵌着饰有金底的彩色玻璃,阳光洒进来时,温暖而又美丽。

细节三:鄂图曼圆盘

在墙壁上挂有 6 块直径约 10 米的大圆盘,圆盘底色呈黑色,上面用金色写着阿拉伯文字。